Sciences criminelles

Collection dirigée par Robert Cario

La collection « Sciences criminelles » se destine à la publication de travaux consacrés à l'analyse complexe du phénomène criminel. Multidisciplinaire par définition, elle a vocation à promouvoir les réflexions critiques portées par les disciplines impliquées, dont l'angle d'approche spécifique enrichit la connaissance globale du crime, tant en ce qui concerne les protagonistes (infracteur, victime, société) que les stratégies d'intervention sociale (prévention, répression, traitement). En France comme à l'étranger.
Les contributions, émanant de chercheurs, de praticiens de la justice ou du travail social, empruntent la forme d'ouvrages de doctrine, de recherches collectives ou d'actes de rencontres scientifiques.
La Collection s'enrichit par la publication d'un *Traité de sciences criminelles*, multi-auteurs, qui présente sous la forme de manuels les principales disciplines qui composent les sciences criminelles : philosophie criminelle, criminologie, politique criminelle, droit criminel, procédure pénale, criminalistique, médecine légale et victimologie.

Dernières parutions

Nabi Youla DOUMBIA, *La police en Côte d'Ivoire*, 2024.
V. KOUM DISSAKE, *Le mémoricide. Quel cadre juridique pour préserver le patrimoine culturel ?*, 2022.
Y.C. QUÉRO, *La gouvernance nodale du reseau de la securite locale,* 2017.
I.DREAN-RIVETTE, *La personnalisation de la peine dans le code pénal*, 2005.
D. DÉRIVOIS, *Psychodynamique du lien drogue-crime à l'adolescence*, 2004.
M. JACCOUD (Dir.), *Justice réparatrice et médiation : convergences ou divergences ?,* 2003.
M. KORN, *Ces crimes dits d'amour,* 2003.
A. BOULAY (Dir.), *Victimes : de l'image à la réalité,* 2003.
F. ARCHER, *Le consentement en droit pénal de la vie humaine,* 2003.

Les observatoires de la violence et des acteurs de la régulation sociale

Une revue internationale des pratiques

5-7, rue de l'École-Polytechnique ; 75005 Paris

http://www.editions-harmattan.fr/

ISBN : 978-2-336-49966-6
EAN : 9782336499666

Yann-Cédric Quéro

Les observatoires de la violence et des acteurs de la régulation sociale

Une revue internationale des pratiques

L'Harmattan

Du même auteur

YC. QUÉRO, *La gouvernance nodale du réseau de sécurité locale*, 2017. L'Harmattan. Sciences criminelles.

Ordo ab chao.

Dédicace et remerciements

À mon mari, à mon père et à ma marraine.

Cet ouvrage a été rédigé à Montréal, aussi appelé Tiohtià:ke, territoire millénaire des nations algonquiennes, puis de la nation iroquoienne Mohawk-Kanien'kéha à qui je rends ici hommage pour leur résilience et leur accueil.

Mes sincères remerciements à Gabriella Djerrahian et à Mireille Widmer pour leur relecture, ainsi qu'à Louise Poirier LaBrie pour la révision du français.

Mes remerciements à mes collègues, certaines et certains devenus des amis; en en Afghanistan : Daniel Ladouceur, Dominique Wisler (Ph. D.), Stephen Moore, Sultan Aziz†, le général Ainii et toute l'équipe du LOTFA; au Burkina Faso : Roger Ouedraogo et Clément Ouango; dans les Caraïbes : Magda Fiona Wills, Paolo delMistro; en France : Franck Denion et Steve Richard; en Haïti : Maureen Mayne et Claude Mane Das; au Népal : Sachchi Karki, Anna Alvazzi del Frate (Ph. D.), Samara Andrade; en Somalie : Mireille Widmer (Ph. D.), Daniel Ladouceur, Marie de Lutz, Abdullahi Odowa et Dr Bulhan; au Tchad : Dominique Mercier, le général Abdoulaye, Madjingyue, Jospeh Toguem et toute l'équipe du PAFSI; aux collègues et amis d'ONU-Habitat, Elkin Velasquez, Claude Meutchehe Ngomsi et Cecilia Andersson; aux collègues du CIPC dont Mélissa Goupil-Landry, Serge Bruno, Michelle Côté (Ph. D.), Esteban Benavides; aux collègues de *Small Arms Survey;* ainsi qu'aux collègues du PNUD et du *roster* de New York.

Mes remerciements également au Groupe de recherche en éthique et gouvernance policière.

GROUPE DE RECHERCHE EN
éthique et
gouvernance
policière

Acronymes

AICLF	Association internationale des criminologues de langue française
ALPC / SALW	Armes légères et de petits calibres / *Small Arms and Light Weapons*
AUF	Agence universitaire de la francophonie
CE-JILAP	Commission épiscopale nationale Justice et Paix
CEOBS	*Conflict and Environment Observatory*
CIM	Classification internationale des maladies
CIPC / ICPC	Centre international pour la prévention de la criminalité / *International Centre for the Prevention of Crime*
COST	*European Cooperation in Science and Technology*
CMS	*Crime Management System*
DCAF	*Geneva Centre for Security Sector Governance*
DCBPNC	Direction de la conservation de la biodiversité, des parcs nationaux et de la chasse
DDG	*Danish Demining Group*
DFID / FCDO	Department for International Development / *Foreign, Commonwealth & Development Office*
DGPN	Direction générale de la Police nationale (France)
DOV	Direction de l'observatoire de la ville (Burkina Faso)
DUC	Déclaration uniforme de la criminalité
FFSU	Forum Français pour la Sécurité Urbaine
GIZ	*Deutsche Gesellschaft für Internationale Zusammenarbeit*
GPS	*Global Positioning System*
ICCS	*International Classification of Crime for Statistical Purposes*
ICD	*International Classification of Diseases*
ICVS	*International Crime Victims Survey*
IDH	Indice de développement humain
IDHI	Indice de développement humain ajusté selon les inégalités
IHESI	Institut des hautes études de la sécurité intérieure (France)
ILP	*Intelligence-led Policing*
INHESJ	Institut national des hautes études de la sécurité et de la justice (France)
INSEC	Informal Sector Service Centre for human rights and social justice (Népal)
INSEE	Institut national de la statistique et des études économiques (France)

JCCP	*Japan Center for Conflict Prevention*
LAVO	*Liberia Armed Violence Observatory*
LGBTQQIA2S+	Lesbienne, gai, bisexuel(le), transgenre, queer, en questionnement, intersexué(e), asexuel(le), bispirituel(le) et toute autre forme de diversité de sexe
MINUSTAH	Mission des Nations unies pour la stabilisation en Haïti
NIMSS	*National Injury Mortality Surveillance System (Afrique du Sud)*
OAS / OEA	Organization of American States / *Organización de los Estados Americanos / Organisation des États américains*
OCVP	*Observatory of Conflict and Violence Prevention* (Somalie)
OCDE / OECD	Organisation de coopération et de développement économiques / *Organisation for Economic Co-operation and Development*
OCO	*Organized Crime Observatory* (Suisse)
IJJO	*International Juvenile Justice Observatory*
OIPrev	Observatoire International de la Prévention de la délinquance (Canada)
OMS / WHO	Organisation mondiale de la santé / *World Health Organization*
ONAVC	Observatoire national de la violence et de la criminalité (Haïti)
OND	Observatoire national de la délinquance (France)
ONDRP	Observatoire national de la délinquance et des réponses pénales (France)
ONDT	Observatoire national de la délinquance dans les transports (France)
ONG	Organisation non gouvernementale
ONLCT	Observatoire national pour la lutte contre la criminalité transnationale
ONPM	Observatoire national des polices municipales (France)
ONU / UN	Organisation des Nations unies / *United Nations*
ONVA	Observatoire national de la violence armée (Burundi)
ONUDC / UNODC	Office des Nations unies contre la drogue et le crime / *United Nations Office on Drugs and Crime*
OSC	Organisations de la société civile / *Civil Society Organization*
OSCO	Observatoire de la violence et des acteurs de la régulation sociale de la Commune de Ouagadougou (Burkina Faso)
MIKE	Monitoring the Illegal Killing of Elephants
PAFSI	Projet d'appui à la réforme des forces de sécurité

	intérieure (Tchad)
PNUD / UNDP	Programme des Nations unies pour le développement / *United Nations Development Programme*
REN-LAC	Réseau national de lutte anticorruption (Burkina Faso)
SIG	Système d'information géographique
SOP	*Standard Operating Procedure*
UEH	Université d'État d'Haïti
UNATRANS	Union nationale des transporteurs tchadiens
UNECE	*United Nations Economic Commission for Europe*
UNICRI	*United Nations Interregional Crime and Justice Research Institute*
URAMEL	Unité de Recherche et d'Action médico-légale (Haïti)
USAID	*United States Agency for International Development*
VIO	*Violence and injuries observatories*

Tableaux et cartes

Index des tableaux

Index des cartes

« N'Djamena, juillet 2016. J'entre dans une pièce obscure, de quatre mètres sur trois, à peine éclairée par une fenêtre qui s'apparente davantage à une meurtrière. Deux policiers en civil au seuil de la retraite m'accueillent fièrement, heureux de pouvoir me présenter leur royaume. Sur une table décrépie et couverte de poussière trônent les éléments non assemblés d'un ordinateur. À quoi bon de toute façon, le peu d'heures où l'électricité fonctionne et l'absence de modulateur pour réguler les sauts de tension ne permettent pas de le faire fonctionner. Déçus, mes deux policiers avouent même ne pas être formés. Des dizaines de boîtes en carton encombrent la pièce, empilées à même le sol, certaines éventrées dans des piles penchées qui ne doivent leur équilibre qu'à leur poids. Des feuilles volantes, collantes de crasse traînent ici et là. Ce sont mes chères données. C'est là que tous les matins la Direction générale de la police nationale reçoit, traite et archive les rapports de la criminalité provenant des quatre coins du pays. » Quéro YC. (à paraître). Carnets de voyage d'un coopérant international.

Introduction : Pourquoi un guide sur les observatoires ?

La plupart des acteurs directs ou indirects de la sécurité réclament en permanence des données sur la violence et l'état de la régulation sociale, qu'ils soient corps de police, élus, acteurs de la santé publique, acteurs communautaires et sociaux, acteurs économiques, médias, etc. Comment expliquer alors que les observatoires qui semblent être les outils par excellence pour remplir cette fonction ne se soient pas plus développés à travers le monde ? Cet ouvrage a pour ambition de documenter la question des observatoires, d'accompagner ceux et celles qui souhaiteraient se lancer dans l'aventure, ou ceux et celles qui la vivent déjà, ainsi que d'éclairer pourquoi ce type d'observatoire n'a pas plus de succès.

1. L'origine de cet ouvrage

1.1. C'est le guide que j'aurais aimé avoir…

À l'origine de cet ouvrage, il y a mon expérience professionnelle, mes mémoires de 10 ans de coopération internationale. Il y a ces observatoires à la création ou au développement desquels j'ai participé, que j'ai parfois moi-même conçus sans balises, sans repères techniques ni scientifiques et encore moins de gouvernance. Cet ouvrage est l'ouvrage que j'aurais aimé avoir en arrivant en Somalie en 2009, lorsque l'on m'a demandé d'imaginer un observatoire en capacité d'offrir aux communautés locales, nationales et internationales des données probantes sur la violence et les acteurs de sécurité dans la Corne est de l'Afrique. Ce qui explique que cet ouvrage initialement destiné à partager mes mémoires est finalement devenu un guide.

Mais la rédaction de ce guide est également motivée par le fait de vouloir faire avancer la cause de l'utilisation de données probantes dans les politiques publiques de sécurité. J'ai en effet trop vu en 25 ans de sécurité publique des acteurs nationaux et internationaux déverser des millions de dollars dans des stratégies et pour des programmes de sécurité publique qui n'étaient motivés par aucune donnée probante, et bien souvent par aucune évaluation méthodologiquement sérieuse des pratiques antérieures.

L'ouvrage alterne donc au fil des paragraphes entre apports techniques, expériences personnelles et repères scientifiques. Il a pour but de participer à combler le vide lié au manque de connaissances disponibles sur le sujet, les observatoires s'étant développés dans des contextes indépendants les uns des autres. Mais l'ouvrage évoque également mes aspirations en matière d'observatoires, soit sur la base de bonnes pratiques observées ou rapportées, soit sur la base des aspirations commandées par mon expérience et mes valeurs personnelles. Plus encore, il s'agit de sensibiliser au décalage considérable qui existe entre l'attention portée au défaut de données probantes en matière de sécurité dans le monde et l'absence quasi totale d'information sur les observatoires alors qu'ils constituent potentiellement une réponse à ce besoin.

1.2. À qui s'adresse cet ouvrage ?

Ce guide prend le risque de vouloir répondre à plusieurs besoins, à plusieurs catégories de lecteurs et à divers centres d'intérêt. Comme dit, le sujet des observatoires de la violence et des acteurs de la régulation sociale est peu documenté, et j'essaie dans ce guide de répondre non seulement aux questions que j'ai pu me poser sur le terrain, mais aussi à toutes celles de la diversité d'acteurs rencontrés au cours de mes pérégrinations.

Il s'adresse aux universitaires qui auront, au titre de leurs partenariats, la bonne idée de soutenir la création ou le développement de tels observatoires, afin d'aider ceux-ci à acquérir les standards théoriques et méthodologiques requis pour obtenir des données et des analyses de qualité.

Il s'adresse aux responsables des programmes de développement financés par la coopération internationale (ONU, Union européenne, coopération bilatérale), dans la mesure où la décision de proposer et de développer un observatoire de la violence et des acteurs de la régulation sociale leur revient en bonne partie.

Il s'adresse aux décideurs stratégiques, élus ou décideurs administratifs, qu'ils soient les gestionnaires des organismes internationaux projetés sur le terrain, les représentants nationaux ou locaux de ces organisations, les émissaires des ambassades qui financent le projet, afin de leur donner une vision globale des bénéfices possibles quant au développement, mais aussi des menaces qu'il sera impossible de déjouer sans leur mobilisation.

Il s'adresse aux consultants et autres experts qui peuvent avoir pour mission de développer ces observatoires, afin de les aider à identifier les bonnes pratiques à mettre en place, les écueils à éviter et les singularités propres à leur projet qui leur dicteront d'innover.

Il s'adresse aux services de police et de sécurité en général pour qui, encore très souvent, baser les décisions stratégiques et opérationnelles sur des données probantes nécessite une volonté et un effort de ressources permanent; et aussi parce qu'ils constituent des partenaires centraux de l'aventure.

Il s'adresse aux services de santé publique qui, à des fins d'analyse et de prévention épidémiologique, collectent des données souvent de qualité en matière de violence, afin de faire le pont entre leurs enjeux de santé publique et les enjeux de sécurité publique.

Il s'adresse aux organisations de la société civile (ONG, médias, etc.), afin de les informer du potentiel que les observatoires représentent, mais aussi afin de cadrer leurs attentes par rapport à ce que les observatoires peuvent effectivement produire et les informer des embûches auxquelles ils devront inévitablement faire face.

Il s'adresse aux gestionnaires d'observatoires, afin de les accompagner dans les tourments de la pérennisation de la structure dont ils ont la responsabilité.

Il s'adresse aux analystes qui travaillent au sein des observatoires et produisent les données, afin de partager avec eux certains enjeux et certaines pratiques et leur permettre une compréhension plus large liée à cet environnement complexe que sont les observatoires.

Par mesure de sensibilité et pour faciliter la lecture, je catégorise les différents pays que j'évoque afin de ne pas avoir à les citer individuellement. Plutôt que d'utiliser les notions géopolitico-économiques de « Grand Nord » et de « Grand Sud » ou de pays « en développement », j'ai choisi d'employer « l'Indice de Développement Humain ajusté selon les Inégalités » (IDHI) utilisé par les Nations Unies depuis 2010[1]. Outre le fait que je trouve cet indicateur plus pertinent, cela me permet aussi de faire une différenciation entre pays à fort, moyen et faible IDHI. Tous les propos ne peuvent pas s'appliquer sans différenciation à tous les pays d'un « Grand Sud » qui serait alors considéré comme un tout homogène, ce qu'il n'est pas.

---

[1]L'IDHI est calculé sur la base de l'Indice de développement humain (IDH) publié dans les années 1990 par les économistes Amartya Sen et Mahbub ul Haq. L'IDHI est une pondération de l'IDH réalisée en fonction de l'évaluation du degré d'égalité des chances entre les différentes catégories de population dans la répartition des efforts faits au sein de chaque pays en matière d'espérance de vie et d'éducation. Je souhaite ainsi éviter de parler de pays développés (ce qui sous-tend que certains ne le sont pas) ou en voie de développement, ce qui participe à la base d'une comparaison nord-sud du développement. Si j'ai développé cette sensibilité, c'est que, pour ne donner qu'un exemple, j'ai vu moins de personnes en situation d'itinérance, toutes proportions gardées, dans les villes somaliennes qu'on en voit au quotidien dans les villes canadiennes. De quel développement parle-t-on ? Si la majorité des pays dans lesquels j'ai travaillé présentaient un très faible indice de développement humain (IDHI), d'autres pays en revanche présentaient des IDHI bien supérieurs, comme dans les Caraïbes. Les propos de cet ouvrage doivent donc être pris en considération des contextes socio-économiques locaux et politiques régionaux. http://hdr.undp.org/en/indicators/137506
Anand, S., et Sen, A. (1994). Human Development Index: Methodology and Measurement. https://ora.ox.ac.uk/objects/uuid:98d15918-dca9-4df1-8653-60df6d0289dd/download_file?file_format=application%2Fpdf&safe_filename=HDI_methodology.pdf&type_of_work=Report (Consulté le 6 juin 2023) et Ul Haq, M., et Kevane, M. (1997). Reflections on Human Development. *Journal of Economic Literature*, *35*(1), p. 177. https://api.pageplace.de/preview/DT0400.9781351350990_A30393864/preview-9781351350990_A30393864.pdf (Consulté le 6 juin 2023).

2. Définitions et contours

Comme l'écrit del Frate (2010[1]), qui a consacré l'essentiel de sa carrière à cet enjeu, les données fiables en matière de criminalité restent encore difficiles à obtenir de façon systématique dans les pays présentant un fort IDHI. Mais ces données sont encore plus difficiles à obtenir dans les pays à moyen ou faible IDHI où le besoin de données et d'analyses de la criminalité est encore plus pressant du fait des forts taux de violence et des faibles ressources. C'est pourquoi cet ouvrage se concentre particulièrement, mais pas exclusivement, sur les observatoires des pays à moyen et faible IDHI.

Depuis les années 2000, un certain nombre d'observatoires de la violence et des acteurs de la régulation sociale a été développé à travers le monde afin d'épauler la réflexion stratégique et les services opérationnels en fournissant des données aussi fiables que possible. Toutefois, le développement de tels observatoires reste un chemin parsemé d'embûches, et leur pérennité apparaît souvent difficile, alors que l'ensemble des acteurs impliqués dans le champ de la sécurité s'entend en général sur le besoin de données analysées et de connaissances.

2.1. Vers une définition des observatoires de la violence et des acteurs de la régulation sociale

Des observatoires, il en existe dans des domaines variés. Une rapide recherche sur Google Scholar montrera la diversité des observatoires en matière sismique, environnementale, astronomique, de recherche neurologique, etc. Ils semblent tous avoir les deux mêmes caractéristiques : la collecte et l'analyse de données et le travail en réseau.

Dans le champ des sciences sociales et de la sécurité, ces observatoires portent des noms divers tels qu'« observatoire de la criminalité » ou « observatoires de la délinquance », « observatoires des conflits armés », etc. J'ai choisi la dénomination « observatoires de la violence et des acteurs de la régulation sociale », car elle recouvre plus amplement aussi bien les questions de criminalité et de victimisation que celles relatives aux activités des acteurs de sécurité en général.

La grande diversité des observatoires fait qu'il n'en existe pas de définition consensuelle. Même le Centre International pour la Prévention de la Criminalité (CIPC), qui est l'organisme à avoir le plus analysé les

[1]Alvazzi del Frate, A. (2010). Crime and criminal justice statistics challenges. *HEUNI*, 167. https://www.unodc.org/documents/data-and-analysis/Crime-statistics/International_Statistics_on_Crime_and_Justice.pdf#page=168 (Consulté le 31 mai 2023).

observatoires, ne s'est pas aventuré à en proposer une définition générique (Carrière, 2008[1]; ICPC, 2009[2]).
Au vu du peu de littérature qui existe sur les observatoires de la criminalité, la seule définition disponible à ma connaissance est celle établie par l'Organisation des États américains (OAS) en 2006, laquelle présente quelques lacunes et restreint les observatoires à des structures gouvernementales, ce qui n'est pas toujours le cas : « par observatoire national, on entend une agence ou un organisme gouvernemental destinés à collecter, à traiter et à analyser des données sur la sécurité publique avec ses différents acteurs en vue d'élaborer des rapports permettant de comprendre la situation actuelle et les évolutions dans le domaine de la sécurité publique ainsi que les défis et les progrès réalisés, afin qu'ils puissent être utilisés comme contribution à la planification et à la mise en œuvre des politiques publiques en matière de sécurité au niveau national et international. La forme spécifique que prendra l'observatoire, sur le plan tant administratif que structurel, ainsi que son champ d'action dépendront des caractéristiques et des besoins de chaque pays. » (OAS, 2006, p. 21[3]; traduction libre de l'auteur)

En 2015, l'OAS définit les observatoires de façon générale comme des structures dont la vocation est le développement de politiques publiques : « un observatoire des politiques publiques est un système d'information qui produit, systématise et fournit des connaissances sur un ou plusieurs domaines spécifiques qui intéressent les administrateurs publics et leur sont utiles » (Chevarria et collab., 2015, p. 10[4]; traduction libre de l'auteur).

Mentionnons enfin l'initiative du CIPC annoncée en juin 2018[5] en collaboration avec feu l'Observatoire français de la délinquance et des réponses pénales (ONDRP) et l'OAS. « L'objectif du projet de création d'un

---

[1]Carrière, J. (2008). Observatoires de la criminalité : Recension d'expériences internationales. https://cipc-icpc.org/wp-content/uploads/2019/08/Observatoires_de_la_criminalite_Recension_d_experiences_internationales.pdf (Consulté le 6 juin 2023).

[2]ICPC (2009) Crime observatories: International experience directory. International Center for the Prevention of Crime. Montreal. https://cipc-icpc.org/wp-content/uploads/2019/08/Crime_Observatories_ANG.pdf (Consulté le 6 juin 2023).

[3]Organization of American States (2006) Manual for the Creation of National Public Security Observatories on Crime and Violence.

[4]Chevarria, F., Inga, H., De Pasquale, E. et Homberg, K. (2015). Public Policy Observatories in the Americas: A guide for their design and implementation in our public administrations. *Organization of American States. Department for Effective Public Management of the OAS General.* https://www.oas.org/es/sap/dgpe/pub/observatoriosdepoliticaspublicas_e.pdf (Consulté le 6 juin 2023).

[5]https://cipc-icpc.org/projets/creation-dun-referentiel-international-devaluation-des-observatoires-de-la-criminalite/ (Consulté le 6 juin 2023).

référentiel international d'évaluation des observatoires de la criminalité (RIEOC) est la création d'un cadre validé par les principales organisations internationales et ONG œuvrant dans le domaine de l'observation et de l'analyse des phénomènes criminels, accepté par la communauté des professionnels, fournissant un ensemble de règles et de principes essentiels à la constitution et au fonctionnement d'un observatoire. Ce cadre est à la fois un outil facilitant la création d'observatoires, mais aussi une matrice permettant d'évaluer la qualité, la pertinence et la fiabilité des données et des résultats produits par un observatoire donné ». À l'heure où je rédige ces lignes, ces travaux ne semblent pas avoir abouti.

Tout cela me conduit à proposer la définition suivante : un observatoire de la violence et des acteurs de la régulation sociale est une structure au statut variable, aussi scientifiquement et politiquement indépendante que possible, qui a pour mission, dans un contexte partenarial, de collecter, d'analyser et de conserver des données primaires et secondaires, aussi bien quantitatives que qualitatives, en matière de violence et de régulation sociale, dans le respect de standards scientifiques, sécuritaires et éthiques afin de partager de la connaissance et de répondre aux besoins stratégiques et opérationnels de la diversité d'acteurs impliqués dans les enjeux de violence et de leur régulation cette structure peut disposer d'un mécanisme de gouvernance inclusive de partenaires publics, de la société civile et commerciaux.

2.2. Pour une criminologie du développement

Selon les données démographiques mondiales 2022 des Nations unies[1], les pays à fort IDHI ne représentent que 16,1 % de la population mondiale, tandis que 83,7 % de la population mondiale vit dans des pays à moyen ou faible IDHI. Parmi les 15 pays les plus peuplés du monde, on retrouve l'Inde, l'Indonésie, le Pakistan, le Brésil, le Nigeria, le Bangladesh, le Mexique, l'Éthiopie, les Philippines, l'Égypte et le Viêt Nam. La sécurisation des grands centres urbains vivant une expansion galopante dans les pays à forte croissance démographique représente selon ONU-Habitat (2020[2]) un des principaux défis du futur. Or les taux de prévalence des homicides pour 100,000 habitants montrent que les pays à plus faible IDHI sont aussi ceux où les taux d'homicides sont les plus importants, bien que les données manquent pour l'Afrique (ONUDC, 2019, p. 18[3]). Il s'agit là des pays disposant le moins de ressources.

[1]https://population.un.org/wpp/ (Consulté le 7 janvier 2021).

[2]UN Habitat (2020) The New Urban Agenda, United Nations Human Settlements Programme, Nairobi.

[3]UNODC (2023) Global Study on Homicide. Vienna https://www.unodc.org/unodc/en/data-and-analysis/global-study-on-homicide.html (Consulté le 1er juin 2023).

2.2.1. Des enjeux de sécurité à fortes diversité et intensité

Si les pays à moyen et faible IDHI présentent des enjeux en matière de volume relatif de la criminalité, ils en présentent également en matière de diversité des violences commises. J'ai pour habitude de dire que trois siècles de crimes se concentrent dans l'actualité de certains pays.

J'ai travaillé dans des pays où le vol de bétail dans les aires de pâturage constitue quotidiennement un fléau pour les communautés locales pour qui l'élevage est vivrier; ce qui est d'ailleurs à l'origine de l'organisation de milices villageoises. Or pour les pays à fort IDHI, les histoires de voleurs de poules remontent à la fin du XIXe siècle et au début du XXe (Lignereux, 2014[1]). Mais à peine quelques centaines de kilomètres de là, lorsque vous rejoignez la ville la plus proche, s'allongent le long des routes des cybercafés en série, épicentres de la fraude sur Internet (Kshetri, 2019[2]). Ce sont des pays où les crimes propres aux sociétés encore agraires, où les violences liées à la propriété foncière côtoient les braquages de banques (Silva, 2022, déjà cité) aussi bien que le cyberterrorisme. Des pays où la sorcellerie tue encore les personnes albinos et où les crimes d'honneur et les mutilations génitales bénéficient toujours d'une forte acceptabilité sociale. Des pays où des enjeux très contemporains et mondialisés comme les crimes contre l'environnement augmentent, impliquant parfois le crime organisé des pays à fort IDHI comme dans certains actes de pollution ou de trafic d'espèces rares (Walters, 2013[3]). Je serais capable de citer au moins un exemple de terrain pour chacune de ces situations. Or il s'agit non seulement d'enjeux de diversité de crimes, mais aussi d'enjeux de degré de violence. Sur quels continents se situaient les génocides et les conflits armés des dernières décennies ? Selon *Our World in Data*[4], en 2019, le terrorisme représentait 0,05 % des causes de décès dans le monde, mais les pays à fort IDHI se souviennent-ils que les victimes relèvent largement des pays à moyen et faible IDHI ?

La corruption en général et au sein même des services de sécurité publique et de justice, la violence policière et l'arbitraire, l'atteinte aux droits fondamentaux par les personnes supposées en garantir l'exercice individuel

---

[1]Lignereux, A. (2014). Frédéric Chauvaud et Arnaud-Dominique Houte (dir.), Au voleur! Images et représentations du vol dans la France contemporaine. Paris, Publications de la Sorbonne, « Histoire de la France aux XIXe et XXe siècles », 2014, 323 p. Criminocorpus. Revue d'Histoire de la justice, des crimes et des peines. https://journals.openedition.org/criminocorpus/2854 (Consulté le 14 septembre 2023).

[2]Kshetri, N. (2019). Cybercrime and Cybersecurity in Africa. Journal of Global Information Technology Management, 22(2), 77-81 https://www.tandfonline.com/doi/pdf/10.1080/1097198X.2019.1603527 (Consulté le 14 septembre 2023).

[3]Walters, R. (2013). Eco Mafia and Environmental Crime. In *Crime, justice and social democracy: International perspectives* (p. 281-294). London: Palgrave Macmillan UK.

[4]https://ourworldindata.org/terrorism (Consulté le 14 septembre 2023).

sont autant d'enjeux dont l'ampleur est majeure dans les pays à moyen et faible IDHI. Mais il s'agit aussi de la diversité des acteurs de régulation sociale dans un contexte de faiblesse de l'état de droit. La capacité relative des États en matière de sécurité publique, l'immense superficie de certains territoires, la concentration démographique de fortes populations dans des ensembles urbains anarchiques, la pauvreté de certaines populations et le manque chronique de ressources laissent une part importante aux acteurs non institutionnels. La place des acteurs traditionnels, l'influence du secteur religieux, le nombre d'ONG locales qui soutiennent ce qui fait partie des missions du service public dans la plupart des pays à fort IDHI sont importants et doivent être pris en considération. Il s'agit également d'enjeux liés à la formation des professionnels de la sécurité, à la disponibilité d'une main-d'œuvre qualifiée, à des enjeux d'éthique et de processus qui diffèrent fondamentalement de ceux des pays à fort IDHI.

Et en dépit des spécificités d'une criminologie des pays à moyen ou faible IDHI, tout cela est très peu étudié et documenté par les universités. C'est ce que j'ai présenté en mai 2017 lors du 85e congrès de l'Association canadienne-française pour l'avancement des sciences (ACFAS), à Montréal, avec l'espoir que de jeunes universitaires d'ici et d'ailleurs aient le goût de se consacrer à ces enjeux passionnants.

2.2.2. Des enjeux peu documentés

C'est que la criminologie des pays à moyen ou faible IDHI n'intéresse globalement pas ou peu les universités des pays à forts IDHI qui, par un système de subventions publiques, se concentrent largement sur leurs propres enjeux locaux. Mais aussi du fait de la complexité et des coûts des terrains distants, et de la faible notoriété relative de tels travaux au sein d'une communauté académique très compétitive et essentiellement concentrée sur les enjeux du Nord, sans doute jugés plus valorisants. De plus, lorsqu'elle existe, la coopération nord-sud en recherche n'est pas exempte d'une asymétrie qui « peut constituer un obstacle pour une recherche efficiente et équitable », comme en témoignent les travaux de Gogognon et Godard (2015[1], 2020[2]) en santé publique. Bref, il y a donc peu de coopération nord-sud qui

[1]Gogognon, P., et Godard B. (2015). Chapitre 5. Asymétrie de pouvoir dans la recherche en santé mondiale, quels enjeux éthiques ? Une étude pilote auprès de chercheurs au Bénin. *Journal international de bioéthique*, *26*(2), 103-118. https://shs.cairn.info/revue-journal-international-de-bioethique-et-d-ethique-des-sciences-2015-2-page-103 (Consulté le 15 septembre 2023).

[2]Gogognon, P., et Godard, B. (2020). Asymétrie de pouvoir dans les partenariats de recherche en santé mondiale: étude qualitative auprès de chercheurs en Côte d'Ivoire. *Global Health Promotion*, *27*(1), 92-101. https://journals.sagepub.com/doi/pdf/10.1177/1757975918764311 (Consulté le 15 septembre 2023).

permettrait aux pays de « grand Sud » de développer une connaissance de ces enjeux qui sortent très largement de leurs frontières.

Les universités des pays à moyen ou faible IDHI, quant à elles, n'ont pas ou peu les moyens de faire de la recherche. Les conditions de travail des enseignants universitaires dans les pays à faible IDHI sont en général très difficiles (salaires faibles et irrégulièrement versés qui obligent de cumuler plusieurs emplois) et des fonds de recherche quasi inexistants en sciences sociales. De par mes observations et initiatives, un autre enjeu se pose, qui est celui de la formation à la recherche quantitative et qualitative en sciences sociales. La culture universitaire de collecte et d'analyse de données de terrain reste peu développée, de même que l'enseignement méthodologique, la rhétorique, selon mon expérience, se trouvant plus souvent valorisée. Des travaux universitaires issus de pays à faible IDHI existent, mais leur robustesse est trop souvent mise à mal. J'ai moi-même, entre autres en Haïti et au Tchad, contribué bénévolement à combler le manque d'enseignants locaux en méthodologie. Aujourd'hui encore, il est difficile pour les étudiants d'avoir accès aux publications scientifiques (je remplissais mes valises des ouvrages que Maurice Cusson voulait bien offrir pour remplir la bibliothèque de l'observatoire en Haïti). Tout cela prive l'ensemble de la communauté de réaliser des travaux essentiels sur des terrains quasi inexplorés et qui somme toute seraient peu coûteux, aussi bien basés sur des méthodes qualitatives que quantitatives.

Le champ de ce qui pourrait être documenté est quasiment infini, et des partenariats de recherche pourraient être développés entre universités tout en se défiant des biais colonialistes. Cela permettrait aux universités des pays à fort IDHI par exemple de venir confronter l'universalité de nos grandes théories dans les bidonvilles des pays à faible IDHI et de s'apercevoir peut-être que notre notion de l'univers se limite à 16,1 % de la population mondiale. Il ne fait aucun doute que là encore, les observatoires qui ne sont pas des centres de recherche, mais bien des centres d'analyse, ont un rôle primordial à jouer dans la collecte et la mise à disposition de données brutes ou traitées.

3. Posture d'écriture et présentation de l'ouvrage

Cet ouvrage se base sur mes 10 ans d'expérience internationale de création ou de développement d'observatoires de la violence et des acteurs de la régulation sociale. Afin de faciliter la compréhension de l'ensemble, voici quelques repères temporels et géographiques.

Le premier observatoire que je fonde avec une poignée de collègues chefs de police en 2005 est l'Observatoire national des polices municipales (ONPM), en France, dans un contexte de professionnalisation des polices municipales. J'émigre en 2007 au Canada afin de préparer mon doctorat en criminologie sur la gouvernance en réseau de la sécurité locale. En 2009, le Centre international pour la prévention de la criminalité (CIPC), ONG internationale basée au Canada, me demande de concevoir un Observatoire international de la prévention de la criminalité (OIPrev), qui ne verra jamais le jour malgré les annonces médiatiques1.

De 2009 à 2011, je travaille en Somalie pour le PNUD afin de concevoir et d'accompagner la création de l'*Observatory of Conflict and Violence Prevention* (OCVP) et le développement d'une enquête de victimisation. Toujours en 2011, à la demande du programme « Villes plus sûres » d'ONU-Habitat, je pars au Burkina Faso soutenir le développement méthodologique de l'observatoire de la violence et des acteurs de la régulation sociale de la Commune de Ouagadougou (OSCO), lequel s'appelle aujourd'hui l'Observatoire de la Ville de Ouagadougou. En 2011 et 2012, en partie en coopération avec le CIPC et sous l'autorité du PNUD, je pars en Haïti soutenir l'Observatoire national de la violence et de la criminalité (ONAVC) et développer une enquête de victimisation. J'apporterai aussi du soutien aux organisations de la société civile dans les domaines de collecte et d'analyse de données et j'enseignerai à titre bénévole au programme de criminologie de l'Université d'État, rescapée du séisme de 2010. En 2012 et 2013, je passe sept mois en Afghanistan, pour le PNUD, pour soutenir le développement de la *Police e-mardume* (police communautaire) et j'y retournerai six mois en 2014 pour continuer les travaux et développer un outil d'évaluation. En 2013 et 2014 également, c'est le PNUD du Népal qui fait appel à mes services afin de soutenir le développement d'un dispositif de collecte et d'analyse de données sur le crime; j'interviens également en soutien d'ONG locales. De 2014 à 2016, l'Union européenne requiert mon aide au Tchad dans le cadre du Projet d'appui à la réforme des forces de sécurité intérieure (PAFSI) afin de concevoir un observatoire de la violence et des acteurs de la régulation sociale et de la déontologie policière; j'y développerai aussi la politique publique et le code en matière de déontologie policière. Enfin, en 2017, le PNUD des Caraïbes m'invite à collaborer au programme CariSecure avec pour objectif d'évaluer l'intérêt et les capacités de 10 États membres de la CARICOM à collaborer à la création d'un observatoire régional de la sécurité.

À cela s'ajoutent diverses missions, travaux de recherche, conférences et déplacements dans une vingtaine de pays dans le monde, dont le Cameroun (en évaluation), la Colombie (analyse de l'homicide), le Niger (en anticorruption), le Sénégal (soutien à la société civile) dans différents pays d'Europe continentale, etc.

[1]https://www.ledevoir.com/societe/278900/creation-d-un-observatoire-sur-la-prevention-de-la-criminalite (Consulté le 31 mai 2023).

3.1. Posture épistémologique

Dans cette section, je souhaite partager les valeurs qui m'ont animé pendant ces 10 ans d'expériences internationales, et comment cet ouvrage se place dans la continuité de ces valeurs, ce qui dit beaucoup du ton que j'utilise, mais en même temps, comment s'ajoute un certain regard critique lié au recul.

3.1.1. Insider-outsider

Civil travaillant depuis 25 ans en sécurité publique, secteur très largement dominé par les corps de police, j'ai toujours été placé dans une situation particulière d'*insider-outsider* (Headland, Pike et Harris, 1990 [1]) ou « d'observateur de l'intérieur » (Pires, 1997, p. 32[2]). J'ai été un acteur de changement à l'interne du système de sécurité publique (*insider*), mais jamais policier, et donc, en dehors de la communauté policière et de sa sous-culture (*outsider*). Acteur de l'intérieur, j'ai eu accès de façon privilégiée à de l'information de toute sorte et aux réseaux de pouvoir tandis que se déployait sous mes yeux la sous-culture policière avec ses codes explicites et implicites, partageant une expérience similaire à celle dont Dupont témoigne à l'occasion de ses travaux de thèse en Australie (2002, p.23-24[3]). Mais en dehors du statut policier, j'ai toujours été considéré comme ne faisant pas partie du corps, comme extérieur; ce qui ne signifie pas qu'il n'y avait pas de la part de mes interlocuteurs un respect sincère à l'égard de mon expérience, voire de mon expertise. Mais je n'ai jamais été de la « maison », jamais été un « bleu »; il y a toujours eu ce regard de doute quant à la confiance à me porter, ces preuves toujours à refaire de ma part avant d'entrer finalement en collaboration grâce tantôt à mon savoir-faire, tantôt à mon statut au sein même de la mission. Cela m'a donné la chance d'interagir avec des hiérarchies sans être dans la hiérarchie et de conserver cette liberté de pensée et de parole commandée par ma seule représentation du Service public. Bien sûr, il y a eu et il y a encore aujourd'hui un prix à payer à cette posture sur le plan inclusion-exclusion, mais il y a surtout eu un bénéfice incomparable à trouver, d'un point de vue de ma liberté d'intellectuel. J'ai eu la chance de pouvoir être un levier de

[1]Headland, T. N., Pike, K. L. et Harris, M. E. (1990). Emics and etics: The insider/outsider debate. In *This book had its genesis at a symposium of the 87th Annual Meeting of the American Anthropological Association in Phoenix, Arizona, on Nov 19, 1988.* Sage Publications Inc.

[2]Pires, A. (1997). Échantillonnage et recherche qualitative : essai théorique et méthodologique. *La recherche qualitative. Enjeux épistémologiques et méthodologiques, 169*, 113. http://classiques.uqac.ca/contemporains/pires_alvaro/echantillonnage_recherche_qualitative/echantillon_recherche_qual.pdf (Consulté le 3 juillet 2023).

[3]Dupont, B. (2002). Construction et réformes d'une police : le cas australien (1788-2000). Paris : L'Harmattan.

changement au sein des institutions ainsi qu'un observateur privilégié de cet univers si particulier.

3.1.2. Réflexions sur le néolibéralisme

a) Données quantitatives et néolibéralisme

Dès la création de la police, il y a eu la volonté de collecter des données permettant d'une part de disposer d'indicateurs relatifs à la situation sécuritaire locale et d'autre part de disposer d'indicateurs relatifs au travail et à l'efficacité des services de police. Il y a donc eu un effort permanent des services de police pour disposer de données toujours plus précises, contemporaines, fiables en matière de sécurité locale.

Pour Dupont (2004[1]), l'intégration des progrès informatiques et des technologies de surveillance et d'analyse de l'information au sein des services de police à partir des années 1980 constitue un virage majeur pour les organisations policières. Le développement de l'*Intelligence-led Policing*, entre autres, a professionnalisé la collecte et l'analyse de données policières quantitatives et grandement participé au développement opérationnel du renseignement policier (Ratcliffe, 2016[2]). Aujourd'hui, les standards de l'*Intelligence-led Policing* rejoignent les pays à moyen et faible IDHI comme l'Afrique du Sud (Budhram, 2015[3]), le Brésil (Silva, 2022[4]), le Nigeria (Idowu, 2022[5]), etc.

Mais toujours selon Dupont (2004, déjà cité), cela génère deux lectures qui s'opposent quant à l'impact de ces innovations. D'un côté, l'intégration de ces progrès technologiques constitue une occasion de développement de l'efficacité et de l'efficience des services de police dans une perspective de modernisation. De l'autre, l'intégration de ces technologies accroît l'efficacité d'une société de surveillance qui resserre toujours plus les mailles du filet du contrôle social (Garland, 2001[6]) au détriment des libertés individuelles

---

[1]Dupont, B. (2004). La technicisation du travail policier: ambivalences et contradictions internes. *Criminologie*, *37*(1), 107-126. https://www.erudit.org/en/journals/crimino/1900-v1-n1-crimino732/008719ar.pdf (Consulté le 18 septembre 2023).

[2]Ratcliffe, J. H. (2016). Intelligence-led Policing. Routledge.

[3]Budhram, T. (2015). Intelligence-led policing: A proactive approach to combating corruption. South African Crime Quarterly, 52, 49-55. file:///C:/Users/ycque/Downloads/ajol-file-journals_509_articles_119658_submission_proof_119658-6013-330067-1-10-20150720.pdf (Consulté le 19 septembre 2023).

[4]Silva, W. C. P. (2022). Using intelligence led policing to fight bank robberies in Rio Grande do Norte, Brazil. Revista Brasileira de Ciências Policiais v.13, N.8, p.21-52, Mars 2022. https://dspace.mj.gov.br/bitstream/1/8083/1/RBCP_N8_P21-52.pdf (Consulté le 19 septembre 2023).

[5]Idowu, O. A., et Sunusi, I. I. (2022) Intelligence-Led Policing Strategy (ILP) and Crime Control in Nigeria. Research Journal of Criminal Policy and Social Justice, Volume. 10, Issue, 03.

[6]Garland, D. (2001). The Culture of Control. Crime and Social Order in Contemporary

(Foucault, 1975[1]). À travers le développement technologique et l'analyse des données policières, ce sont clairement depuis quelques décennies une vision néolibérale majoritaire et une vision socialisante du contrôle social qui s'opposent.

Le meilleur symbole de la pénétration du néolibéralisme dans l'utilisation des données quantitatives policières reste sans doute la mise en place du CompStat à New York dans les années 1990. Le CompStat, qui était d'abord un moyen d'optimiser l'organisation et l'utilisation des données sur la criminalité, constituait aussi un outil de management à l'orientation très clairement néolibérale, et ce, pour trois raisons selon Feldman (2017[2], p. 164-166). D'une part, le CompStat utilisait les données policières dans le cadre de techniques de reddition de comptes importées du secteur privé, fondant ainsi une philosophie de management basée sur une rationalité strictement quantitative considérée comme objectivée. D'autre part, la reddition de comptes en matière d'efficacité et d'efficience policière s'orientait davantage vers la hiérarchie policière que vers les communautés desservies, générant ainsi une distance que les approches en police communautaire avaient tenté de combler les décennies précédentes. Enfin, les données quantitatives étaient devenues un outil d'évaluation de la performance individuelle des policiers et policières, ouvrant la voie à un renforcement de l'activité répressive dans une perspective de bonne notation. Cette tendance n'est pas le propre de New York, puisque Douillet, de Maillard et Zagrodzki (2014[3]) ou Didier (2011[4]) arrivent à des conclusions similaires en France, à la suite des réformes policières jugées recentralisatrices des années 2005.

En quoi les observatoires de la violence et des acteurs de la régulation sociale sont-ils concernés ? Les observatoires tels que je les définis et les présente ont pour mission principale la collecte et l'analyse de données policières et au-delà. L'*Intelligence-led Policing* est au cœur de la démarche analytique des observatoires. Si cela fait des observatoires des structures promouvant le néolibéralisme, et de moi son promoteur, cela ne correspondrait

---

Society. Oxford University Press. https://bricolage-online.nl/fileadmin/user_upload/Garland_control_2001.pdf (Consulté le 18 septembre 2023).

[1]Foucault, M. (1975). Surveiller et punir. Paris : Gallimard.

[2]Feldman, L. (2017). Neoliberalism and Police Reform. Rethinking Neoliberalism: Resisting the Disciplinary Regime, 160-175. http://urban.hunter.cuny.edu/~schram/neoliberalproofuncorrected.pdf#page=190 (Consulté le 18 septembre 2023).

[3]Douillet, A. C., Maillard, J. D. et Zagrodzki, M. (2014). Une centralisation renforcée par le chiffre ? Les effets contradictoires des indicateurs chiffrés dans la police nationale en France. Politiques et management public, 31(4), 421-442. https://journals.openedition.org/pmp/7327 (Consulté le 18 septembre 2023).

[4]Didier, E. (2011). «Compstat» in Paris: a device for prompting police initiatives and accountability. Champ pénal/Penal field, 8. https://journals.openedition.org/champpenal/9028 (Consulté le 18 septembre 2023).

clairement pas à ma démarche. Et j'espère que mon positionnement transparaît suffisamment dans cet ouvrage, bien que cette question doive être clairement traitée. Est-ce qu'il y a dans les produits du néolibéralisme des éléments d'intérêt qui, recontextualisés, peuvent servir l'intérêt public ? Sans aucun doute, quant à moi !

Il en va selon moi des données quantitatives policières comme de l'atome. Ce ne sont pas tant les données policières qui peuvent représenter un danger que la manière dont elles sont utilisées. Cela étant dit, faut-il au nom d'un principe de précaution censurer de quelque manière que ce soit la collecte de certaines données relatives à la sécurité ? Certainement pas ! Faut-il profiter de cette occasion pour davantage éduquer les acteurs à l'utilisation des données policières dans une perspective de renforcement de la transparence démocratique, y compris sur les plans de sécurité de données et d'éthique ? Tout le monde comprendra que la réponse se trouve dans la question. Mais il est clair qu'au-delà même de la volonté politique, cela prend du temps, beaucoup de ressources et qu'il faut accepter de gérer un risque.

C'est pourquoi, dans cet ouvrage sur les observatoires, je ne traite à aucun moment de l'évaluation de la performance policière, laquelle relève strictement des autorités de tutelle. Je considère d'ailleurs que l'évaluation de la performance policière se trouve en dehors du champ des observatoires du fait de son incidence sur la gestion du personnel. Mesdames et messieurs les cheffes et chefs de police, assumez votre management sans chercher à l'objectiver par le biais des observatoires. C'est pour cela également que vous lirez dans ce guide de nombreuses références en matière de collecte et d'analyse de données qualitatives dont la pertinence et l'importance m'apparaissent équivalentes à la collecte et à l'analyse de données quantitatives.

b) Gouvernance en réseau et néolibéralisme

L'État néolibéral, en se détachant de certaines responsabilités et en les partageant ou les transférant à une diversité d'acteurs, dont des agences hybrides et des acteurs du secteur commercial, réduit drastiquement son format de service public. Il s'agit là d'une volonté de prioriser un gouvernement allégé, plus coordonnateur que faiseur, plus barreur que rameur (Osborne et Gaebler, 1994[1]). Que les États se trouvent confrontés à des responsabilités toujours croissantes, à des enjeux toujours plus techniquement complexes, mais avec des compétences et des ressources fiscales de plus en plus défiées par un environnement en perpétuel changement, et qu'ils doivent adapter leur format me semble assez juste (Crawford, 2006[2]). Le choix qu'ils

[1]Osborn, D., Gaebler, T. et Holman, T. R. (1994). Reinventing Government.

[2]Crawford, A. (2006). Networked governance and the post-regulatory state? Steering, rowing and anchoring the provision of policing and security. *Theoretical criminology*, *10*(4), 449-479.

peuvent faire en réponse, de transférer une partie de leurs activités au secteur privé, est un choix qui relève de l'orientation politico-économique.

Si les observatoires, dans leurs mécanismes de gouvernance en réseau, sont invités à sortir des organigrammes de la seule puissance publique, c'est aussi pour intégrer de nouveaux acteurs, essentiellement issus de la société civile. Est-ce que cela évide la puissance publique comme l'entendent Loader et Walker (2006[1]) ? Pas nécessairement, considérant que ce qu'apportent les organisations de la société civile est ce qui, justement, fait défaut à l'État. Or, une des finalités des observatoires reste le renforcement des capacités des États eux-mêmes. Pour autant, la question du partage du pouvoir en matière de données de sécurité constitue clairement un enjeu au cœur des mécanismes de gouvernance des observatoires. Il me semble alors inévitable qu'au regard des références politico-économiques sous-jacentes aux observatoires, ces derniers doivent composer avec cette dualité qui constitue un sujet inépuisable.

3.1.3. Réflexions sur le néocolonialisme

Mon regard a posteriori sur mes 10 années d'expérience à l'international en matière d'observatoires et de néocolonialisme se décline en trois observations. Dans un premier temps, je m'interroge sur ce qu'il en est du concept d'observatoire, dans un deuxième temps, ce qu'il en est de l'implantation de ces projets dans le cadre des organisations internationales pour lesquelles j'ai collaboré, et dans un troisième temps, ce que je juge, avec le recul, de ma propre approche.

a) Le concept d'observatoire dans une perspective de relations Nord-Sud

Le modèle de gouvernance qui sous-tend les observatoires, tels que je les présente dans cet ouvrage, propose des structures en réseau peu présentes dans les pays à fort IDHI, surtout dans le domaine de la sécurité publique. Le concept de gouvernance en réseau (ou gouvernance nodale), très théorisé par Clifford Shearing de l'Université du Cap, présente deux qualités principales. D'une part, cela permet d'intégrer des acteurs de la société civile, tels que des ONG ou des universités locales, qui ne sont en général pas ou peu impliqués dans les structures de sécurité publique. D'autre part, il s'agit d'un modèle où les différents acteurs, quels que soient leurs statuts, sont incités à mutualiser leur diversité de ressources à la recherche d'un équilibre des pouvoirs.

https://citeseerx.ist.psu.edu/document?repid=rep1&type=pdf&doi=1a2c4bf94e445e7ce9caec49c352b44fda4abe08 (Consulté le 18 septembre 2023).

[1]Loader, I., et Walker, N. (2006). Necessary virtues: The legitimate place of the state in the production of security. Democracy, Society and the Governance of Security, 165-195. https://ds.amu.edu.et/xmlui/bitstream/handle/123456789/13081/ebooksclub%5B1%5D.org__Democracy__Society_and_the_Governance_of_Security.pdf?sequence=1&isAllowed=y#page=179 (Consulté le 18 septembre 2023).

Si le concept d'observatoire semble venir des pays à fort IDHI, véhiculé par les grandes organisations internationales de développement des Nations unies et de l'Union européenne qui en assurent le soutien lors de leur création, c'est l'Amérique latine qui semble se l'être le plus approprié.

De ce point de vue, le concept d'observatoires et de gouvernance en réseau répond à plusieurs recommandations formulées par Page (2021[1]) en matière de décolonisation de l'aide internationale : plus grande reconnaissance de l'expertise des organisations de la société civile locale, valorisation et renforcement des institutions et du tissu sociostructurel déjà existant, redistribution des pouvoirs dans une perspective non eurocentrée, créant ainsi un espace où les acteurs locaux sont responsables de leurs stratégies et d'orchestrer le changement, etc. (p. 37).

b) L'asymétrie de pouvoir liée aux organisations internationales

Il y a clairement une asymétrie de pouvoir qui apparaît lorsqu'une organisation internationale propose à un État de développer un observatoire, que cette initiative soit interne ou vienne de la communauté internationale. Cette asymétrie de pouvoir a une triple nature, elle tient au pouvoir symbolique de l'organisation internationale, de la manne financière associée au projet ainsi que de la mise en place de bonnes pratiques jugées internationalement validées.

Le fait même qu'une agence des Nations unies ou que l'Union européenne interviennent comme actrices de développement recouvre une asymétrie de pouvoir, surtout dans les pays à faible IDHI. Quelle est alors la capacité réelle de ces pays à s'opposer ou à aménager la solution présentée et que représente un tel observatoire ? Et comment l'organisation internationale peut-elle ne pas prendre un leadership des opérations dont la mise en œuvre va s'avérer contraignante, même en dépit de la plus grande attention possible ? Il y a dans l'essence même des organisations internationales, dans leur mission et leur fonctionnement, les racines de cette asymétrie.

Le pouvoir de l'argent fait le reste. Je n'ai pas vu de pays refuser les fonds internationaux lorsque la communauté internationale s'est proposé d'y implanter un observatoire. J'imagine que le pays concerné souhaitait un tel observatoire, mais comment en être certain ? Jusqu'à quel point, jusqu'à quel degré de perte de contrôle du projet ? Cela pose d'ailleurs un enjeu de pérennité majeur. Les acteurs internationaux ne sont en général présents au projet que le temps de la création et de la stabilisation de l'observatoire, après quoi une transition transfert l'observatoire à des autorités nationales ou locales. Je ne connais pas un observatoire qui a économiquement survécu 10 ans après avoir été transféré aux autorités locales.

---

[1]Page S. (2021). Time to Decolonise Aid: insights and lessons from a global consultation. Direct Peace. https://www.peacedirect.org/wp-content/uploads/2021/05/PD-Decolonising-Aid-Report.pdf (Consulté le 20 septembre 2023).

La dernière asymétrie, peut être celle qui m'a le plus marqué en tant qu'expert, est celle du standard technique. Cet ouvrage même fourmille de « bonnes pratiques » en faisant référence à de nombreux « Standard Operating Procedures » (SOPs). Or la plupart de mes interlocuteurs ne savaient pas ce qu'était un observatoire, des faits constatés, le sentiment d'insécurité, une gestion des risques, etc. Et je promenais mon savoir et mon savoir-faire, synthétisés dans de bonnes pratiques internationalement reconnues et assumées. Paige (2021[1]) fait référence à de nombreuses reprises à la manière dont la technicité du « Nord » se trouve imposée, dans ses travaux sur la décolonisation de l'aide internationale. Et cela ne retire rien à l'urgence de se battre pour les droits humains, contre les violences faites aux femmes, pour le contrôle des armes et munitions, etc. Questionner la méthode n'est pas questionner la mission. Mais il y a incontestablement un travail d'anthropologie à réaliser afin d'identifier les meilleures approches permettant de faire émerger et de pérenniser les structures de collecte et d'analyse de données probantes en matière de violence et d'acteurs de régulation sociale.

À tout le moins, je remercie les Nations unies qui ancraient les droits humains et le respect de la personne au cœur de ces missions, et d'avoir exigé de moi de valider des examens à fréquence régulière en matière de droits humains, de prévention des discriminations et des différentes formes de harcèlement au travail. En 25 ans de sécurité publique, c'est la seule des organisations internationales, nationales ou locales pour qui j'ai collaboré à l'avoir fait.

3.1.4. Réflexions sur le féminisme

Mon destin n'était sans doute pas de devenir féministe. Mais suis-je féministe ? Ai-je besoin de l'être ? Si je comprends approximativement ce qu'est le féminisme, je ne sais d'ailleurs pas ce que c'est que d'être féministe, même si je reconnais de grandes figures du féminisme. Je considère en tout état de cause qu'il ne m'appartient pas de me définir ou pas comme féministe.

En revanche, j'ai vécu des situations sur le terrain qui m'ont fait me battre corps et âme, non pas pour l'égalité hommes-femmes, aussi vertueuse soit-elle, mais contre la torture de l'excision, pour l'émancipation de ces femmes violées et reviolées lors des conflits, contre des tribunaux iniques qui les considèrent comme des meubles, pour la révélation à toute la société de leur incroyable résilience, de leur insondable courage dans les choses banales du quotidien et de leur génie créatif. Je reste convaincu que j'aurais vu moins de sang, d'amputations et d'extrême misère si cela avait été des femmes qui

---

[1]Paige S. (2021). Time to Decolonise Aid: insights and lessons from a global consultation. *Peace Direct, Adeso, the Alliance for Peacebuilding, and Women of Color Advancing Peace and Security. https://globalfundcommunityfoundations.org/wp-content/uploads/2021/05/PD-Decolonising-Aid-Report-final.pdf*

avaient gouverné ces pays; en tout cas, cela vaut sans doute le coup de placer ses rêves dans les pas féministes et environnementalistes de Thomas Sankara.

3.2. Présentation de l'ouvrage

3.2.1. Précautions à l'égard des lecteurs et des lectrices

La plus grande concentration d'observatoires de la violence et des acteurs de la régulation sociale dans le monde se trouve dans les Amériques comme le montrent les deux recensements d'observatoires existant à ma connaissance : celui relatif aux enjeux de sécurité publique établi en 2009 par le CIPC[1] et celui relatif aux politiques publiques établi par l'OAS en 2015[2]. Sur les 22 observatoires de politiques publiques que l'OAS dénombre, 6 d'entre eux ont les enjeux de sécurité publique comme centre d'intérêt. Je n'ai pas eu l'occasion de collaborer avec ces observatoires, et leurs expériences seront à ajouter à cet ouvrage.

Bien que le temps ait passé, du fait de clauses contractuelles de confidentialité, il y a encore beaucoup d'information que je n'ai pas la liberté de partager. C'est pourquoi dans l'ouvrage certains exemples ou certaines anecdotes se réfèrent à des situations génériques, me permettant de ne pas trahir mes engagements ou me permettant parfois également de conserver une certaine élégance d'usage.

Cet ouvrage est illustré de quelques notes de voyage personnelles, dont la publication est à venir. C'est un choix commandé par le fait que j'aurais passé ma carrière à lire des documents techniques et scientifiques tout à fait pertinents, mais totalement désincarnés. Je n'aurais pour ainsi dire jamais rien appris de sensoriel ou d'émotionnel sur les contextes, l'état d'esprit des acteurs, les émotions des auteurs, etc., dans les centaines de documents techniques que j'ai lus au fil de ma carrière, passant ainsi trop souvent d'information contextuelle. Dès lors que cet ouvrage est basé sur mes expériences professionnelles, qui m'ont fait parcourir différentes régions du monde, rencontrer une diversité de peuples, découvrir de nombreuses cultures, m'émerveiller d'une multitude de choses autant que m'effrayer d'une quantité d'horreurs, je fais le choix de partager aussi mon humanité. Vous y verrez les émerveillements et les déceptions qu'homo sapiens m'inspire, vous y lirez

---

[1]ICPC (2009) Crime observatories: International experience directory. International Center for the Prevention of Crime. Montreal. https://cipc-icpc.org/wp-content/uploads/2019/08/Crime_Observatories_ANG.pdf (Consulté le 1er juin 2023).

[2]Chevarria, F., Inga, H., De Pasquale, E. et Homberg, K. (2015). Public Policy Observatories in the Americas: A Guide for Their Design and Implementation in Our Public Administrations. *Organization of American States. Department for Effective Public Management of the OAS General.* https://www.oas.org/es/sap/dgpe/pub/observatoriosdepoliticaspublicas_e.pdf (Consulté le 6 juin 2023).

peut-être la manière dont ce que j'ai considéré comme des aventures de vie a pu me faire grandir.

3.2.2. Présentation des chapitres

Ce guide se compose de trois parties principales. La première partie traite des observatoires en tant que tels et se décompose en deux chapitres. J'y présente les questions relatives à la mission des observatoires et leur incroyable diversité; les principes d'indépendance et de scientificité ainsi que les enjeux qu'ils représentent (chap.2). J'y discute aussi le spectre d'observation qui va faire l'objet du travail quotidien de l'observatoire, suggérant également quelques niches peut-être moins réputées (chap. 3).

La deuxième partie traite des données centralisées et analysées au sein des observatoires; deux chapitres y sont consacrés. J'y discute les questions de données probantes en sécurité publique, de qualité et de désagrégation des données, des difficultés rencontrées en matière d'interopérabilité (chap. 4); mais aussi des enjeux liés à l'éthique en matière de collecte, des enjeux de sécurité des données, des protocoles d'analyse et des logiciels utilisés (dont ceux en accès libre), et enfin des principaux livrables descriptifs et d'analyse (chap. 5).

La troisième partie regroupe trois chapitres et s'intéresse aux partenaires de l'observatoire dans la mesure où ils sont nombreux à disposer de données primaires d'intérêt. J'y présente les principaux partenaires publics tels que les services de police, de santé publique et les instituts de la statistique, et je discute des données dont ils disposent (chap. 6). Je présente également les partenaires de la société civile et leurs incroyables données et initiatives innovantes, ainsi que les partenaires commerciaux (chap. 7). Enfin, dans le dernier chapitre, je présente les observatoires comme un modèle de gouvernance, tous ces acteurs fonctionnant sous forme de réseau de partenaires (chap. 8).

La conclusion est l'occasion de s'interroger sur pourquoi les observatoires voient le jour, disparaissent, mais aussi pourquoi ils ne naissent pas. C'est la question tout à fait pragmatique et pertinente du « est-ce que ça marche ? » si chère au Pr Maurice Cusson (ses anciens étudiants de l'Université de Montréal comprendront), et à qui cette pensée est dédiée.

PARTIE 1 : LES OBSERVATOIRES

Chapitre 1 : Mission et principes constitutifs des observatoires

Pour le CIPC, les observatoires ont trois fonctions : collecter des données, les analyser et les disséminer (2009, p. 71). Et ce, que les données soient primaires, c'est-à-dire collectées sur le terrain par les observatoires eux-mêmes, ou secondaires, c'est-à-dire apportées par des partenaires. L'OAS est plus disert, bien que toujours dans une perspective État centrée, et le propos mérite là aussi d'être explicité : « L'objectif des observatoires nationaux est de recueillir, d'analyser et de traiter des informations en temps opportun et de manière efficace afin de générer des données utilisées pour évaluer et améliorer les politiques publiques et les performances des institutions impliquées dans la sécurité publique. En d'autres termes, ils sont chargés de fournir des informations fiables, pertinentes et systématiques pour concevoir des politiques de sécurité publique ainsi que pour évaluer les politiques mises en œuvre et les institutions chargées d'assurer la sécurité publique. » (OAS, 2009, p. 212; traduction libre de l'auteur).

Mais les observatoires présentent une très grande diversité qui constitue également une de leurs caractéristiques essentielles. Il existe en effet autant de missions et de mandats que d'observatoires, qui plus est au regard des contextes locaux qui requièrent de les y adapter. Et cela même si le plus souvent ces observatoires sont dits de la criminalité, sont administrés par les États et se concentrent plus particulièrement sur le traitement des données issues des services de police. Du fait cependant de cette grande diversité de missions, mais aussi de ressources, la plupart des observatoires ne font qu'une partie de ces tâches, a fortiori dans les pays à moyen ou faible IDHI où les enjeux de ressources financières et de compétences ainsi que d'indépendance peuvent limiter l'effectivité de la mission.

Pour tout projet de création d'observatoire, ma première étape a toujours été de présenter de façon descriptive ce qu'est un observatoire aux acteurs locaux, en expliquant cette grande diversité, qui constitue autant de choix à faire. Les propos plus descriptifs de ce chapitre et des suivants font référence à cette étape essentielle du processus de création des observatoires, que j'ai dû inventer, sur le terrain. Nous avions d'ailleurs été confrontés à un dilemme de méthode au Tchad. Nous avions commencé en décembre 2014, lors des consultations d'analyse du besoin, par présenter les observatoires; ce qui a fait que la conclusion de l'analyse des besoins était assez inévitablement la

[1]ICPC (2009) Crime observatories: International experience directory. International Center for the Prevention of Crime. Montreal. https://cipc-icpc.org/wp-content/uploads/2019/08/Crime_Observatories_ANG.pdf (Consulté le 7 juin 2023).

[2]OAS (2009), Manual for the creation of national public security observatories on crime and violence. Organization of American States. Washington DC.

nécessité de créer un observatoire ! Ce qui était différent, mais pas forcément mieux au Népal ou en Somalie, puisque la décision de créer un « système d'observation » avait déjà été prise par les autorités nationales ou la communauté internationale. Il est vrai qu'il faut parfois faire preuve d'imagination en andragogie pour aborder ces enjeux de collecte et d'analyse de données de sécurité publique qui semblent très théoriques, avec des services de police ou des ONG dont l'essence du métier reste très opérationnelle. Il faut donc apporter quelques balises à propos des observatoires, mais trouver le bon moment et la bonne quantité d'information à diffuser n'est toujours pas si simple.

1. La mission générale d'un observatoire

D'un point de vue technique, les tâches élémentaires des observatoires sont : la collecte et la centralisation des données, le stockage, le nettoyage et l'analyse de celles-ci, la production d'information sous forme de livrables et la dissémination de l'information.

1.1. Générer et collecter des données

Les observatoires peuvent aussi bien générer leurs propres données, qui deviennent les données primaires de l'observatoire. Cela peut aussi bien être des données quantitatives, comme je l'ai fait en Somalie ou en Haïti en développant des sondages de victimisation, que des données qualitatives. Mais les observatoires travaillent aussi en général sur la base d'un réseau de partenaires qui leur fournissent des données (police, santé publique, etc.); ce sont les données secondaires. La proportion de données primaires et secondaires au sein des observatoires dépend de leur mission et de leur contexte.

1.2. Développer des partenariats

L'activité de développement et de maintien dans le temps des partenariats est vitale pour la plupart des observatoires. Or, il s'agit là d'une compétence bien différente de celle du traitement de données. Un observatoire peut difficilement se passer des données déjà existantes dans son environnement, pour des raisons scientifiques aussi bien qu'économiques. Il lui appartient donc de développer des partenariats avec chacun de ces acteurs directs (services de police, etc.) ou indirects de la sécurité (santé publique, etc.) afin de pouvoir accéder à ces données, en leur offrant en contrepartie des produits d'analyse pertinents.

1.3. Stocker et conserver des données

Les partenaires ne se départissent pas de leurs données au profit des observatoires, à moins que ce soit une volonté concertée de tous les acteurs; ce que je n'ai jamais vu. Chaque partenaire reste propriétaire de ses données et en envoie une copie à l'observatoire qui va la conserver à des fins de production d'analyse.

Le stockage des données fait partie intégrante du travail de base des observatoires, ce qui est une tâche qui tend souvent à passer inaperçue, car moins visible et valorisante. Pour autant, cela engendre des défis qu'il est indispensable de prendre en considération aussi bien en matière de capacités informatiques comme de sécurisation des données. Ces défis sont encore plus grands dans les pays à moyen ou faible IDHI où les capacités technologiques sont souvent moindres.

1.4. Analyser des données

La finalité des observatoires est la collecte et l'analyse des données relatives à la sécurité. On peut citer au titre des données probantes recherchées les plaintes auprès des services de police, les données judiciaires, les données de sondages de victimisation et de sentiment de sécurité, les données d'activités des différents partenaires (autres services publics, secteur privé, ONG, etc.). Il s'agit de données statistiques (quantitatives) autant que narratives (qualitatives), même si la pression est toujours plus forte pour produire des indicateurs statistiques de façon régulière et qui peuvent définir synthétiquement une situation. Là où ils existent, il est d'ailleurs souhaitable que les observatoires deviennent le guichet unique de conception et d'administration des indicateurs de sécurité publique et de justice. À cela s'ajoutent également toutes les données qui permettent de contextualiser les enjeux de sécurité telles que les données sociodémographiques, économiques, géographiques, environnementales, etc. La limite à la sophistication des analyses tient en général à l'existence ou à la disponibilité de celles-ci, à leur qualité, à la présence stable d'analystes compétents pour les traiter et à la disponibilité de matériel et de logiciels adéquats.

Rappelons que la partie d'analyse constitue la partie excitante du travail d'analyste, mais celle-ci obère souvent la partie préalable de nettoyage et de préparation des données qui est aussi longue que fastidieuse, mais non moins indispensable.

1.5. Produire de l'information sous forme de livrables

Caricaturalement, un observatoire qui n'aurait pour mandat que de produire de la connaissance se rapprocherait grandement d'un département de recherche universitaire. Produire de la connaissance comme finalité est une tâche tout à fait noble en soi, à l'image de ce que fait l'observatoire universitaire de la criminalité de Malte [1] . Mais l'essence même des observatoires est d'abord de produire des données qui soient utilisées à des fins opérationnelles et stratégiques par des acteurs de la sécurité. Au point où cela, dans les meilleures pratiques, implique le développement d'une démarche de gouvernance spécifique dont je reparlerai dans le dernier chapitre. Au-delà d'une approche un peu théorique, il s'agit ici de rappeler que la légitimité et la pérennité des observatoires dépendent très largement de l'adéquation entre les produits qu'ils offrent, relatifs aux données et aux analyses, et les besoins fonctionnels des acteurs de la sécurité.

1.6. Disséminer l'information

Informer la population et les acteurs de la société intéressés par les travaux des observatoires constitue sans doute une des plus dignes missions des observatoires puisqu'elle contribue d'un point de vue général à la transparence des institutions. Certains observatoires publient sur leurs sites Internet des indicateurs ou des résultats d'études accessibles au public, et l'intérêt est là. Par exemple, le partage des données d'accidentologie routière à Ouagadougou (Burkina Faso) sur la page Facebook de l'observatoire local avait fait réagir la population et les médias locaux qui avaient largement repris l'information dans leurs publications. Pendant plus d'une semaine, la question de la sécurité routière était devenue un objet de discussion en ville, et cet intérêt de la population est apparu extrêmement vertueux d'un point de vue des affaires publiques. Cependant, tous les observatoires ne font pas le choix de la transparence et de publier leurs résultats, le plus souvent parce qu'ils estiment que les données de sécurité publique ont pour vocation de rester confidentielles.

Cependant, disséminer l'information n'est pas un exercice simple; non seulement cela requiert des ressources et des compétences (sites Internet, publications électroniques, etc.), mais ce qui complexifie davantage encore la tâche est que présenter des données au grand public reste un exercice exigeant. Le grand public et les médias traditionnels généralistes qui servent de relais apprécient en général les données simples, lisibles, voire visibles; or toutes les données ne se prêtent pas à l'exercice si facilement. J'ai l'habitude de dire

[1]http://www.crimemalta.com/ (Consulté le 7 juin 2023).

qu'il n'y a pas de résultats d'intérêt sans présentation de la méthodologie. C'est-à-dire qu'une donnée dépend en soi des caractéristiques techniques qui ont conduit à sa collecte, et que l'on ne peut pas intellectuellement ni éthiquement présenter une donnée sans parler de la méthodologie sous-jacente. Et ce faisant, je viens de perdre sans doute plus de 90 % de mon auditoire public dans un monde contemporain où l'information courte et si possible imagée prend une place de plus en plus prépondérante. Informer le public sur des enjeux complexes reste un défi, et, malheureusement, trop peu d'efforts sont faits en général pour vulgariser les données des observatoires. À ce titre, les efforts de présentation des données sur son site Internet par l'observatoire de la criminalité du Belize[1] constituent un exemple intéressant — rappelons que les données du Belize sur les homicides sont considérées de bonne qualité par ONUDC (2019, annexe 1)[2].

2. Des apports stratégiques valorisants

D'un point de vue plus stratégique, il apparaît pertinent de reformuler et contextualiser certaines tâches des observatoires afin de leur donner toute leur dimension au regard du service rendu à l'intérêt général.

2.1. Soutenir en matière de politiques publiques et d'évaluation

Les observatoires peuvent se voir confier deux rôles pertinents relatifs aux politiques publiques : celui d'évaluer des programmes et des politiques mis en œuvre et celui d'aider à la conception des politiques publiques de sécurité publique. Cela est valable, quel que soit le palier de décision publique : local, national, régional ou international.

D'un point de vue de l'élaboration des politiques publiques, les acteurs politiques, lorsqu'ils ne sont pas motivés par des raisons idéologiques ou électoralistes, ont tout intérêt à fonder leurs travaux sur des données probantes. Les observatoires développés disposent du savoir-faire, les grandes ONG internationales sont en général très actives auprès des décideurs internationaux comme les Nations unies afin justement d'intervenir sur les politiques publiques et les grandes orientations programmatiques. Pour faire un parallèle, l'influence sur les autorités internationales et nationales du Groupe d'experts intergouvernemental sur l'évolution du climat (GIEC), que j'ai tendance à considérer comme un observatoire, ressemble à peu près à celle que l'on serait en mesure d'espérer pour les données probantes présentées par un

[1]https://bco.gov.bz/ (Consulté le 7 juin 2023).

[2]UNODC (2019) Methodological Annex to The Global Study on Homicide 2019. https://www.unodc.org/documents/data-and-analysis/gsh/Meth_Annex_GHS.pdf (Consulté le 30 juin 2023).

observatoire de la violence et des acteurs de la régulation sociale. Même si, comme pour le GIEC, cela ne se passe pas sans effort.

D'un point de vue de l'évaluation, dès lors que l'observatoire dispose du savoir-faire, de la logistique, des ressources humaines et qu'il apporte les garanties éthiques, il est tout à fait approprié de lui demander d'effectuer de l'évaluation de programmes. C'est-à-dire d'évaluer les résultats d'un plan d'action ou de l'impact d'une politique publique. Le principe d'évaluation programmatique et en politiques publiques sous-tend méthodologiquement une collecte « avant-après » de données; cela implique des environnements politiques et sécuritaires stables ainsi qu'une pérennité des structures des observatoires et de leur fonctionnement. De plus, il n'est pas impossible que la prise d'influence que prendrait alors un observatoire (et sa direction) dans certains contextes d'État non consolidés, voire d'États dits « faibles et défaillants » constitue un obstacle à ce type de développements. En tout état de cause, aucun des observatoires pour lesquels j'ai collaboré n'avait la maturité et la reconnaissance suffisantes pour appuyer les institutions publiques dans ce type de démarches; démarches elles-mêmes souvent difficiles à mettre en œuvre dans les pays à fort IDHI.

2.2. Développer la veille stratégique

Le rôle premier des observatoires est d'appuyer les acteurs directs et indirects de la sécurité (police, justice, santé publique, bailleurs sociaux, transporteurs, association d'aide aux victimes, etc.) par la production de données et d'analyses leur permettant de mieux fonctionner dans une perspective fondée sur les données probantes.

Les observatoires qui constituent le point d'entrée des données de sécurité sont les mieux placés pour remplir le rôle de veille stratégique. Ils sont les premiers observateurs des tendances et doivent porter une attention particulière aux phénomènes émergents afin de permettre aux pouvoirs publics et aux organisations de la société civile d'apporter des réponses adéquates aussitôt que possible. On a trop tendance à laisser l'exclusivité de cette tâche aux corps de police en oubliant trop souvent que les acteurs de la société civile sont aux premières loges des changements sociétaux. Les partenariats que les observatoires sont à même de développer à l'image du maillage de balises des systèmes d'alerte de tsunami sont d'autant plus précieux.

2.3. Renforcer la capacité des acteurs et veiller à leur éthique

Certes, les services de police sont encore trop souvent des forces de police qui pensent tirer leur légitimité de leur force légale et de l'usage de la contrainte (Avery, 1981[1]); certes, les moyens manquent cruellement; certes, la formation est la première chose que l'on coupe budgétairement; certes, la corruption peut y être endémique... Toutefois, j'ai toujours été enthousiaste de constater combien certains policiers et certaines policières ainsi que certaines unités cherchaient à conjurer des contextes particulièrement difficiles par leur professionnalisme et leur éthique. Il y avait chez ces policières et policiers une curiosité insatiable en matière de données, de compréhension des contextes criminologiques, de connaissances permettant de rendre l'opérationnel plus efficient. Les observatoires disposent auprès de ces publics d'un auditoire de grande qualité et il leur appartient de leur apporter de la formation en collaboration avec les écoles de police et idéalement les centres universitaires. Les observatoires permettent d'accompagner les institutions dans leur développement en matière de collecte, d'analyse et de conservation de données, de même que de développer la standardisation des processus. Ils permettent aussi de collecter des données sur la manière dont les acteurs de la sécurité, dont la police, exercent leur mission, et de s'assurer, pour les services de police, du respect des règles déontologiques.

Les ONG locales sont partie prenante des organisations de la société civile et jouent un rôle fondamental dans la protection des populations et le développement politique et social. Cela a fortiori dans les pays à faible IDHI où les services offerts par le secteur public restent très partiels tant dans leur répartition géographique que dans la diversité, la constance et la qualité des services rendus. En sécurité publique, les ONG couvrent une partie des services rendus par les services publics dans les pays à fort IDHI. Elles interviennent, souvent avec expertise, en matière de défense des droits humains, de défense des femmes et des enfants victimes (y compris en matière de violences conjugales et sexuelles) et de leur soutien, en prévention de la criminalité, en réinsertion des détenus, en sécurité routière, etc. Les observatoires sont pertinents à se nourrir de leur expertise et de leurs données souvent brutes et inexploitées, mais c'est aussi l'occasion de développer les capacités des ONG en les formant aux enjeux de méthodologie de collecte et à diverses approches conceptuelles.

---

[1]Avery, J. K. (1981). *Police, Force or Service?*. Butterworths.

2.4. Sensibiliser et informer la population

Les observatoires ont un rôle général de sensibilisation, d'information et de formation; de ce point de vue, ils peuvent jouer un rôle essentiel auprès de la population aussi bien au titre de sa sensibilisation dans une perspective de prévention, par exemple, que de son information et de son éducation.

Toutefois, chaque observatoire bénéficie d'une marge de manœuvre qui lui est propre dans des contextes de degrés démocratiques divers. Le fait que l'observatoire communique directement auprès de la population en matière de sécurité publique peut être très mal perçu si cela n'est pas explicitement inscrit dans son mandat. Il y a là des enjeux d'information de la population qui rejoignent des questions de transparence des pouvoirs publics. Je ne peux pas citer de situations vécues ici pour des raisons de sensibilité évidentes, mais il m'est arrivé que certains pouvoirs politiques et policiers me fassent très clairement comprendre qu'ils voyaient d'un très mauvais œil que soient partagées certaines informations, pourtant assez génériques. Le plus souvent, soit les données sont considérées comme désavantageuses pour les services de police, et les autorités ne souhaitent pas les partager, soit elles sont jugées confidentielles sur la base d'une culture encore trop répandue de secret des affaires policières; l'un alimentant souvent l'autre... Les informations diffusées à grande échelle peuvent alors être perçues comme une menace à l'égard des autorités qui jugeront que l'observatoire prend la population à témoin de l'absence de résultats de leurs actions. Cela d'autant plus si des organisations de la société civile participent aux travaux de l'observatoire.

Pour autant, les observatoires représentent une opportunité dans le cadre d'une mission d'information de la population en matière de sécurité publique en faisant la promotion de données accessibles, claires, explicitées et non partisanes. Le fonctionnement démocratique – pour les pays qui le sont – requiert l'information des citoyens, et la force des observatoires en la matière réside dans leur indépendance et leur scientificité.

De ce point de vue, les données ouvertes, partagées en libre accès sur Internet peuvent représenter une opportunité pour les observatoires. De nombreux observatoires mettent déjà à disposition en ligne leurs études, indicateurs et cartographiques. Mais les données brutes sont plus rarement disponibles, ce qui limite la possibilité pour des universités ou d'autres centres d'analyse d'exploiter ces données et de poursuivre les analyses au-delà des productions des observatoires. En donnant libre accès à leurs données sur Internet, les observatoires ont également l'occasion de participer aux efforts de transparence démocratique des pouvoirs publics et à l'appropriation

citoyenne des enjeux de sécurité. L'*Open Data Barometer*[1], développé par la World Wide Web Foundation[2] basée aux États-Unis, offre une évaluation comparative mondiale intéressante des pays en matière de données ouvertes.

2.5. Développer une communauté de pratique

Une des activités les plus significatives des observatoires est de devenir l'épicentre d'un réseau d'acteurs directs ou indirects de la sécurité et de faire se rencontrer, voire collaborer des acteurs qui peuvent être dans l'ignorance, voire dans la défiance à l'égard des autres. Cet espace de dialogue a vocation d'accueillir des services de police, des universités, des ONG, des acteurs judiciaires, des acteurs de santé publique, des médias, etc. Il s'agit pour ces acteurs de mieux se connaître, mieux se comprendre et mutualiser certaines ressources dans le cadre des missions de chacun. Quand vient le moment souvent délicat de discuter du partage de ses données, de challenger les méthodologies, de discuter de la diffusion élargie des résultats, l'espace de dialogue prend tout son sens comme en témoigne Ocqueteau (2012[3]) avec l'exemple de l'observatoire français. Ce peut être aussi l'occasion pour un observatoire arrivé à maturité de développer une offre de formation et de conseil-expertise afin d'accompagner ces partenaires.

C'est cette notion de communauté de pratique que nous avions développée avec l'observatoire français des polices municipales en 2005 en regroupant autour de l'ONPM un noyau d'une dizaine de chefs de police municipale et quelques acteurs externes. C'est aussi cette communauté de pratique que nous avions matérialisée avec le mécanisme de gouvernance mis en place dans le cadre du projet tchadien d'observatoire en 2015 et regroupant services de police, services de l'environnement, syndicats professionnels, ONG, etc. Il appartient donc aux observatoires d'animer ces réseaux en faisant rencontrer les différents acteurs, à l'image du colloque organisé par l'ONAVC à Port-au-Prince en mai 2012 sur « la violence en Haïti : des représentations sociales au vrai visage ».

2.6. Participer à la communauté des observatoires et scientifique

Les observatoires de la violence et des acteurs de la régulation sociale ne sont pas si nombreux, et il y a quelques années, une communauté s'était créée autour du leadership du CIPC et des observatoires français. L'échange de

---

[1]https://opendatabarometer.org/?_year=2017&indicator=ODB (Consulté le 25 août 2023).

[2]https://webfoun ation.org/ (Consulté le 25 août 2023).

[3]Ocqueteau, F. (2012). Une machine à retraiter les outils de mesure du crime et de l'insécurité : l'Observatoire national de la délinquance. *Droit et société*, (2), 447-471. https://shs.cairn.info/revue-droit-et-societe1-2012-2-page-447?lang=fr (Consulté le 30 juin 2023).

pratiques et de connaissances tant en méthodologie qu'en matière criminologique reste indispensable, et les observatoires sont légitimes à y participer en dépit des contraintes budgétaires qui freinent trop souvent la participation des observatoires des pays à moyen ou faible IDHI. Les rencontres en visioconférence devraient faciliter la relance de ces initiatives.

Les observatoires sont également légitimes à développer des stratégies de publications techniques et scientifiques, sous forme d'ouvrages ou d'articles dans des revues spécialisées, à organiser des cycles de conférences scientifiques, à participer à des enseignements universitaires, etc. Les données détenues par les observatoires constituent la matière première de la recherche universitaire, et des partenariats pourront utilement être développés avec des universités de rayonnement local, régional aussi bien que mondial, par la participation à la recherche.

3. L'indépendance du processus : un défi permanent

De quelle indépendance parle-t-on ? Le modèle même des observatoires est fondé sur le partenariat, il ne s'agit donc pas d'indépendance absolue. On parle ici davantage d'indépendance dans le sens de la non-ingérence de l'autorité de tutelle ou des autorités gouvernementales dans la démarche scientifique de l'observatoire, les résultats obtenus, leur diffusion, etc.

3.1. L'indépendance et ses enjeux

La plupart des États disposent de services de statistique policière; le plus souvent, ces départements font partie intégrante des organigrammes des ministères, voire des services de police eux-mêmes. Ces services tiennent le décompte des crimes, les analysent parfois et publient mensuellement ou annuellement des synthèses. Ces services sont totalement inféodés à leur autorité administrative, et la question de l'intégrité de leurs résultats se posera toujours, quel que soit le degré de vertu supposé ou démontré de l'autorité de tutelle. C'est ce que cherche à éviter un observatoire en protégeant son indépendance; plus celle-ci est vaste et démontrée, plus l'ensemble des partenaires et la population peuvent avoir confiance dans les résultats présentés.

3.1.1. Quels sont les risques liés au manque d'indépendance ?

Les observatoires les plus à risque dans le respect de leur indépendance sont les observatoires d'État, et plus particulièrement les observatoires placés sous l'autorité directe des services de police. Ils sont simultanément soumis à la hiérarchie policière qui a ses propres priorités et à la hiérarchie politique qui fait redescendre ses directives dans des contextes où les questions de sécurité publique constituent toujours des enjeux politiques sensibles. À chaque incident de sécurité publique, des données sont demandées aux services, le plus souvent dans une posture délicate de justification. Lors des campagnes électorales, les données servent aux sortants à défendre leur bilan et aux compétiteurs à les décrier, entre autres. Cette nécessité d'indépendance est extrêmement difficile à faire entendre aux pouvoirs politiques et aux états-majors policiers et m'a valu au cours de mes missions bien des tensions qui, il faut le reconnaître, ne se sont pas toujours heureusement conclues.

Mais il est toujours possible de faire le choix de l'indépendance scientifique et de gestion, auquel cas on préférera que l'observatoire soit supporté par une université ou une ONG (et encore, avec certaines réserves au regard du contexte politico-administratif local). Mais la limite est qu'il peut alors devenir difficile pour elles d'accéder aux données policières du fait d'une culture assez générale de méfiance.

C'est pourquoi la question de l'hébergement des observatoires est si délicate qu'il faut parfois savoir faire des compromis qui pourront garantir la simple existence de l'observatoire... Il faut accepter dans un tel contexte d'appliquer la stratégie des « petits pas » et souvent se satisfaire de demi-victoires. Ainsi, il m'est arrivé d'obtenir de haute lutte l'hébergement de l'observatoire au sein de l'école nationale de police, ce qui retirait à tout le moins l'observatoire de cercles immédiats du pouvoir de l'état-major policier, sans toutefois, il est vrai, être en mesure de lui assurer une véritable indépendance. Il m'a fallu quelques années également pour accepter que le temps pouvait faire son œuvre et que l'école de police, bien qu'étant une solution non totalement satisfaisante, pouvait être la première étape d'un parcours évolutif...

3.1.2. Quelle indépendance peut-on souhaiter ?

Cette recherche de protection et de renforcement d'indépendance se décline à travers plusieurs enjeux. 1) Il s'agit de la liberté d'accepter ou de refuser une commande pour une raison valable et justifiable (au regard des capacités budgétaires, de la disponibilité du personnel et des compétences, des capacités technologiques, etc.); cela induit qu'un observatoire a le droit de refuser d'exécuter un travail qu'il ne serait pas en mesure d'accomplir convenablement au regard de l'état de l'art. 2) Il s'agit de la liberté de faire ses choix méthodologiques de collecte de données, en faveur de sondages statistiques aussi bien que d'entrevues qualitatives ou de toutes autres approches méthodologiques, dans le cadre de ses ressources et de la réalité de son contexte opérationnel. 3) Il s'agit de liberté d'analyse; l'observatoire ne saurait se limiter dans ses démarches d'analyse, contraint par une commande circonscrite, au risque de manquer des conclusions dont la révélation serait pertinente à l'ensemble de l'œuvre. L'observatoire ne saurait se faire commander comment et avec quels outils analyser les données ou ne pas les analyser. 4) Il s'agit de liberté en matière de livrables. Tout en répondant aux besoins, l'observatoire ne saurait se faire dire quoi publier ou ne pas publier, ou se faire imposer une forme particulière de publication qui viendrait nuire au respect des données. Toute forme de censure viendrait entacher l'approche scientifique, avec la réserve toutefois que certaines productions doivent rester confidentielles du fait de leur sensibilité en matière de sécurité publique. Mais cette précaution de sécurité ne saurait être instrumentalisée à des fins de censure. 5) Il s'agit de la liberté de développer des partenariats dans la mesure où les partenaires sont pourvoyeurs de données. Sous réserve toutefois de la respectabilité de ces partenaires; c'est-à-dire qu'ils ne sont pas engagés dans des activités allant à l'encontre de la loi ou de l'éthique. Ainsi, des ONG qui confrontent les pouvoirs en place sur la base d'un mandat démocratiquement acceptable ne peuvent pas être considérées comme ayant des activités criminelles. 6) Il s'agit de la reconnaissance de la propriété intellectuelle des analystes, des auteurs et de l'observatoire lui-même. Les analystes et auteurs endossent la responsabilité de leur travail en même temps que la propriété intellectuelle de leur production leur est reconnue :; principe fondamental du milieu scientifique.

Le point qui peut le plus être objet de discussion reste l'objet d'étude. L'observatoire doit pouvoir être indépendant dans la manière dont il étudie un objet particulier, sans se faire refuser des données ou restreindre son champ d'investigation. Il doit également pouvoir choisir ses objets d'étude; toutefois, cela doit pouvoir se faire dans le cadre des orientations issues de son organe de gouvernance et avec l'implication de son conseil scientifique.

3.2. Le choix du statut et le besoin d'indépendance

Comme le constate le CIPC, « La nature ou le statut juridique des observatoires a un impact majeur sur la définition du mandat, sur la mission et les activités de cet organisme » (CICP, 2007, p. 6 / ICPC, 2009, p. 6)1. Le statut de l'observatoire en dit beaucoup sur le degré d'indépendance fonctionnelle de la structure.

Les statuts d'observatoires peuvent se regrouper en plusieurs catégories : les observatoires qui relèvent directement de l'État, dont ceux qui sont directement intégrés au sein des forces de police, ceux qui relèvent du système de santé publique, ceux qui relèvent d'universités et enfin ceux qui ont statut d'organisations non gouvernementales. Il est possible que certains observatoires soient placés sous l'autorité de la Justice, mais faute d'exemple, je n'évoquerai pas cette situation. J'aborderai dans une section suivante les observatoires qui relèvent des municipalités. Il y a dans le choix de l'autorité de tutelle des enjeux culturels et politiques majeurs en matière d'autonomie des structures, de leur indépendance intellectuelle, mais aussi de leur pérennité

[1]ICPC (2009) Crime observatories: International experience directory. International Center for the Prevention of Crime. Montreal. https://cipc-icpc.org/wp-content/uploads/2019/08/Crime_Observatories_ANG.pdf

financière, ce que je discuterai en détail au fil de l'ouvrage. Ainsi, les pays où la culture du contrôle par l'État est forte auront une prédisposition à garder les observatoires de la violence et des acteurs de la régulation sociale sous le giron direct d'une autorité centrale, policière ou autre. Même si cela peut représenter un avantage d'accès aux données et de pérennité financière, cela ne manque jamais de constituer un risque quant à l'indépendance du processus de collecte, d'analyse et de transparence quant à la diffusion des données, y compris dans les pays à fort IDHI.

3.2.1. Les observatoires qui relèvent des autorités policières

Ces observatoires soit constituent un département du ministère agissant en matière de sécurité publique, soit relèvent de la direction générale des services de police, soit relèvent plus idéalement des écoles de police ou de tout autre centre de recherche et de formation.

Citons en exemple l'observatoire de Guyana, un micro-État de 800 000 habitants du nord de l'Amazonie et qui se trouve imbriqué entre le Suriname, le Venezuela et le Brésil. Il comprenait en 2017 une dizaine d'analystes civils qui provenaient du Citizen Security Programme (devenu Citizen Security Strengthening Programme), un programme de développement de la sécurité publique financé par la Banque interaméricaine de développement dès 2008. Le programme de développement avait posé les bases en matière de collecte et de traitement de données et ainsi ouvert la voie à la création de l'observatoire et à son transfert sous l'autorité du ministère de la Sécurité publique. Le choix du ministère s'était imposé par la genèse même de l'observatoire.

Citons dans la même région caribéenne l'observatoire de la Barbade, créé en 2012 et qui était placé sous l'autorité du Ministry of Home Affairs, mais qu'une seule analyste faisait fonctionner, ce qui en limitait fortement les capacités quant aux livrables.

Citons enfin le système d'observation népalais, dont l'embryon était placé sous la responsabilité de la direction des enquêtes criminelles de la Police nationale, car agissant spécifiquement en appui à la recherche de preuves, et qui a migré à l'issue de discussions assidues sous l'autorité de l'école nationale de police. Ma proposition initiale était que l'observatoire puisse prendre de la distance par rapport à l'emprise directe que la hiérarchie policière avait sur la structure. Les arguments présentés au sous-ministre d'alors tenaient au fait que le spectre des travaux de l'observatoire tendait à s'étendre largement au-delà des seules enquêtes criminelles. Considérant que du côté népalais il était hors de question que l'observatoire sorte du champ exclusif des services de police, l'école de police devenait un bon compromis. J'ai à cette occasion profité d'une opportunité conjoncturelle : le système d'observation devant étendre son champ d'activité, il devait migrer dans des locaux plus grands. Les autorités ont profité de l'extension de l'école de police pour l'y faire héberger et y transférer ainsi la gouvernance.

3.2.2. Des établissements publics autonomes

a) L'Observatoire de la délinquance et des réponses pénales (France)

L'histoire contemporaine de la statistique policière en France constitue une excellente illustration des enjeux rencontrés qui prévalent à la création d'un observatoire de la délinquance qui aura pris, selon Ocqueteau (2005, p. 190[1]), une douzaine d'années à voir le jour. Trois temps peuvent être distingués dans la gestion récente de la statistique de la délinquance en France : le temps où la police nationale gérait la statistique, le temps où elle était gérée par l'Observatoire national de la délinquance et des réponses pénales (ONDRP) dans une perspective interministérielle et finalement le temps présent où la statistique est retournée sous une gouvernance policière.

Je me souviens du temps où la Direction de la police nationale gérait la statistique de la délinquance, car j'étais à cette époque formateur auprès des polices municipales en France et j'enseignais déjà sur ce sujet. Historiquement, c'était l'administration judiciaire en France qui tenait le décompte de la criminalité et qui, tous les ans depuis 1828, délivrait un compte général annuel[2]. En 1958, à la suite de la réforme du Code de procédure pénale, il est revenu à la Direction des Services de Police judiciaire de centraliser, de classer et de diffuser l'information. Jusqu'en 1963, comme l'expliquent Gratia et Martinat (1991[3]), les statistiques relatives à la délinquance faisaient partie intégrante des bilans d'activités de la Direction des Services de Police judiciaire. Ce n'est qu'à partir de janvier 1963 que les statistiques sont centralisées et gérées par une unité dédiée. Elles restent cependant partielles et non analysées, étant simplement compilées semestriellement par type de délits et de crimes. En décembre 1968 est créé le Service central d'Étude de la délinquance avec l'objectif d'être plus efficace dans la centralisation des données issues des quelques milliers d'unités opérationnelles et de délivrer ce qui constituera les premiers travaux d'analyse. Selon Ocqueteau (2012[4]),

---

[1]Ocqueteau, F. (2005). Observer les délinquances. Où, comment et pourquoi ? Sur la genèse de l'Observatoire national de la délinquance. Peurs sur la ville, vers un populisme punitif à la française, Paris : PUF, 188-210.

[2]Perrot, M., et Robert, P. (1989). *Compte général de l'administration de la justice criminelle en France pendant l'année 1880 et rapport relatif aux années 1826 à 1880* (p. 1-30). Genève-Paris : Slatkine Reprints.

[3]Gratia, J. M., et Martinat, F. (1991). L'histoire des statistiques de police judiciaire depuis 1958 in La mesure de la délinquance. *Les Cahiers de la sécurité intérieure (Paris)*, (4), 95-114. https://medias.vie-publique.fr/data_storage_s3/collection_number/portrait/photo/0400000000043.pdf (Consulté le 20 juin 2023).

[4]Ocqueteau, F. (2012). Une machine à retraiter les outils de mesure du crime et de l'insécurité : l'Observatoire national de la Délinquance. *Droit et société*, (2), 447-471.

l'accidentologie routière est exclue des données centralisées, et les données du système de justice sont quant à elles publiées par l'Institut national de la statistique et des études économiques (INSEE). En 1972, le système de comptabilisation des délits et des crimes est modernisé et comporte les données des services de police et de gendarmerie ventilées en 107 rubriques, au lieu de 56 précédemment. Une nouvelle nomenclature plus détaillée est mise en place en 1988, et en 1991, grâce à l'informatisation, les données deviennent mensuelles et non plus semestrielles. En 1989, l'Institut des hautes études en sécurité intérieure (IHESI) voit le jour au ministère de l'Intérieur et s'interroge sur le besoin de développer un cadre d'analyse plus complet de la délinquance (Ocqueteau, 2005, p. 190). Dans les années 1990, la question des moyens et des méthodologies employés pour analyser la délinquance en France fait débat dans le milieu scientifique, dont Aubusson de Cavarlay (1996[1], 1997[2]), Robert et Zauberman (1994[3], 1999[4]), Ocqueteau (2022[5]), ainsi qu'au sein des *think tanks* tels que le Forum Français pour la Sécurité Urbaine (FFSU). De son côté, l'INSEE intègre en 1996 un volet sur la victimisation dans son enquête sur les conditions de vie des ménages. La question des statistiques de la délinquance est alors devenue un débat public qui donne aux différentes sensibilités politiques, mais aussi aux inquiétudes intra et interministérielles, l'occasion de s'exprimer (Ocqueteau, 2005, p. 192-195). En 1998, il est demandé à l'Inspection générale de l'administration d'évaluer la faisabilité de créer un observatoire de la délinquance; le rapport définit assez fidèlement ce que deviendra l'ONDRP tant dans ses structures et sa scientificité qu'au regard de la diversité des données à prendre en compte, dont les enquêtes de victimisation. En juillet 2001, dans un contexte préélectoral, le premier ministre confie à deux parlementaires d'effectuer un état des lieux de la statistique policière. En janvier 2002, les deux parlementaires rendent un rapport qui s'intitule *Mission parlementaire relative à la création d'un*

---

file:///C:/Users/ycque/Downloads/DRS_081_0447-1.pdf (Consulté le 20 juin 2023).

[1]Aubusson de Cavarlay, B. (1996). Les statistiques de police : méthodes de production et conditions d'interprétation. *Mathématiques et sciences humaines*, *134*, 39-61. http://www.numdam.org/item/MSH_1996__134__39_0.pdf (Consulté le 20 juin 2023).

[2]Aubusson de Cavarlay, B. (1997). Les statistiques policières : que compte-t-on et comment. *Questions pénales*, *10*(3), 1-4. https://cesdip.org/IMG/pdf/QP_06_97.pdf (Consulté le 20 juin 2023).

[3]Robert, P., de Cavarlay, B. A., Pottier, M. L. et Tournier, P. (1994). *Les comptes du crime : les délinquances en France et leurs mesures*. Paris : l'Harmattan.

[4]Robert, P., Zauberman, R., Pottier, M. L. et Lagrange, H. (1999). Mesurer le crime : entre statistiques de police et enquêtes de victimation (1985-1995). *Revue française de sociologie*, 255-294. https://www.persee.fr/doc/rfsoc_0035-2969_1999_num_40_2_5169 (Consulté le 20 juin 2023).

[5]Ocqueteau, F., Frenais, J. et Varly, P. (Eds.). (2002). Ordonner le désordre. La Documentation française.

observatoire de la délinquance [1] et qui promeut la création d'un établissement public indépendant (Ocqueteau, 2005, p. 200).

Le rapport des deux parlementaires « montre l'absence de coordination et l'éparpillement des sources, le cloisonnement des systèmes d'information entre ministères et l'impossibilité de croiser les nomenclatures, et conclut à une vision partielle, voire faussée des délinquances à l'échelon national » (Ocqueteau, 2012, p. 453). Il est donc recommandé de créer un observatoire indépendant dont l'objectif serait « de passer d'une logique de constat des infractions à une logique de mesure de l'insécurité et des résultats obtenus » (Caresche et Pandraud, 2002, p. 5). En juillet 2002, la création d'un observatoire est inscrite dans la Loi d'orientation et de programmation pour la sécurité intérieure. Créé en novembre 2003 avec la mise en place de son Conseil d'orientation garant de son indépendance, l'Observatoire national de la délinquance (OND) bascule comme prévu en juillet 2004 sous son autorité de tutelle, le nouvel Institut national des hautes études de sécurité (le nouvel INHES remplaçant l'ancien IHESI), qui a statut d'établissement public et qui est placé sous l'autorité du ministre de l'Intérieur. Ocqueteau (2012, p. 452-453 [2]) contextualise l'ensemble de cet historique dans l'actualité politique française et illustre combien l'observatoire a été un espace de dialogue et de négociation entre les services de police, de gendarmerie, ainsi qu'avec l'observatoire. En octobre 2009, l'INHES intègre la Justice et devient l'Institut national des hautes études de la sécurité et de la justice (INHESJ) et se déplace sous la tutelle du Premier ministre dans la perspective d'une gouvernance interministérielle. Par la suite en 2010, l'OND intègre lui aussi les questions relatives à la Justice et devient l'Observatoire national de la délinquance et des réponses pénales (ONDRP). En quinze ans d'existence, l'OND-ONDRP connaîtra une activité assez prolifique avec l'interprétation et la publication tous les ans du sondage national de la victimisation réalisé en partenariat avec l'INSEE ainsi que la publication de plus de 200 études impliquant une diversité de sources précédemment non exploitées[3]. Mais son haut fait restera de parvenir à rationaliser méthodologiquement les données

---

[1]Caresche, C., et Pandraud, R. (2002). Mission parlementaire relative à la création d'un observatoire de la délinquance. *Rapport au Premier ministre*, *30.* https://medias.vie-publique.fr/data_storage_s3/rapport/pdf/024000053.pdf (Consulté le 20 juin 2023)

[2]Ocqueteau, F. (2012). Une machine à retraiter les outils de mesure du crime et de l'insécurité : l'Observatoire national de la Délinquance. *Droit et société*, (2), 447-471. file:///C:/Users/ycque/Downloads/DRS_081_0447-2.pdf (Consulté le 30 juin 2023).

[3] « plus de deux cents études qui ont permis d'analyser les évolutions et les caractéristiques de nombreux phénomènes peu ou mal documentés : homicides, violences sexuelles, violences intrafamiliales et conjugales, violences faites aux femmes, atteintes en milieu professionnel, traite des êtres humains, trafic de stupéfiants, vols à main armée, vols de véhicules, cambriolages, escroqueries, injures à caractère raciste, insécurité personnelle, préoccupation sécuritaire, etc. » https://www.ihemi.fr/sites/default/files/actualites/files/2020-12/depliant.pdf (Consulté le 30 juin 2023).

générées par la Police nationale et la Gendarmerie nationale (y compris les signalements ne faisant pas l'objet de plaintes), leur croisement avec les résultats des sondages de victimisation et une présentation pédagogique de qualité de l'ensemble au grand public (Ocqueteau, 2012, p. 454-457[1]).

En décembre 2020, l'ONDRP ferme ses portes[2]. La statistique policière retourne au ministère de l'Intérieur, au Service statistique ministériel de la Sécurité intérieure conjointement créé en 2014 par les directions générales de la Police nationale et de la Gendarmerie nationale. Ce nouveau département policier est alors placé sous l'autorité du nouvel Institut des hautes études du ministère de l'Intérieur (IHEMI) créé en septembre 2020 et qui remplace l'INHESJ. Officiellement, l'ONDRP est fermé dans un contexte de rationalisation et de simplification des institutions publiques, plus exactement afin de « renforcer l'efficacité des administrations centrales » tout en « simplifiant le paysage administratif »[3]. Depuis lors, le site InterStat[4] publie les « statistiques publiques sur l'insécurité et la délinquance » toujours en partenariat avec l'INSEE, mais à l'exclusion des données d'acteurs non policiers. On peut reprocher à l'ONDRP que ses analyses aient été largement descriptives, et sans doute pas assez ancrées dans la littérature criminologique internationale, mais le nouveau Service statistique ministériel de la Sécurité intérieure ne semble pas faire mieux. Et comme le dit Ocqueteau (2012, p. 459), en tout état de cause, l'ONDRP, au titre de son mandat de transparence, rendait toutes les données brutes accessibles, il pouvait donc appartenir à chacun de poursuivre l'analyse. On peut plus légitimement reprocher à l'ONDRP d'avoir tourné le dos aux demandes territoriales et d'une certaine manière de s'être interdit d'appuyer l'opérationnel. L'ONDRP ne s'est jamais permis de produire des indicateurs tendance et cartographiques qui, au niveau local, auraient grandement soutenu les unités locales des polices d'État et municipales et contribué à appuyer les orientations stratégiques des collectivités territoriales. Certes, les livrables étaient plus orientés vers le grand public que les services dont le principal profit était sans doute celui de la visibilité, cependant cet exercice de transparence et de pédagogie a considérablement contribué pendant 15 ans à rehausser la *democratic policing*[5] en France. L'ONDRP constituait, même pour des sociologues

---

[1]Ocqueteau, F. (2012). Une machine à retraiter les outils de mesure du crime et de l'insécurité : l'Observatoire national de la Délinquance. *Droit et société*, (2), 447-471 . file:///C:/Users/ycque/Downloads/DRS_081_0447-2.pdf (Consulté le 30 juin 2023).

[2]https://www.ihemi.fr/actualites/fermeture-de-londrp (Consulté le 30 juin 2023).

[3]Circulaire du 5 juin 2019 relative à la transformation des administrations centrales et aux nouvelles méthodes de travail https://www.legifrance.gouv.fr/jorf/id/JORFTEXT000038554562/ (Consulté le 30 juin 2023).

[4]https://www.interieur.gouv.fr/Interstats/Actualites (Consulté le 30 juin 2023).

[5]Comme l'écrit Bonner (2020) au regard de l'Argentine et du Chili, le concept de *democratic policing* est discuté et s'interprète dans ses orientations politiques de la gauche jusqu'à la

exigeants, un « lieu constituant privilégié » (Ocqueteau, 2012, p. 470), un espace de dialogue et d'innovation. Rappelons qu'en France, les données relatives à l'homicide sont considérées par ONUDC (2019, p. ii[1] comme n'étant que de qualité moyenne. L'ensemble des publications de l'ONDRP reste accessible sur le site Internet de l'IHEMI[2].

b) L'Observatoire de la violence et de la déontologie policière (Tchad)

Au Tchad, après la présentation de ce qu'étaient les observatoires dans toute leur diversité, les différentes entités participantes se sont en revanche assez rapidement entendues sur le fait qu'elles souhaitaient la création d'un établissent public autonome à caractère interministériel et sur son mode de fonctionnement. Et c'est là que la principale difficulté est apparue. En mai 2015, lors de la mission d'évaluation de faisabilité, nous avions identifié, faute, semblait-il, de réglementation générale sur les établissements publics, que ceux qui existaient au Tchad avaient été créés par décret. C'était entre autres le cas de l'Institut Tchadien de Recherche Agronomique pour le Développement qui présentait des similitudes intéressantes avec le projet d'observatoire. La procédure de prise d'un décret visant à créer l'observatoire

---

droite, y compris dans sa mise en œuvre le plus souvent au travers des polices communautaires. Toutefois, un consensus repose sur l'idée que la police est un service public, chargé de répondre aux plaintes des citoyens, devant utiliser une force nécessaire minimale, être imputable, respecter les droits humains et agir avec justice et équité (Jones, Newburn et Smith 1996; Bayley, 2005; Manning, 2015, etc.). Bonner, M. D. (2020). What democratic policing is… and is not. Policing and society, 30(9), 1044-1060. https://www.tandfonline.com/doi/pdf/10.1080/10439463.2019.1649405; Jones, T., Newburn, T. et Smith, D.J., (1996) Policing and the idea of democracy. British Journal of criminology, 36 (2), 182–198; Bayley, D. H. (2005). Changing the guard: Developing democratic police abroad. Oxford University Press. https://api.pageplace.de/preview/DT0400.9780195345896_A23602772/preview-9780195345896_A23602772.pdf; Manning, P. K. (2015). *Democratic policing in a changing world.* Routledge.

Quant à moi, je préciserai ma représentation du concept en ajoutant le respect de l'état de droit en amont de la mission, la transparence en amont de l'imputabilité, la non-discrimination en amont de l'équité, l'éthique en amont de la déontologie, l'implication de la population en amont de l'efficience. Le concept de *democratic policing* comme entendu dans cet ouvrage ne concerne pas que les services de police, mais tous les acteurs intervenant dans le champ de la régulation sociale, qu'ils soient publics tels que des services de police, marchands ou de la société civile, les enjeux de droits humains et de libertés fondamentales ne pouvant rendre imputables que les seuls services publics. D'un point de vue policier, le concept de *democratic policing* est plus englobant que la seule approche en police communautaire, puisqu'il s'applique à toutes les activités policières, incluant le maintien de l'ordre et les activités des services d'enquêtes criminelles. À noter que cette perspective de la démocratie fait profondément référence aux démocraties du Nord.

[1]UNODC (2019) Methodological Annex to The Global Study on Homicide 2019. https://www.unodc.org/documents/data-and-analysis/gsh/Meth_Annex_GHS.pdf (consulté le 30 juin 2023).

[2]https://www.ihemi.fr/recherche/ondrp/publications-ondrp (Consulté le 20 juin 2023).

a donc été planifiée à l'été 2016, mais il est apparu à l'automne que le vote d'une loi de création de l'établissement public était requis. La fermeture du Projet d'appui à la réforme des forces de sécurité intérieure (PAFSI, 2010-2016) financé par l'Union européenne fin 2016, l'ouverture du Projet d'appui à l'amélioration de la sécurité intérieure au Tchad (PAASIT) qui a pris le relais en juin 2019 et le renouvellement de l'Assemblée législative entre-deux ont fait que la loi de création de l'observatoire a finalement été adoptée en juin 2019, soit quatre ans et demi après les consultations. La complexité et la longueur du processus n'ont pas été les moindres des enseignements.

3.2.3. Les observatoires de santé publique

« Les blessures et les violences constituent une menace pour la santé dans tous les pays du monde. À elles deux, elles représentent 9 % de la mortalité mondiale, soit plus de cinq millions de décès chaque année. » (WHO, 2007[1]). À la fin des années 1960, le secteur de la santé publique commence à s'intéresser aux phénomènes de violence comme étant des enjeux de santé publique. Comme le montre Dahlberg (2009[2]), les principales maladies mortelles voient leur taux de mortalité baisser du fait des progrès médicaux. Mais les taux de décès par suicide et par homicide ne cessent quant à eux d'augmenter, surtout aux États-Unis d'où émerge la réflexion. Cela aura pour effet qu'au cours des années 1980, les homicides commenceront à être considérés par la santé publique comme un enjeu d'épidémiologie, et les données commenceront à être systématiquement colligées et analysées dans une double perspective de compréhension et de prévention. Toujours selon Dahlberg (2009 déjà cité), dans les années 1990, cette démarche épidémiologique glisse vers les pays à moyen et faible IDHI tandis qu'en 1996, l'Assemblée mondiale de la santé définit la violence comme « un défi mondial » (Krug et collab., 2002[3]). En 2007[4], l'Organisation mondiale de la Santé (OMS) édite un guide destiné aux ministères de la Santé qui définit les obligations des organisations sanitaires en matière de prévention et de traitement des effets médicaux de la violence dans une perspective multisectorielle.

[1] World Health Organization. (2007). Preventing injuries and violence: a guide for ministries of health. https://apps.who.int/iris/bitstream/handle/10665/43628/9789241595254_chi.pdf (Consulté le 14 juillet 2023).

[2] Dahlberg, L. L., et Mercy, J. A. (2009). The History of Violence as a Public Health Problem. file:///C:/Users/ycque/Downloads/cdc_24078_DS1.pdf (Consulté le 1er juin 2023).

[3] Krug, E. G. (Ed.). (2002). *Rapport mondial sur la violence et la santé*. World Health Organization. https://apps.who.int/iris/bitstream/handle/10665/42545/9242545619_fre.pdf (Consulté le 1er juin 2023).

[4] World Health Organization. (2007). Preventing injuries and violence: a guide for ministries of health. (Consulté le 1er juin 2023). https://apps.who.int/iris/bitstream/handle/10665/43628/9789241595254_eng.pdf?sequence=1&isAllowed=y

Dans leur méta-analyse *Violence and injuries observatories* (VIOs), Jabar et collab. (2019[1]) recensent quatre VIOs dans les pays d'Amérique latine et datent la création du premier de ces observatoires dans la période 1993-1996 à Cali en Colombie. Le fait qu'en 2000 l'Organisation mondiale de la Santé ait développé un département dédié aux enjeux de violence a contribué à populariser et à renforcer les pratiques tant d'un point de vue du traitement des données[2] que d'un point de vue programmatique[3]. En matière de violences, la santé publique présente l'intérêt de collecter les données relatives à la mortalité et à la morbidité, dont les violences criminelles ayant pour conséquence de faire des victimes physiques (les atteintes aux biens sont donc exclues de la démarche de santé publique). Il est vrai, comme le rappelle l'ONUDC dans son *Global Study on Homicide,* que l'homicide reste dans certains pays la principale cause de décès des 15-29 ans (UNODC, 2019, p. 8, déjà cité). Mais en fonction des capacités des acteurs locaux, le spectre de collecte et d'analyse peut s'étendre au contexte de commission des violences, à la dégradation, voire la destruction des services de santé, à l'état des partenariats en santé, à l'évolution des politiques de santé publique, etc.

À la Barbade, j'avais été impressionné par la rigueur et la systématicité de la collecte de données réalisée à l'hôpital reine Elisabeth de Bridgetown. L'hôpital appliquait les protocoles de l'OMS en matière de collecte de données relatives aux violences, et les données étaient désagrégées. Au pays, seul cet hôpital avait développé de façon aussi poussée la démarche.

3.2.4. Les observatoires universitaires

D'autres observatoires constituent des départements universitaires comme l'Australian Institute of Criminology[4] ou le Crime Malta Observatory[5], ou comme c'était le cas de l'Observatoire national de la Violence et de la Criminalité haïtien (ONAVC).

L'ONAVC était financé par le PNUD depuis le lancement du projet à l'été 2009 dans le cadre du Fonds pour la réalisation des Objectifs du millénaire

[1]Jabar, A., Fong, F., Chavira, M., Cerqueira, M. T., Barth, D., Matzopoulos, R. et Engel, M. E. (2019). Is the introduction of violence and injury observatories associated with a reduction in violence-related injury in adult populations? A systematic review and meta-analysis. *BMJ open*, *9*(7), e027977. https://pubmed.ncbi.nlm.nih.gov/31371289/ (Consulté le 1er juin 2023).

[2]Krug EG et al. (2002) World report on violence and health. Geneva, World Health Organization. file:///C:/Users/ycque/Downloads/9241545615_eng.pdf (Consulté le 1er juin 2023).

[3]WHO (2022) World Health Organization Violence Prevention Unit: Approach, objectives and activities, 2022-2026. https://cdn.who.int/media/docs/default-source/documents/social-determinants-of-health/ who_2022_plv_strategy_2022-2026_finalfile.pdf?sfvrsn=c819ff54_3&download=true (Consulté le 1er juin 2023).

[4]https://www.aic.gov.au/statistics (Consulté le 1er juin 2023).

[5]http://www.crimemalta.com/ (Consulté le 1er juin 2023).

pour le développement (F-OMD). Dès son lancement, l'observatoire était hébergé par l'Université d'État d'Haïti. Cela permettait relativement efficacement de mettre l'observatoire à l'abri des influences politiques nationales et de gérer la relation avec la Police nationale d'Haïti sous forme de partenariat. Dans le cadre d'un habile montage, l'observatoire disposait d'un poste permanent de coordonnateur financé par le PNUD et profitait de la compétence des étudiants du programme de Master en criminologie qui partageaient le même bâtiment. Ainsi étudiants policiers, magistrats, chercheurs, employés d'ONG, journalistes, etc., pouvaient collaborer avec l'observatoire au cours de leurs études, sous l'autorité du coordonnateur. Ils en constituaient la force vive et puisaient dans les données de l'observatoire et de son réseau pour réaliser leurs mémoires universitaires. Le jour où le PNUD a annoncé à l'Université d'État d'Haïti son retrait du projet, celle-ci n'a pas été en capacité économique de prendre le relais; alors que l'ONAVC et ses données étaient parvenus à survivre au séisme de janvier 2010. Le coordonnateur est parti, l'université n'est pas parvenue à recruter une personne à la compétence adéquate, et, en 2013, la structure s'est peu à peu éteinte. L'ONAVC représentait une formidable opportunité en matière de données probantes pour Port-au-Prince, d'autant que les missions onusiennes de l'époque comme la MINUSTAH n'ont jamais vraiment collaboré sur le plan d'échange et d'analyse de données. J'intervenais à l'époque aussi bien auprès de l'ONAVC pour le PNUD, entre autres dans le cadre d'un partenariat avec le CIPC, que comme enseignant au programme de criminologie dans le cadre de l'Agence universitaire de la francophonie.

Lorsque l'*Observatory of Conflict and Violence Prevention*[1] (OCVP) somalien a été créé en 2009, son hébergement au sein de l'Université d'Hargeisa (Somaliland) s'est imposé dans un souci d'indépendance au regard d'un contexte politique et sécuritaire complexe datant de l'effondrement du gouvernement de Siad Barre en 1991. La Somalie était (et reste) l'un des pays à l'IDHI le plus bas au monde. Eu égard les conditions politiques somaliennes, le fait de placer l'observatoire sous l'autorité d'une entité de la puissance publique n'aurait pas été un gage de pérennité ni d'indépendance. La Somalie était alors occupée pour près des deux tiers par les islamistes shebab, et le pays était l'objet de conflits claniques violents. Dès le début du projet d'observatoire, l'ambition d'établir un conseil d'administration consacré dans les statuts a permis de réunir des acteurs de la société civile, dont des autorités universitaires et des partenaires internationaux. C'est ainsi que l'ONG internationale Danish Demining Group (DDG) s'est investie dès le commencement du projet tandis que peu à peu, les Nations unies se sont retirées en passant le relais à d'autres financeurs afin de garantir la pérennité budgétaire de la structure. Mais à aucun moment l'observatoire n'est devenu

[1] https://www.peaceinsight.org/en/organisations/ocvp/?location=somalia&theme (Consulté le 5 juin 2023).

un département de l'université. Il s'agissait davantage d'un hébergement, l'OCVP ayant fait construite son propre bâtiment dans l'enceinte universitaire. Le choix d'une implantation universitaire n'a sans doute pas été indifférent lorsque l'Université de Bristol (Grande-Bretagne) a accepté de devenir partenaire de l'OCVP afin de former ses analystes dans la durée, en matière de méthodologies de collecte et d'analyse de données.

On peut enfin citer Small Arms Survey[1] (Suisse) qui ne s'identifie pas comme un observatoire, mais qui en a, selon moi, toutes les caractéristiques, et l'Organized Crime Observatory[2] qui était une ONG suisse fondée en 2011 et qui avait donc ce statut avant de rejoindre le Global Studies Institute de Genève (Suisse) en 2013.

3.2.5. Les observatoires organisations non gouvernementales

Depuis 2009 au Népal, l'ONG *Informal Sector Service Centre for Human Rights and Social Justice 3* (INSEC) s'est donné comme mandat de documenter les incidents de violence en général et plus particulièrement les atteintes aux droits humains ainsi que les incidents impliquant des armes légères et de petits calibres et leurs munitions (ALPC). L'ONG s'inscrit dans le registre des observatoires nationaux au regard de ses caractéristiques.

Créé en mars 2011, le *Liberia Armed Violence Observatory* (LAVO) est soutenu par l'ONG britannique *Action on Armed Violence* (AOAV)4. Cette ONG a pour mission d'influencer les pouvoirs publics dans une perspective de réduction de la circulation des armes et des explosifs (dont les ALPC), de leur emploi et de leurs effets néfastes.

Il est à noter que ces ONG peuvent s'attirer la méfiance, voire l'hostilité des gouvernements du fait justement de la publication de données de sécurité publique.

D'autres observatoires ont un statut d'ONG, à l'image de l'Observatoire international de justice juvénile5 et doivent alors assurer leur financement par eux-mêmes.

4. Une scientificité à rude épreuve

La scientificité n'est pas un enjeu malmené que par les risques d'intrusion et de manipulation des données, des analyses ou des résultats. L'environnement est aussi un élément pouvant mettre à rude épreuve les impératifs de garantie scientifique.

---

[1]https://www.smallarmssurvey.org/ (Consulté le 1er juin 2023).
[2]https://o-c-o.net/ (Consulté le 5 juin 2023).
[3]https://www.insec.org.np/ (Consulté le 5 juin 2023).
[4]https://aoav.org.uk/ (Consulté le 13 juin 2023).
[5]https://www.oijj.org/en/home (Consulté le 1er juin 2023).

4.1. Bagage académique et bassins d'emploi

Toute la crédibilité des observatoires réside dans la pertinence des sujets analysés, la rigueur des travaux de collecte et d'analyse des données. C'est pourquoi les collaborateurs, qu'ils soient civils ou policiers, doivent disposer d'un solide bagage académique. Ce bagage doit leur permettre de maîtriser les différentes méthodologies utilisées ainsi que les concepts relatifs aux enjeux sociétaux de sécurité qui permettent d'expliquer les résultats bruts et de les contextualiser. Le recrutement d'un directeur scientifique qualifié au sein de l'équipe de l'observatoire s'impose afin de garantir la qualité des travaux. Mais si tout le monde est favorable à la scientificité, personne n'étant par principe contre la vertu, cela génère d'importants enjeux.

J'ai travaillé dans des pays où il n'existe pas de données officielles et dans des pays où la qualité des données officielles ne permet pas leur exploitation d'un point de vue des standards minimums de robustesse. Comme l'écrit del Frate (2010[1]), le premier enjeu du principe de scientificité reste la qualité des données.

L'existence de gisements d'emplois pour une telle excellence académique peut devenir un enjeu, voire un handicap pour certains pays à moyen ou faible IDHI. En matière de développement, le recrutement d'analystes locaux devrait rester la priorité, comme le souligne Paige (2021, p. 39, déjà cité). Toutefois, l'élargissement du gisement potentiel de compétences au niveau régional constitue souvent une solution, mais peut aussi se trouver contré par un certain chauvinisme local. La création de partenariats à moyen ou long terme avec les universités réputées au niveau national ou régional peut également permettre aux observatoires de se faire accompagner pour le recrutement et la formation de leurs analystes, comme en Somalie.

La mobilité professionnelle devient l'enjeu suivant, car dès lors que l'observatoire a recruté un analyste prometteur, l'a formé en interne a fortiori avec l'appui d'une université de renom, celui-ci va se construire une expérience reconnue qui lui permettra de candidater ailleurs. Les observatoires voient alors partir leur expertise vers les antennes régionales des institutions internationales (ONU, ONG internationale, etc.) ou vers les pays à fort IDHI dans le cadre d'un projet migratoire. Et qui les blâmerait de chercher à se construire un meilleur avenir ? L'observatoire a alors tendance à devenir une pouponnière en formant des analystes qui ne restent pas. Cela explique le grand nombre d'étudiants stagiaires composant l'essentiel de la force d'analyse dans certains observatoires, comme c'était le cas en Haïti; ce qui, insuffisamment encadré, ne manquera pas d'engendrer des faiblesses dans la qualité scientifique de la production.

---

[1]del Frate, A. A. (2010). Crime and criminal justice statistics challenges. *HEUNI*, 167.

4.2. La quête de la pluralité disciplinaire

Les vertus de la pluridisciplinarité ne sont plus à démontrer, c'est dès la fin des années 1970 que le secteur de la santé publique en faisait la promotion (Appleyard et Maden, 1979 [1]). La pluralité disciplinaire fait partie des caractéristiques que l'on souhaiterait fondatrices des observatoires. La complexité et la diversité des données collectées (crime, victimisation, acteurs de la régulation sociale...) requièrent des lectures croisées. Toutefois, la mise en œuvre de cette pluridisciplinarité reste souvent complexe.

La première compétence impliquée est celle des criminologues, malheureusement plus difficile à trouver dans les pays francophones qui se sont inspirés du modèle universitaire français, qui ne reconnaît pas académiquement la criminologie. Notons toutefois l'existence de la Faculté de criminologie de l'Université Félix Houphouet Boigny à Cocody (Côte d'Ivoire), créée dans les années 1980 avec le soutien de l'École de criminologie de l'Université de Montréal (Canada).

Les analyses sur les phénomènes de violence et de régulation sociale s'enrichissent utilement du soutien d'anthropologues et de sociologues (analyse des groupes humains dans leur environnement), de démographes (croisement des données de recensement et autres données populationnelles), de spécialistes du sexe (dans le cadre des violences faites aux femmes), etc. Mais il en va de même des géographes et des géomaticiens qui travailleront sur l'établissement de cartes, des statisticiens qui formeront la cheville ouvrière des sondages de victimisation, des juristes qui apporteront une mise en perspective au regard des cadres réglementaires (droits fondamentaux, loi pénale, règlements des diverses agences de régulation sociale, etc.). Enfin, des psychologues et des travailleurs sociaux apporteront une lecture plus comportementaliste de la criminalité et de la victimisation, incluant les enjeux relatifs à la santé mentale, la toxicomanie, etc.

L'important est que les observatoires puissent disposer d'autant de diversité de ressources que possible. Mais outre les limites budgétaires, plusieurs contraintes environnementales peuvent s'imposer, comme la pauvreté de certains bassins de recrutement au regard de certaines spécialités.

4.3. Six bonnes raisons pour créer un conseil scientifique

Toujours dans une perspective de soutien à sa démarche scientifique et d'affirmation de sa crédibilité, l'observatoire gagne à se doter d'un conseil scientifique.

---

[1] Appleyard, J. A. M. E. S. et Maden, J. G. (1979). Multidisciplinary teams. British Medical Journal, 2(6200), 1305. https://www.ncbi.nlm.nih.gov/pmc/articles/PMC1596875/pdf/brmedj00100-0069.pdf (Consulté le 29 avril 2024).

La mission d'un conseil scientifique (inscrite aux statuts de l'observatoire quand ils existent) peut être 1) de s'assurer de la pertinence générale du choix des sujets d'analyse; 2) d'accompagner l'observatoire et ses partenaires dans le cadre de l'évaluation de la qualité de leurs données et le renforcement de celles-ci au besoin; 3) de se prononcer sur la rigueur scientifique des méthodologies de collecte et d'analyse, l'adéquation des outils utilisés; 4) de soutenir le développement des compétences des analystes (formations, stages, etc.), en introduisant par exemple l'observatoire au sein des réseaux académiques; 5) de conseiller l'observatoire quant à la pertinence et à la qualité des produits livrés; et 6) de soutenir l'observatoire dans sa visibilité scientifique nationale, régionale et internationale en l'aidant à participer aux colloques scientifiques et en publiant, lorsque possible, dans les revues techniques et scientifiques.

La composition du conseil scientifique gagnera bien sûr en pertinence en diversifiant les profils de ses membres, la pluridisciplinarité constituant toujours un des principes constitutifs des observatoires de la violence et des acteurs de la régulation sociale.

J'ai proposé la création d'un tel conseil lors de chacun des projets auxquels j'ai participé. Aucune de mes recommandations en la matière ne semble avoir abouti. Le dispositif était jugé souvent trop complexe, trop coûteux, mais aussi, j'imagine, peut-être politiquement trop confrontant pour les autorités de tutelle au regard des choix de sujets traités, des méthodes d'analyse mises en œuvre, des résultats présentés, etc. Recruter des scientifiques qui devront être bénévoles, faute le plus souvent de ressources, suivre des recommandations qui pourraient s'avérer très exigeantes, etc., peut être considéré comme un défi d'envergure. D'autant que les membres du conseil scientifique ont alors de fait un certain droit de regard externe sur une partie de l'observatoire et de son fonctionnement. Toutes les institutions ne sont pas prêtes à une telle transparence et à se faire confronter de la sorte. Pour autant, le conseil scientifique intervient à titre consultatif, justement parce qu'il est un organe d'experts faisant le pont entre l'interne et l'externe au regard de la scientificité des travaux. Il est vrai que l'enjeu devrait moins se poser pour un observatoire de nature universitaire.

J'ai le souvenir d'avoir pour le moins fait preuve de manque de sensibilité au Népal lorsque j'ai lourdement insisté pour qu'un tel conseil soit créé et composé d'universitaires régionaux et internationaux. Ce jour-là, j'ai vexé mes partenaires nationaux et je le regrette, car j'ai rencontré dans tous les pays que j'ai parcourus des universitaires tout à fait remarquables et dont le professionnalisme aurait contribué utilement à la bonne réputation de ce type d'organisation.

5. L'adaptation du projet à l'environnement local

Au-delà des principes sociopolitiques et académiques constitutifs d'un observatoire, se pose la question de la recevabilité de tels projets par les acteurs locaux eux-mêmes, dès lors qu'une demande de soutien n'émane pas directement de leur seule initiative.

5.1. Des réalités contrastées

Pour certains observatoires, j'étais présent dès la conception du projet tandis que pour d'autres, je suis intervenu pendant le développement de projets préexistants. Cela fait une différence essentielle, car je n'ai pas toujours eu accès à toute la genèse des projets initiaux et je ne connaissais du contexte initial que ce que mon employeur voulait bien m'en dire. Et il y a au moins un projet où cela a fait une différence majeure.

5.1.1. Consultations, recherche et gouvernance partagée

Tous les projets à la conception desquels j'ai participé ont fait l'objet de négociations à un niveau diplomatique entre les représentants des États concernés et les institutions internationales pour lesquelles je travaillais. C'est ainsi que la création d'un observatoire devenait un élément de plan stratégique d'une agence internationale ou nationale de coopération et de développement. À ce stade, le plus souvent les acteurs opérationnels et les populations locales ignoraient tout de ce qu'était un observatoire et du besoin auquel il était destiné à répondre.

Rendus au plan d'action, c'est-à-dire au niveau de la conception et de l'opérationnalisation, pour lesquelles j'intervenais, tous les projets auxquels j'ai participé ont fait l'objet de vastes consultations et de l'implication d'acteurs locaux d'une manière ou d'une autre. Il apparaît cependant qu'il n'y a pas de règles établies en la matière et que cela dépendait principalement de la direction du projet. Ainsi, en Afghanistan, pendant mon premier séjour en 2012, je me suis vu confier un budget de 1,2 million de dollars américains en recherche afin de pouvoir nous assurer d'une meilleure compréhension de l'environnement socioculturel et d'une meilleure adaptation de nos approches académiques et techniques. Cela nous a permis, en collaboration avec le centre Eureka Research and Evaluation de Kaboul, le développement de travaux quantitatifs et qualitatifs, dont : *2012 Police Perception Survey*, *The Interaction between Formal and Customary Organizations of Social Control, in a Context of Police-e Mardume Development in Afghanistan*, *Study on Police Officer's Perceptions and Values*, *Quality of Life and Police Station Organization*, et autres.

Cela a toujours été les programmes au sein desquels je collaborais qui donnaient la cadence et coordonnaient les travaux, dans le cadre de leur plan d'action. Au Tchad, le programme de coopération de l'Union européenne

(PAFSI) était inséré au sein du ministère de la Sécurité publique et de l'Immigration. Le programme lui-même était dirigé par un ancien directeur général de la Police nationale tchadienne dont l'adjoint était un ancien de la Police nationale française. En Somalie, le Dr Bulhan, qui était alors doyen de l'Université d'Hargeisa où allait être hébergé l'observatoire et expert en conflits claniques, était un acteur prépondérant du projet. Et parmi mes premières tâches, je me suis toujours efforcé de présenter aux différents acteurs locaux l'ensemble des possibilités que les dispositifs de collecte et d'analyse de données offraient dans leur grande diversité.

5.1.2. Coups manqués

La gêne de certains acteurs locaux liée au fait que l'on venait perturber un certain ordre social et également certains enjeux de pouvoir ou encore qu'on imposait des biais culturels avec l'implantation d'un observatoire n'avait pas nécessairement besoin d'être exprimée à haute voix pour se faire sentir. Mais travailler avec des services de police prenait encore une autre tournure dans la mesure où tous les acteurs n'avaient pas nécessairement envie de vous entendre parler de concepts « nordiques » d'état de droit, de droits fondamentaux, de libertés individuelles et d'anticorruption. Ce qui n'est pas d'ailleurs le propre des services de police des pays à moyen au faible IDHI.

Ainsi lors d'une mission, la question du désir réel des acteurs locaux de se doter d'un observatoire s'est imposée. C'est quelques jours après mon arrivée sur le territoire que j'ai découvert que l'institution pour laquelle je travaillais m'avait intentionnellement caché une partie fondamentale du contexte local : le gouvernement ne voulait pas d'observatoire, et c'était tout à fait explicite. Furieux, j'ai confronté mon patron qui m'a expliqué qu'il n'y avait de toute façon plus de retour en arrière possible, mon mandat revenant en réalité à cocher la case de la création d'un observatoire pour mon institution, sans toutefois laisser entendre aux autorités locales que c'était bien ce dont il s'agissait. J'ai passé mon mandat à répondre au mieux aux attentes réelles des partenaires locaux, sous la surveillance appuyée d'un patron qui, fort de ses succès, a fait par la suite une très belle carrière internationale dans le développement. Je n'ai rencontré cette situation qu'une fois dans ma carrière, mais il n'y avait pas en l'espèce que les autorités locales de flouées, et cela m'a servi de leçon.

Dans un contexte plus général de collecte et d'analyse de données, Paige (2021, p. 39, déjà cité) place les choses dans une perspective dans laquelle je n'ai jamais eu la chance d'aller aussi loin, en dépit de mes efforts et de ceux des différents responsables de programmes. Cette perspective me paraît extrêmement pertinente dans le contexte des observatoires de la violence et des acteurs de la régulation sociale ainsi que d'une criminologie des pays à moyen ou faible IDHI. « Une partie de la décolonisation du système d'aide consiste à examiner quelles données sont considérées comme légitimes et qui est considéré comme suffisamment compétent pour les collecter. Les bailleurs de fonds et les organisations devraient investir dans les chercheurs locaux plutôt que de financer les voyages des chercheurs de l'Ouest, avec des recherches ancrées dans les valeurs autochtones locales et intégrant des méthodes autochtones. Lors de la conception d'un programme, les ONG internationales devraient travailler avec les dirigeants locaux pour examiner les modèles, cadres logiques et théories du changement existants, et en adopter de nouveaux qui soient ancrés dans les approches locales. Les programmes devraient être évalués à l'aide de processus culturellement appropriés, établis par des praticiens locaux. Le partage d'expertise devrait être évalué, et on devrait exiger l'inclusion de conseillers, entre autres en matière de jeunesse; en matière de féminisme, inclure des femmes expertes et des leaders religieux ou traditionnels, permettant ainsi de développer des solutions contextualisées, une expertise technique et une prise de décision issue du niveau local » (traduction libre de l'auteur).

C'est certain que de ce point de vue, j'aurais apprécié pouvoir bénéficier d'un temps d'immersion de type anthropologique avant chaque mission.

5.2. Les leçons de la recherche en milieu autochtone au Québec

Il y a peu de retour des communautés locales sur la manière dont elles vivent les collectes de données. Parmi les pratiques dont les observatoires pourraient s'inspirer, la manière dont la recherche, non plus sur, mais avec les peuples autochtones du Canada a évolué ces dernières décennies, est inspirante. Et cela, dans la perspective où pour les observatoires, les communautés ne doivent plus être que des objets d'analyse, mais aussi des acteurs d'une connaissance partagée engendrant des effets bénéfiques pour l'ensemble de la communauté. L'évaluation en matière de collecte de terrain d'Asselin et Basile (2012[1]) sur la manière dont les Inuit et les Premières Nations du Québec vivent les travaux de recherche impliquant leurs communautés est tout à fait évocatrice. Pour les auteurs, « la transposition des grands principes de l'éthique de la recherche avec les peuples autochtones en gestes concrets sur le terrain apparaît donc comme un exercice complexe ». Trois notions phares, « c'est-à-dire [des] approches culturellement adaptées, qu'il faudrait privilégier » ont émergé des retours d'expérience sur la manière de vivre l'éthique : respect, bien-être et justice; trois notions par ailleurs abordées par l'énoncé de politique des trois conseils (2018). Voici quelques lignes issues des travaux d'Asselin et Basile qui sont transposables aux observatoires. 1) Respect : la science ne saurait être condescendante à l'égard

[1]Asselin, H., et Basile, S. (2012). Éthique de la recherche avec les peuples autochtones. Qu'en pensent les principaux intéressés ?. *Éthique publique. Revue internationale d'éthique sociétale et gouvernementale*, *14*(1). https://journals.openedition.org/ethiquepublique/959 (Consulté le 29 août 2023).

des savoirs ancestraux; s'ancrer dans une démarche holistique et non sectorielle; que les intervenants extérieurs soient culturellement préparés aux rencontres qu'ils vont faire, quitte à passer du temps en immersion; prendre le temps d'obtenir un consentement réellement éclairé dans un contexte de différence culturelle, « ce sont les chercheurs qui doivent s'adapter au milieu autochtone et non l'inverse » (p. 3); ne pas répéter les mêmes projets ou des projets similaires; impliquer les communautés dans la validation initiale des projets, partager les résultats en continu dans une perspective d'appropriation et de développement communautaire. 2) Bien-être : les communautés doivent pouvoir refuser ou moduler leur participation au regard du nombre de projets existants, et en cas de refus, ne pas se retourner vers un autre terrain; des mentors et des aînés doivent pouvoir servir de courroie de discussion; les communautés doivent conserver la propriété de leurs données; la participation doit être remerciée (certificats de participation, association aux livrables, retour en temps offert auprès des communautés, etc.) sans pour autant la marchandiser; les résultats doivent être présentés avant d'être rendus publics afin de s'assurer de leur conformité, surtout lorsqu'il y a des enjeux de traduction de certains concepts; les travaux doivent engendrer des bénéfices que la communauté est en mesure de s'approprier (connaissances, compétences, solutions, etc.). 3) Justice : l'équité intergénérationnelle [et de diversité de sexe] doit être recherchée; gérer habilement les comparaisons qui peuvent conduire à des tensions entre communautés.

Chapitre 2 : Choisir ce que l'on observe

On voudrait toujours tout observer et disposer de données sur tous les sujets, aussi bien par désir intellectuel d'en savoir toujours plus, de comprendre davantage, que par besoin de développement de politiques publiques et de programmes d'intervention. Malheureusement, les priorités politiques, les besoins opérationnels, les ressources allouées et le temps disponible commandent le plus souvent le spectre des observatoires.

1. Observatoires généralistes ou spécialisés

Savoir peu sur tout, ou tout sur peu. L'étendue du spectre des observatoires de la violence et des acteurs de la régulation sociale est extrêmement variable, même si l'essentiel d'entre eux se concentre sur les faits constatés par les services de police, et parfois sur la victimisation de la population. Le plus souvent, les observatoires disposent d'un mandat général pour balayer l'ensemble de la criminalité, comme au Belize, en Colombie ou en Guyana. Plus rarement, leur mandat se spécialise sur un segment de la violence ou de la criminalité, comme en matière de crime organisé (également en Colombie), d'exploitations des migrants (ONUDC), des relations que les jeunes en difficulté entretiennent avec la justice (International Juvenile Justice Observatory), etc. Les observatoires spécialisés se concentrent en général sur un sujet majeur relatif à la sécurité nationale, comme en Amérique latine où s'est développé un certain nombre d'observatoires dont les travaux se concentrent sur la production, l'exportation de drogue et le crime organisé. Toutefois, même si un observatoire a une vocation généraliste, cela ne l'empêche pas de développer des centres d'expertise au regard des intérêts particuliers de son environnement.

1.1. Le lien entre territoire et spectre d'observation

La diversité des observatoires est telle qu'il est difficile d'établir des conclusions mettant en relation territoire de compétence et dimension du spectre d'observation. Si le territoire de compétence a un impact sur la vocation de l'observatoire, l'historique local constitue son acte de naissance. Afin d'illustrer la grande diversité des observatoires et de présenter le champ des possibles, je présente ici une revue non exhaustive de la diversité des observatoires au regard de leurs territoires respectifs.

1.1.1. Les observatoires locaux

Les observatoires locaux, souvent municipaux, jouent un rôle prépondérant sur le plan de la sécurité locale dans la mesure où ils offrent de l'information opérationnelle et stratégique aux décideurs locaux qui disposent d'un certain pouvoir d'impact sur leur territoire. Cela participe à l'émancipation des villes en matière de sécurité publique, contribuant ainsi à l'objectif 11 des Objectifs de développement durable des Nations unies : « faire en sorte que les villes et les établissements humains soient ouverts à tous, sûrs, résilients et durables »[1]. Si cela est une évidence dans les modèles de police communautaire d'Amérique du Nord et de certains pays d'Europe depuis les années 1980 comme le montrent les travaux du Forum européen de sécurité urbaine[2], la prise de responsabilité des villes en matière de sécurité reste encore un défi dans certaines régions du monde à moyen ou faible IDHI, comme en Afrique où la sécurité publique reste principalement une affaire d'État. À l'inverse, ont peut citer la dynamique des villes d'Amérique latine qui se sont dotées d'observatoires comme le *Centro de estudio y análisis en convivencia y seguridad ciudadana* de Bogotá en Colombie (2004-2015)[3], l'*Observatorio de estudios sobre convivencia y seguridad ciudadana* de Córdoba en Argentine[4], le *Citizen Security Observatory of the Metropolitan District of Quito* (OMSC) identifié par l'OAS (Chevarria et collab. 2015, p. 45, déjà cité). On peut également citer plusieurs observatoires locaux en France en matière de violences faites aux femmes, tels que l'Observatoire départemental des violences envers les femmes[5] créé en 2002, l'Observatoire parisien des violences faites aux femmes créé en 2014[6], l'Observatoire Régional des Violences faites aux Femmes associé à la Région Île de France[7].

En 2012, j'ai eu l'occasion d'intervenir auprès de l'Observatoire de la violence et des acteurs de la régulation sociale de la Commune de Ouagadougou (OSCO) dans le cadre d'ONU-Habitat et de son remarquable programme « villes plus sûres ». La mission était organisée dans le cadre du renforcement des capacités méthodologiques de l'observatoire. L'OSCO était placé sous l'autorité de la police municipale de Ouagadougou et coordonné par son chef de police d'alors. L'OSCO, devenu Direction de l'observatoire de la ville (DOV), existe toujours et se trouve toujours dirigé par un cadre de la police municipale. Dès l'origine du projet, le choix de l'OSCO s'est concentré sur l'accidentologie routière, permettant d'une part de recenser les accidents et la mortalité-morbidité afférente, mais aussi de cartographier les secteurs les plus dangereux. La police municipale organise ainsi la répartition

---

[1]https://www.un.org/sustainabledevelopment/fr/cities/ (Consulté le 1er juin 2023).

[2]https://efus.eu/?lang=fr (Consulté le 1er juin 2023).

[3]https://scj.gov.co/sites/default/files/documentos_oaiee/CEACSC_2004-2015.pdf (Consulté le 6 juin 2023).

[4]https://oecseg.org/ (Consulté le 6 juin 2023).

[5]https://seinesaintdenis.fr/solidarite/observatoire-des-violences-envers-les-femmes/ (Consulté le 13 juin 2024).

[6]https://www.paris.fr/pages/lutter-contre-les-violences-faites-aux-femmes-18035 (Consulté le 13 juin 2024).

[7]https://www.centre-hubertine-auclert.fr/poles/observatoire-regional-des-violences-faites-aux-femmes (Consulté le 13 juin 2024).

de ses ressources sur le bord des routes en dissuasion et répression au regard des zones accidentogènes. C'est là un parfait exemple de la manière dont le partenaire policier peut utiliser les données d'un observatoire dans une perspective opérationnelle. Il est particulièrement intéressant d'un point de vue de la sensibilisation-prévention de voir que l'OSCO n'hésite pas à partager ses résultats (de 2016) sur la page Facebook de la police municipale de Ouagadougou[1]. Cette diffusion et cette valorisation de l'information auprès de la population, ici via les réseaux sociaux, font partie intégrante des missions d'un observatoire. Information en l'occurrence reprise par les médias locaux Le Pays en 2016[2] et NetAfrique.Net en 2017[3] et qui permet même à la communauté scientifique de s'approprier le sujet (Nikiema, 2017[4]) et de faire avancer la connaissance. Le spectre du DOV reste centré sur les données routières et mériterait d'être élargi à l'ensemble des données de la criminalité. Mais les compétences et ressources à injecter seraient considérables. L'OSCO est pérenne dans le temps, ce qui fait figure d'exception au regard du destin des observatoires de la région.

Ces données municipales pourraient également permettre d'assurer un contrôle sur les services de police locaux, dont en matière de corruption, si l'on émet l'hypothèse que les policiers sont effectivement répartis sur les zones les plus accidentogènes. Toujours au Burkina Faso, le Réseau national de lutte anticorruption (REN-LAC) publie tous les ans depuis 2000 les résultats de l'enquête annuelle sur la corruption (3000 répondants, dont 50 % de femmes et une série d'entrevues qualitatives)[5]. Le REN-LAC a été créé en 1997 à l'initiative de l'Union interafricaine des droits de l'Homme et regroupe une vingtaine d'organisations de la société civile burkinabè; il bénéficie du soutien du Bureau de la Coopération Suisse. « La vision du REN-LAC est l'avènement d'une société burkinabè engagée, dans son ensemble, pour la défense et la promotion de l'intégrité et de la bonne gouvernance »[6]. Des répondants, 85,2 % « estiment que les pratiques de corruption sont fréquentes, voire très fréquentes » (REN-LAC, 2021, p. XI[7]), illustrant le caractère

---

[1]https://www.facebook.com/policemunicipaleouagadougou/posts/525954604256043/ (Consulté le 6 juin 2023).

[2]https://lepays.bf/securite-routiere-a-ouagadougou-losco-dresse-bilan-premier-semestre-2016/ (Consulté le 6 juin 2023).

[3]https://netafrique.net/ouagadougou-3327-accidents-de-la-circulation-en-6-mois-rapport-de-losco/ (Consulté le 6 juin 2023).

[4]Nikiema, A., Bonnet, E., Sidbega, S. et Ridde, V. (2017). Les accidents de la route à Ouagadougou, un révélateur de la gestion urbaine. Lien social et Politiques, (78), 89–111. https://www.erudit.org/fr/revues/lsp/2017-n78-lsp03015/1039340ar.pdf (Consulté le 6 juin 2023).

[5]REN-LAC (2021) État de la corruption au Burkina-Faso.

[6]http://renlac.com/qui-sommes-nous/ (Consulté le 6 juin 2023).

[7]REN-LAC (2021) État de la corruption au Burkina-Faso. http://renlac.com/download/rapports/Rapport-REN-2021-Web.pdf (Consulté le 6 juin 2023).

systémique et systématique d'une corruption qui n'est pas le propre du Burkina Faso en Afrique de l'Ouest. « La Police municipale, la Douane et la Police nationale occupent les trois premiers rangs des services le plus touchés par le phénomène de la corruption » (REN-LAC, 2021, p. XII et p. 51-54). « Une des formes les plus répandues de la corruption dans les services de sécurité reste les rackets. Ils se produisent généralement lors des régulations de la circulation routière par les polices nationale et municipale (...) » (REN-LAC, 2021, p. 56). Ce constat corrobore d'ailleurs mes propres travaux menés en 2017 sur la corruption dans les services de police au Niger, en collaboration avec la *Deutsche gesellschaft für internationale zusammenarbeit* (GIZ). Considérant que l'ennemi de la corruption est la transparence, il y aurait un intérêt certain à développer une cartographie des témoignages sur les principaux lieux de racket policer à Ouagadougou, ce que j'appelle trivialement le « tip time ». Il serait pertinent de croiser cette cartographie et celle des lieux accidentogènes de la capitale.

1.1.2. Les observatoires nationaux

Puisque la plupart des observatoires sont d'État, la plupart d'entre eux ont également une compétence nationale. À titre d'exemple, citons l'observatoire de la criminalité du Belize créé en 2016[1] et le *Venezuelan Citizen Security Observatory* (OVS) cité par l'OAS (Chevarria et collab. 2015, p. 64) qui sont tous deux des observatoires nationaux à vocation générale. Citons également d'autres observatoires nationaux, mais qui sont, eux, à vocation spécifique : l'observatoire colombien sur le crime organisé [2] (OCO) et une série d'observatoires recensés par l'OAS : l'*Observatorio Argentino de Drogas*[3] (OAD) (Chevarria et collab. 2015, p. 28), le *Gender and Social Violence Observatories in Mexico* (Chevarria et collab. 2015, p. 49), le *Peruvian Drug Observatory* (OPD) (Chevarria et collab. 2015, p. 58) et le *National Drug Council, Government of the Republic of Trinidad and Tobago*[4] (Chevarria et collab. 2015, p. 60). Parmi ceux avec lesquels j'ai travaillé dans les pays à moyen ou faible IDHI, citons celui de la Barbade, de Guyana, d'Haïti, du Népal, de Somalie et du Tchad.

Pour autant, la question de la compétence nationale des observatoires n'est pas si simple dans les pays à moyen ou faible IDHI. Pour l'OCVP somalien, l'enjeu était que les islamistes Shebab occupaient près des deux tiers du pays, dont la capitale Mogadishu. Il n'y avait guère d'autre possibilité que d'implanter l'observatoire au Somaliland, la seule province pacifiée, mais qui elle-même réclamait et réclame toujours son indépendance du reste de la

---

[1]https://bco.gov.bz/ (Consulté le 6 juin 2023).
[2]https://o-c-o.net/ (Consulté le 6 juin 2023).
[3]https://www.argentina.gob.ar/sedronar/observatorio-argentino-de-drogas (Consulté le 6 juin 2023).
[4]https://nationalsecurity.gov.tt/divisions/national-drug-council/ (Consulté le 6 juin 2023).

Somalie. Pour autant, les diagnostics de sécurité réalisés par l'OCVP concernaient bien les zones urbaines de l'ensemble du territoire somalien, dont la capitale[1]. Le retrait des islamistes shebab de Mogadishu en août 2011 a constitué un tournant en matière de rétablissement de la paix dans la province du Puntland et du Centre-Sud ainsi que de l'état de droit en général en Somalie, ce qui a permis à l'observatoire d'étendre ses activités.

Si l'ONAVC haïtien avait effectivement une compétence nationale, les seules données que j'y aie jamais vues concernaient exclusivement la capitale, Port-au-Prince. Les autres zones urbaines plus distantes étaient laissées pour compte, comme Cap-Haïtien au nord et les Cayes au sud. Plus encore, les territoires plus difficiles d'accès comme les plateaux montagneux de l'Artibonite, dont Saint-Michel-de-l'Attalaye qui était pourtant déjà fortement aux prises avec le crime organisé au début des années 2010. Ainsi, le défaut d'un réseau public national de sécurité publique assez solide pour servir de relais sur l'ensemble du territoire, mais aussi les capacités financières et humaines intrinsèques des observatoires limitent souvent l'ambition nationale de ceux-ci.

1.1.3. Les observatoires régionaux

Les observatoires régionaux ne sont pas très nombreux; ils se caractérisent par leur couverture de sous-régions spécifiques.

Le plus connu est sans aucun doute le *Inter-American Security Observatory*[2] développé par l'OAS. Il couvre l'Amérique du Nord (Canada, États-Unis et Mexique), l'Amérique centrale, la zone caraïbe et l'Amérique du Sud. Et c'est d'ailleurs à l'OAS que l'on doit le seul guide existant en matière d'observatoires de la violence et des acteurs de la régulation sociale (OAS, 2006) ainsi que le recueil relatif aux observatoires de politiques publiques dans les Amériques (Chevarria et collab. 2015, déjà cité). On peut également citer dans la même région l'*Inter-American Observatory on Drugs* (OID)[3]. Citons également à titre d'exemple le *Private Security Governance Observatory*[4] qui est un des rares observatoires existant à la dimension du continent africain et qui s'intéresse davantage aux acteurs privés de la régulation sociale.

C'était particulièrement intéressant de collaborer à CariSecure, le projet d'observatoire de la criminalité de la communauté des États de la Caraïbe. Le

---

[1]Observatory of Conflict and Violence Prevention (2011). Safety and Security Baseline Report: Mogadishu https://www.researchgate.net/publication/313854145_Safety_and_Security_Baseline_Report_Mogadishu (Consulté le 6 juin 2023).

[2]https://www.oas.org/es/sms/dps/Default.asp (Consulté le 6 juin 2023).

[3]http://www.cicad.oas.org/Main/Template.asp?File=/oid/default_eng.asp (Consulté le 6 juin 2023).

[4]https://www.observatoire-securite-privee.org/en/content/observatory (Consulté le 6 juin 2023).

projet CariSecure, développé par le PNUD en 2016 et financé par USAID, visait la création d'un observatoire compétent pour 10 des 15 États de la Communauté des Caraïbes (CARICOM). Le projet était de développer la coordination et l'agrégation des données sur la criminalité et la protection de la jeunesse à un niveau supranational : « Renforcement pour les citoyens des Caraïbes de la prise de décision fondée sur des données probantes – le projet CariSecure vise à améliorer l'élaboration de politiques et de programmes en matière de criminalité et de violence chez les jeunes dans le sud et l'est des Caraïbes grâce à l'utilisation de données nationales de qualité, comparables et fiables, relatives à la sécurité publique. » (UNDP, 2016, p. 1[1] traduction libre de l'auteur). Les 15 États de la CARICOM (auxquels s'ajoutent 5 États associés)[2] sont tous des micro-États, soit des îles des Caraïbes, soit de petits pays d'un point de vue démographique, comme le Suriname. L'idée de mutualiser les ressources d'États modestes en matière d'observatoire de la violence et des acteurs de la régulation sociale est une excellente idée, d'autant plus que la zone caribéenne est un axe de transit de drogues du sud vers le nord des Amériques.

En conclusion de ce paragraphe, je saisis l'occasion ici pour continuer à défendre l'idée d'un observatoire régional ouest-africain. Les enjeux de conflits islamistes, qui se moquent bien des frontières, de la violence et de l'exploitation des migrants répartis sur les routes sud-nord, mais aussi latéralement entre les pays de la sous-région, de migrations liées aux changements climatiques et à leurs conflits fonciers afférents sont autant de questions de sécurité majeures qui nécessiteraient un traitement régional. Les travaux permettraient une meilleure connaissance de phénomènes dont l'échelle sort des pays, une meilleure allocation des ressources disponibles des États concernés, une meilleure collaboration entre eux au niveau de la sous-région et sans doute une plus grande efficience de la coopération internationale. L'observatoire pourrait s'inscrire dans les stratégies de développement entre États membres des grandes coordinations régionales, avec entre autres le soutien de l'Union africaine. Un tel observatoire pourrait intégrer des criminologues, des démographes, des ethnologues, des experts en matière de droits humains, de droits des femmes et des enfants, des géomaticiens aussi bien que des experts en changements climatiques, en conflits armés et en radicalisation terroriste, religieuse et politique.

1.1.4. Les observatoires à vocation mondiale

De nombreux observatoires internationaux ont un statut d'ONG internationale ou de projet universitaire. Le plus souvent, ces observatoires

---

[1]UNDP (2016) CARISECURE Project Document. https://info.undp.org/docs/pdc/Documents/R46/Final%20CARISECURE%20Project%20Document%20-%20signed.pdf (Consulté le 6 juin 2023).

[2]https://caricom.org/ (Consulté le 6 juin 2023).

ont comme vocation ultime de mobiliser l'opinion publique et les pouvoirs publics dans une perspective de changement de la société, des pratiques et des politiques publiques. Ces observatoires internationaux sortent du champ d'études du présent ouvrage, du fait de leur format international même. Je ne les évoque ici qu'afin d'être complet dans la présentation de la diversité des observatoires, et aussi parce que du fait de leurs centres d'intérêt respectifs, ils représentent des ressources pertinentes pour les observatoires opérant à d'autres échelles. De même, leurs méthodes de collecte et d'analyse de données, leurs produits, leur organisation ainsi que leur modèle de gouvernance viennent également alimenter utilement la réflexion générale sur les observatoires.

À titre d'exemple, citons l'*International Juvenile Justice Observatory*[1] (IJJO) qui est une ONG internationale fondée en 2002 à Bruxelles (Belgique) et qui se concentre sur les différentes formes de violence qui affectent les jeunes dans le monde. Citons également l'*International Observatory for School Climate and Violence Prevention2* qui est basé à l'Université de Séville (Espagne), dont le nom est explicite, et qui a pour objectif de faciliter la recherche et de partager les meilleures pratiques dans une perspective interculturelle. D'autres structures peuvent être assimilées à des observatoires, comme *Small Arms Survey*[3], dont la vocation est la documentation du trafic et de l'utilisation des armes et munitions dans le monde, et qui est à l'origine un projet de recherche de l'Institut de hautes études internationales et du développement de Genève; mais aussi *Human Rights Watch*[4] en matière de droits humains ou *Transparency International*[5] en matière de corruption.

Enfin, en mai 2021, à l'occasion de la trentième session de la Commission sur la prévention du crime et de la justice, ONUDC a annoncé la création de l'*Observatory on Smuggling of Migrants*[6]; la mission de cet observatoire international est de générer et de partager de l'information en matière d'exploitation de migrants, de routes migratoires, de coûts que représentent ces migrations et de conditions de vie des migrants, incluant les violences auxquelles ils sont exposés. On pourrait enfin citer ONUDC lui-même qui, s'il ne s'identifie pas comme un observatoire, dispose de la plus grande base de données secondaires sur les homicides dans le monde et propose une quantité d'outils permettant le développement de collectes et d'analyses de données sur la criminalité.

---

[1]https://www.oijj.org/en (Consulté le 6 juin 2023).
[2]http://institucional.us.es/ioscvp/ (Consulté le 6 juin 2023).
[3]http://www.smallarmssurvey.org/ (Consulté le 6 juin 2023).
[4]https://www.hrw.org/ (Consulté le 6 juin 2023).
[5]https://www.transparency.org/en (Consulté le 6 juin 2023).
[6]https://www.unodc.org/res/som/index.html (Consulté le 6 juin 2023).

2. Loi pénale et spectre d'observation

2.1. Les classifications imposées par la loi pénale

Dans tous les pays du monde, le crime est défini par la loi pénale. Pour des raisons pratiques, il est donc préférable de calquer le travail de l'observatoire sur la définition des crimes telle que comprise dans la loi pénale. Les infractions criminelles sont en général regroupées en différentes catégories en fonction de leur objet, de leur gravité, de la nature de la victimisation, etc. Ces indicateurs sont ensuite agrégés en catégories d'infractions de façon pyramidale afin de produire en général les atteintes aux personnes, les atteintes aux biens et les autres crimes.

La distinction entre les atteintes faites aux personnes et aux biens est une distinction classique. Si elle est simple à citer, les catégories forgées par la loi pénale ne facilitent pas toujours l'analyse, comme déjà évoqué. Ces considérations typologiques font partie intégrante du cœur de métier de tout observatoire de la violence et des acteurs de la régulation sociale. Au-delà de cette dichotomie, il reste intéressant d'analyser les données issues par exemple des crimes économiques et financiers ou des crimes contre l'environnement dont l'inscription dans les lois pénales va croissant[1].

Dans les pays à moyen et faible IDHI, les atteintes aux biens sont assez souvent délaissées par les observatoires, qui les traitent de façon globale, voire lointaine. Si cela est compréhensible au regard des priorités qu'imposent des atteintes aux personnes souvent élevées ainsi que des ressources limitées, cela reste regrettable quant à la victimisation de la population, dont la plus économiquement modeste. L'étendue des vols de bicyclettes ou de motos par exemple, et le préjudice que ces vols représentent pour les populations à faible revenu dans l'accès à l'éducation, à la santé, à l'emploi, etc., justifient complètement qu'un observatoire s'intéresse à ces situations.

2.2. Crime ou violence ?

Le concept de violence est plus englobant que ce que les lois définissent en général comme crime et requiert une compréhension bien plus large que celle que nous proposent les lois pénales, comme le démontre Collins (2009[2]). L'observation de la violence peut inclure en plus de celle du crime celle de l'accidentologie routière (caractéristiques des accidents, morbidité et mortalité), celle du suicide, celle des conflits armés, celle des incidents haineux qui ne sont pas couverts par la loi pénale, etc. Selon le site Internet

[1]https://www.unep.org/news-and-stories/story/environmental-crime (Consulté le 12 juin 2023).

[2]Collins, R. (2009). Violence: A micro-sociological theory. Princeton University Press.

OurWorldInData.com[1], dans le monde, en 2019, 1,3 million de personnes sont décédées d'un accident de transport (tous transports confondus, soit 2,3 % des décès), 760 000 personnes ont mis fin à leurs jours (soit 1,3 % des décès), 415 000 ont été victimes d'un homicide (soit 0,7 % des décès), tandis que les victimes de guerre et du terrorisme représentent respectivement 0,2 % et 0,05 % des décès. Si du fait de leur fréquence et de leur gravité l'analyse des violences non criminelles peut très légitimement avoir une place de choix dans le spectre d'observation, cela fait sortir les observatoires du seul registre policier, ce qui n'est pas sans conséquence d'un point de vue de la gouvernance des observatoires.

Visualisation d'une racine de typologie		
Violence	Violences criminelles	Crimes contre les personnes
		Crimes contre les biens
		Autres crimes
	Violences non criminelles	Accidentologie routière
		Suicide
		Autres violences non criminelles

Tableau 1 : Visualisation d'une racine de typologie (proposition de l'auteur).

2.2.1. L'accidentologie routière

Je recommande toujours aux observatoires lors de leur création de commencer par compiler les données relatives aux accidents de la circulation et de développer leurs premiers livrables sur cet enjeu, à l'image du DOV, l'observatoire de Ouagadougou. Il y a plusieurs raisons à cela. 1) Pour un observatoire qui bénéficie du soutien de l'État, c'est un objet d'observation de nature en général moins délicate politiquement que les violences faites aux personnes. Lors de la création de l'observatoire, dans un contexte parfois de prudence, voire de méfiance de la part du partenaire étatique ou policier, un tel sujet peut permettre à l'observatoire de faire ses premières preuves tout en limitant les polémiques; 2) Les données de terrain sont en général assez facilement accessibles, et si ce n'est pas le cas, c'est un excellent point de démarrage pour constituer un réseau national de collecte et de centralisation des données, la matérialité des accidents aidant leur recensement; 3) Ces données sont intéressantes à cartographier, et c'est l'occasion pour un jeune observatoire de démontrer un savoir-faire en présentant autant des indicateurs d'évolution dans le temps que des cartographies lisibles et convaincantes; 4) C'est aussi une excellente première opportunité pour impliquer différents partenaires. Outre les services de police, les services hospitaliers disposent de données sur les personnes accidentées qui leur sont confiées pour soins. Les compagnies d'assurance disposent également de données sur les accidents de

[1]https://ourworldindata.org/causes-of-death (Consulté le 2 octobre 2023).

leurs assurés; 5) Et enfin, parce que cela relève essentiellement d'une approche de type prévention situationnelle, il s'agit d'une thématique à propos de laquelle des gains en sécurité routière peuvent être réalisés à courte échéance et à faible coût (réglementation locale, aménagement de voirie, dissuasion policière, etc.). Il y a donc, au vu du nombre de décès dans les accidents de la route dans le monde tous les ans, un véritable intérêt public à délivrer aux différents acteurs chargés des infrastructures, de l'éducation, de la prévention et de la répression, des données probantes sur une base régulière. On pourra se référer dans ce sens au guide de la Banque mondiale (Turner et collab., 2021[1]).

2.2.2. Le suicide

Le suicide est d'abord un enjeu de santé publique, mais il n'en demeure pas moins que c'est un enjeu pour lequel les services de police et les services d'urgence de santé et d'incendie interviennent comme premiers répondants. Dans les pays à fort IDHI, les policiers sont davantage confrontés au suicide pendant leur carrière qu'à l'homicide. Ce serait d'ailleurs intéressant de voir ce qu'il en est dans les pays à faible ou moyen IDHI, pour lesquels nous manquons de données. Les services de police interviennent à trois titres. 1) Comme premiers répondants, et selon les circonstances, ils assurent les périmètres de sécurité, effectuent les premières constatations liées au décès, etc.; 2) Ils assurent l'enquête relative à la cause de décès afin d'écarter les doutes qui pourraient être liés à la commission d'un homicide; 3) C'est le plus souvent lors de la recherche de la personne déclarée disparue que les services de police sont les plus sollicités.

Or, les services de santé colligent en général les données relatives aux personnes suicidées qui passent par leurs morgues, ce qui constitue une source de données intéressante. Mais ce ne sont pas tous les corps qui transitent par les morgues, selon les pays et pour diverses raisons. Une collaboration entre services de sécurité et de santé est toujours pertinente pour cet enjeu.

3. Des niches d'observation à forte valeur ajoutée

Il y a d'autres objets d'observation qui méritent qu'on s'y attarde du fait de leur importance particulière, que ce soit la compétence spécifique de l'observatoire ou une thématique développée en plus d'un mandat plus général. Ces sujets sont assez souvent de nature transversale, et leur traitement en silo n'apporte en général pas les effets escomptés.

---

[1] Turner, B., Job, S. et Mitra, S. (2021). Guide for Road Safety Interventions: Evidence of What Works and What Does Not Work. Washington, DC., USA: World Bank. https://documents1.worldbank.org/curated/en/206691614060311799/pdf/Guide-for-Road-Safety-Interventions-Evidence-of-What-Works-and-What-Does-Not-Work.pdf (Consulté le 1er mai 2024).

3.1. Radicalisation et conflits armés

En 2017, de sources onusiennes, « près de 464 000 personnes dans le monde ont été victimes de violences meurtrières » tandis que le nombre de victimes de conflits armés était estimé à près de 89 000 et celui relié à des actes terroristes à près de 19 000[1]. Et ce, même si, toujours selon les Nations unies, « à l'échelle mondiale, le nombre absolu de victimes de guerres n'a cessé de diminuer depuis 1946[2] », ce que revendique également Pinker (2012[3]). Les victimes d'actes terroristes sont en général enregistrées parmi les homicides du fait des lois pénales. Mais les victimes de conflits armés ne sont en général pas enregistrées dans les données de criminalité, le décès par acte de guerre n'étant en général pas considéré comme un homicide. L'actualité internationale récente ne cantonne plus ce type de questions aux seuls pays à faible IDHI, et la prise en charge de ces données essentielles doit être l'objet de discussions au sein des observatoires concernés.

3.1.1. Radicalisation et crimes haineux

L'observation de la radicalisation et des crimes haineux (qu'il s'agisse de radicalisation politique, religieuse, sexiste, etc.) qui en sont la continuité se pose comme un enjeu non seulement de criminalité, mais aussi de sécurité nationale en général, dans la mesure où ces faits peuvent tendre vers des actes qui pourront être qualifiés de terroristes, voire à plus grande échelle être à l'origine de conflits armés.

Ainsi, au Kenya en décembre 2007, Mwai Kibaki a été proclamé vainqueur des élections nationales dans un contexte de sondages préélectoraux très serrés. La légitimité du scrutin a alors été remise en cause par son principal rival, Raila Odinga. Les discours haineux à caractère ethnique emportent les sympathisants, et le débat postélectoral tourne à l'émeute et cause 1300 morts (Dercon et Gutiérrez-Romero, 2012[4]). Alertées, les ONG *Human Rights Watch*[5] et l'entreprise Ushahidi développent une plateforme de *mapsourcing*

---

[1]ONU Info (8 juillet 20019) Les homicides tuent beaucoup plus de personnes que les conflits armés, souligne une nouvelle étude de l'ONU https://news.un.org/fr/story/2019/07/1047041?_gl=1*1tj2nu2*_ga*MTY1MTQ1ODE3MC4xNjg1OTcyMjMy*_ga_TK9BQL5X7Z*MTY4NjU3OTMxNS4yLjEuMTY4NjU3OTQxNi4zNy4wLjA (consulté le 12 juin 2023).

[2]https://www.un.org/fr/un75/new-era-conflict-and-violence (Consulté le 12 juin 2023).

[3]Pinker, S. (2012). The Better Angels of our Nature: Why violence has declined. Penguin Books.

[4]Dercon, S., et Gutiérrez-Romero, R. (2012). Triggers and Characteristics of the 2007 Kenyan Electoral Violence. World Development, 40(4), 731-744. https://ora.ox.ac.uk/objects/uuid:e72308b7-0ab4-47e9-b287-eb5f4c1fe579/files/sfb4949014 (Consulté le 1er mai 2024).

[5]Human Rights Watch. (2008). Ballots to bullets: Organized Political Violence and Kenya's Crisis of Governance. *Human Rights Watch, 20*(1A). https://www.hrw.org/sites/default/files/reports/kenya0308web.pdf (Consulté le 12 juin

permettant de recenser, de caractériser et de géolocaliser les discours haineux et les incidents violents qui y étaient reliés. L'analyse de l'information collectée a permis de mettre à jour les stratégies de manipulation à caractère ethnique véhiculées par les parties au conflit, identifier les acteurs impliqués et finalement prévenir certaines violences (Okolloh, 2009[1]). Mais ces données ont aussi été d'une aide précieuse lorsqu'il s'est agi de traduire devant la Cour pénale internationale de La Haye les principaux instigateurs de violence, pour crimes contre l'humanité[2].

3.1.2. Violences et conflits armés

La distinction entre conflit armé et crime est extrêmement délicate et somme toute peu traitée dans la littérature. Si tous les crimes ne relèvent pas de conflits armés, les violences liées aux conflits restent qualifiables criminellement (homicides, voies de fait armé, torture, trafic d'armes, etc.). Si elles ne le sont pas dans les faits, c'est principalement du fait de l'effondrement des institutions; il ne reste alors guère que les services de santé (dispensaires, hôpitaux), les ONG et les médias pour colliger les données. Le contexte, le degré de violence et sa généralisation à tout un territoire et à toute une population impactent la capacité de travail des observatoires. Outre les enjeux de sécurité que connaissent le personnel et le reste de la population, le terrain devient de plus en plus difficile d'accès au fur et à mesure que la violence croît.

Par ailleurs, la complexité des contextes (motivation conflictuelle ou motivation criminelle) fait qu'il peut être extrêmement complexe de déterminer la cause réelle des faits, tant sur le terrain tout s'enchevêtre. L'utilisation du viol comme arme de conflit, comme au Congo (Baaz et Stern, 2013[3]) en est un exemple. Ainsi, l'analyse du contexte ne relève plus des voies traditionnellement exploitées en criminologie, la pluridisciplinarité prenant tout son sens dans de tels environnements.

L'Afrique reste malheureusement une terre de prédilection pour le développement d'observatoires orientés vers les conflits, du fait de leur grand nombre relatif. L'adhésion en 2006 d'une centaine d'États à la *Geneva Declaration on Armed Violence and Development* a contribué à cette

---

2023).

[1]Okolloh, O. (2009). Ushahidi, or 'testimony': Web 2.0 tools for crowdsourcing crisis information. *Participatory learning and action, 59*(1), 65-70. https://www.iied.org/sites/default/files/pdfs/migrate/G02842.pdf (Consulté le 12 juin 2023).

[2]https://www.reuters.com/article/uk-kenya-icc-events-idUKTRE7342CJ20110405 (Consulté le 12 juin 2023).

[3]Baaz, M. E., et Stern, M. (2013). *Sexual Violence as a Weapon of War?: Perceptions, Prescriptions, Problems in the Congo and Beyond.* Bloomsbury Publishing. https://www.diva-portal.org/smash/get/diva2:617148/FULLTEXT01.pdf (Consulté le 12 juin 2023).

sensibilisation aux données relatives aux conflits et à leurs victimes, et dont c'est un des trois piliers d'action.

a) L'exemple de l'Observatoire national de la violence armée au Burundi

À la suite de l'assassinat de Melchior Ndadaye, le président élu en octobre 1993, et dans un contexte de tensions communautaires principalement entre Hutus et Tutsis, le Burundi a basculé dans un conflit armé jusqu'en 2001 qui a fait près de 140 000 victimes et provoqué l'exode de 700 000 habitants (Bergouignan, 2022[1]). L'Observatoire national de la Violence Armée (ONVA), mis sur pied en 2007 avec l'aide du PNUD, avait donc pour objet de collecter et d'analyser l'information relative aux violences armées dans un contexte post-génocidaire. En 2011, l'observatoire est passé sous l'autorité de la Commission nationale permanente de lutte contre la prolifération des armes légères et de petits calibres (ALPC). Citons parmi les réalisations de l'ONVA l'évaluation en 2014[2] de l'impact du programme de désarmement sur la population civile, qui a débuté fin 2009.

À cette occasion, l'observatoire constate une baisse de la violence armée de 38,1 % à l'échelle nationale qui concernait 91,0 % de la population. Quatre agents avaient été recrutés pour la collecte de données auprès des services de police et de justice, des médias, des hôpitaux et des organisations de la société civile. Les principales données collectées étaient la nature de l'incident et sa cause, les informations temporelles et géographiques, le profil de la victime et de l'auteur, le type d'arme utilisé; 31 % des données venaient des antennes régionales de la Commission nationale permanente de lutte contre la prolifération des armes légères et de petits calibres, 19 % de la police, 19 % des médias, 13 % de la santé publique et 13 % des autres organisations de la société civile. De janvier à mai 2014, 407 incidents ont été recensés impliquant 555 victimes (dont 36,8 % sont décédées) et 542 auteurs. Les principales caractéristiques des violences sont : vols armés (25 %), avec arme blanche (36,1 %), au domicile de la victime (52,6 %) et de nuit (44 %) (ONVA, 2014, p. 15-17). Ces résultats qui sont désagrégés par région ont une valeur intéressante d'un point de vue opérationnel et stratégique, et le fait qu'ils soient rendus publics correspond tout fait aux missions de tels observatoires. Ainsi, les résultats de 2014 laisseraient entendre que le Burundi fait essentiellement face à une criminalité de grand chemin, du « banditisme » selon l'expression généralement utilisée en Afrique francophone, plutôt que des violences animées par la haine.

[1]Bergouignan, C. (2022). La mortalité de guerre au Burundi pendant la période 1993-2001. *Espace populations sociétés. Space populations societies*, (2022/2-3). https://journals.openedition.org/eps/12914#ftn1 (Consulté le 13 juin 2023).

[2] Observatoire national de la violence armée (2014) Rapport de l'observatoire de la violence armée au Burundi https://aoav.org.uk/wp-content/uploads/2014/07/Rapport-OVA-Jan-Mai-2014-FINAL.pdf (Consulté le 12 juin 2023).

En complément, le Burundi en 2017, conformément à la constitution de 2005 et dans le cadre des exigences de l'accord d'Arusha pour la paix de 2000, a créé un observatoire national pour la prévention et l'éradication du génocide, des crimes de guerre et des crimes contre l'humanité1. Je n'ai pas trouvé trace des travaux de cet observatoire dont l'indépendance semblait contestée dès sa création par plusieurs ONG nationales[2].

b) L'exemple de l'Observatory of Conflict and Violence Prevention somalien.

Comme déjà évoqué, l'hypothèse prévalant à la constitution de l'observatoire en Somalie était celle de la prévalence des conflits interethniques sur l'ordre social. L'orientation initiale prise par le PNUD faisait de l'observatoire somalien une plateforme privilégiée pour observer les phénomènes de violences armées interethniques. Mais lorsque les résultats de l'enquête de victimisation ont démontré que dans les cinq principales agglomérations urbaines du pays l'impact des conflits interethniques était relativement marginal au regard de l'ensemble de la violence subie, la compréhension des enjeux a pris un tour radicalement différent. Même au regard des données probantes, il a été complexe de faire comprendre que les enjeux auxquels nous étions confrontés relevaient davantage de la criminologie, c'est-à-dire d'une violence largement issue de l'effondrement quasi total des acteurs formels de contrôle social.

Cela est l'occasion de revenir sur la double lecture de l'information collectée, d'un point de vue de la criminologie et d'un point de vue de la gestion des conflits. Les paradigmes qui commandaient alors l'action programmatique étaient tous centrés sur la dynamique de conflits armés interethniques, la sous-culture onusienne allait en ce sens, si ce n'était la présence d'un chef de programme criminologue. Cette discussion paradigmatique à un niveau stratégique de la mission somalienne du PNUD, sur la base des données de l'enquête de victimisation, a constitué un tournant dans l'analyse programmatique, mais aussi un enseignement majeur quant à la place que devait prendre ce type de discussion.

c) Autres exemples d'intérêt

J'ai déjà également cité le *Liberia Armed Violence Observatory* (LAVO)3 qui collecte et analyse les données relatives aux violences armées issues d'une vingtaine d'acteurs, dont des organismes d'État, des organisations de la société civile, des universitaires et des médias. Le LAVO recense les incidents

---

[1]https://www.dw.com/fr/le-burundi-met-en-place-un-observatoire-de-lutte-contre-le-g%C3%A9nocide/a-40294156 (Consulté le 12 juin 2023).

[2]https://www.iwacu-burundi.org/un-observatoire-national-controverse/ (Consulté le 13 juin 2023).

[3]https://lavotest.wordpress.com/ (Consulté le 13 juin 2023).

impliquant des armes et des explosifs, le profil des victimes et les informations relatives aux incidents et à leur contexte.

Au titre des observatoires internationaux des conflits armés, notons l'initiative originale d'une ONG britannique qui crée en 2018 le *Conflict and Environment Observatory* (CEOBS)[1]. Le CEOBS s'attache aux conséquences des conflits armés sur l'environnement et les conséquences que la dégradation de l'environnement peut avoir sur les populations locales (pollution de l'air et des sources d'eau potable, détérioration des terres agricoles, etc.). Le CEOBS s'intéresse actuellement à neuf zones de conflits dans le monde où l'observatoire collecte des données sur l'état de l'environnement, sur les politiques publiques locales de protection de l'environnement, etc. Les clients de l'observatoire sont les organisations gouvernementales et les ONG locales et internationales qui viennent en soutien aux populations qui tentent de prévenir la dégradation de l'environnement et de reconstituer un environnement propice au développement humain. Cet observatoire est d'une grande pertinence pour avoir vu les confits d'origine climatique émerger au Tchad dans les années 2010.

3.2. Violences faites aux femmes et aux enfants

« Un adulte sur quatre déclare avoir été physiquement maltraité dans son enfance; une femme sur cinq déclare avoir été abusée sexuellement en tant qu'enfant; une femme sur trois déclare avoir été victime de violences physiques ou de violences sexuelles par un partenaire intime à un moment de sa vie » (OMS, 2014, p. viii[2]). Au sein des crimes contre les personnes, l'observation des atteintes commises à l'égard des enfants et des femmes représente une priorité particulière du fait de la vulnérabilité relative des victimes, de l'ampleur des faits ainsi que de l'opacité du phénomène. Le premier enjeu partout dans le monde, mais encore plus dans les pays dont les institutions sont peu robustes, reste d'obtenir des données aussi fiables que possible de ces violences, le faible taux de plaintes auprès des services de police ne le permettant pas suffisamment.

Pour ce qui est des violences faites aux femmes, Palermo, Bleck et Peterman (2014[3]) ont collecté les sondages en santé publique de 24 pays en développement différents dans toutes les régions du monde et ont analysé le taux de report (ou de plaintes) et le contexte de celles-ci. Parmi les 93 656

---

[1]https://ceobs.org/ (Consulté le 13 juin 2023).

[2]World Health Organization. (2014). *Global status report on violence prevention 2014*. World Health Organization. file:///C:/Users/ycque/Downloads/9789241564793_eng.pdf (Consulté le 13 juin 2023).

[3]Palermo, T., Bleck, J. et Peterman, A. (2014). Tip of the iceberg: reporting and gender-based violence in developing countries. *American journal of epidemiology*, *179*(5), 602-612. https://www.ncbi.nlm.nih.gov/pmc/articles/PMC3927971/pdf/kwt295.pdf (Consulté le 13 juin 2023).

femmes victimes de violences physiques et sexuelles (violences basées sur le sexe) de l'échantillon, le taux de report varie de 31,2 % à 47,6 % selon les pays, que le report ait eu lieu auprès de la police, de travailleurs sociaux ou de travailleuses sociales, d'avocats, de professionnels de la santé, de chefs traditionnels ou religieux. Les taux de report auprès des acteurs formels s'effondrent à 7,1 % en général, avec des taux aussi bas que 1,2 % en Afrique, auprès de la police. En Bolivie, 25 % des femmes, et 41 % au Cambodge se sentent trop embarrassées pour rapporter le crime. Au Mali, 30 % des femmes, et 47 % au Cameroun jugent qu'il n'y avait pas d'utilité à le rapporter, incluant une certaine banalisation de la violence subie en tant que femme.

Outre ces faits qui devraient pousser les observatoires à se saisir du sujet, la légitimité des observatoires est encore renforcée du fait de leur capacité à collaborer avec des partenaires de type ONG, lesquels sont quasiment les seuls à disposer de données de qualité. Dans le spectre d'observation, c'est pourtant la thématique sur laquelle j'ai observé le plus de résistance de la part des observatoires en matière d'activités de collecte et d'analyse, certainement du fait de la nature délicate du sujet dans les sociétés où le patriarcat reste puissant.

Faute d'observatoires locaux, on peut citer deux exemples d'observatoires traitant spécifiquement de ces questions. L'un exerce au niveau international et l'autre au niveau régional, et ils constituent tous deux des pratiques inspirantes pour des observatoires locaux.

De 2012 à 2017, le *European Cooperation in Science and Technology* (COST) a développé un observatoire européen du féminicide (action IS1206, *Feminicide across Europe*[1]) fonctionnant sous forme d'une plateforme accueillant une trentaine de chercheurs et chercheuses ainsi que des défenseurs des droits des femmes, sous la coordination de Weil (2018[2]). Les travaux du COST ont été publiés en 2018 (Weil et collab.[3]) et contribuent largement à la connaissance du phénomène et à sa prévention. Le chapitre relatif aux comparaisons méthodologiques en matière de collecte de données entre pays européens présente des recommandations de standardisation qui pourraient intéresser de nombreux observatoires de par le monde.

J'ai déjà évoqué l'*International Juvenile Justice Observatory* (OIJJ) qui analyse la manière dont les mineurs en contact avec le système policier et judiciaire sont traités dans le monde, au titre de leurs droits issus de la Convention internationale des droits de l'enfant[4], dont celui de disposer d'un

---

[1]https://www.cost.eu/actions/IS1206/#tabs (Consulté le 13 juin 2023).

[2]Weil, S., et Naudi, M. (2018). Towards a European Observatory on Femicide. *Femicide across Europe*, 167. https://www.um.edu.mt/library/oar/bitstream/123456789/38017/1/Towards_a_European_observatory_on_femicide_2018.pdf (Consulté le 13 juin 2023).

[3]Weil, S., Corradi, C. et Naudi, M. (2018). *Femicide across Europe: Theory, research and prevention* (p. 200). Policy Press. https://library.oapen.org/bitstream/id/c936115d-c9f6-4cd8-86c0-1efe8e0f42ab/9781447347163.pdf (Consulté le 13 juin 2023).

[4]http://docstore.ohchr.org/SelfServices/FilesHandler.ashx?enc=6QkG1d%2FPPRiCAqhKb7y

parcours judiciaire différencié. J'ai pu observer que c'est un volet très délicat dans les pays à moyen et faible IDHI. Les pays où j'ai travaillé étaient tous signataires de la convention, ce qui impliquait l'obligation de mettre en place un parcours judiciaire et pénitentiaire différencié pour les mineurs. Mais du fait, d'une part, de la résistance de la croyance que la sanction des mineurs, y compris physique, est vertueuse, et d'autre part, des investissements importants que requiert un parcours différencié pour les mineurs, sa mise en œuvre restait très aléatoire.

Cet angle faisait partie intégrante du projet d'observatoire régional de la CARICOM dans les Caraïbes où une grande diversité de réalités prévalait entre les pays, certains pays, comme la Barbade, s'illustrant de façon comparativement très positive.

3.3. Crime organisé et corruption

Les crimes économiques ne sont pas la priorité des observatoires généralistes qui priorisent les crimes contre la personne, parfois ceux contre les biens. Cela correspond davantage aux besoins immédiats des partenaires de sécurité publique, des médias et d'une certaine manière de la population impactée au quotidien. Toutefois, l'analyse des enjeux liés au crime organisé, à la corruption et au blanchiment d'argent reste extrêmement pertinente du fait des impacts de ce type de crimes sur le fonctionnement social, bien que les écueils soient nombreux pour un observatoire.

3.3.1. Le crime organisé

Les données relatives au crime organisé ne sont en général pas accessibles, et le travail des observatoires nationaux est conditionné à une entente de collaboration avec les services de police dédiés à ce type d'enquêtes. Les services d'enquêtes, de leur côté, restent très prudents quant aux informations qui pourraient être divulguées, y compris pour des raisons de protection des preuves utiles en justice et du savoir-faire des enquêteurs. L'observatoire peut en revanche représenter un atout majeur pour de telles unités d'enquête en matière d'analyse du renseignement et de l'appui à la mise en forme de la preuve. Une collaboration pourrait alors voir le jour sous le sceau de la confidentialité, l'observatoire pouvant disposer de logiciels d'analyse dont les enquêteurs ne disposent pas (entre autres en matière cartographique), facilitant l'élucidation et la preuve.

ONUDC a publié un guide en 2011[1] dont l'objet est l'analyse de données en matière de crime organisé et dont les observatoires intéressés peuvent

---

hsqIkirKQZLK2M58RF%2F5F0vEnG3QGKUxFivhToQfjGxYjV05tUAIgpOwHQJsFPdJXCiixFSrDRwow8HeKLLh8cgOw1SN6vJ%2Bf0RPR9UMtGkA4 (Consulté le 13 juin 2023).

[1]United Nations Office on Drugs and Crime. (2011). Criminal Intelligence: Manual for

toujours largement s'inspirer. Cependant, certains observatoires de lutte contre le crime organisé ont statut d'ONG et sont totalement indépendants des services de l'État, dont les chefs en matière de crime organisé se retrouvent parfois à être eux-mêmes les sujets d'analyse.

Au Burundi, l'Observatoire national pour la lutte contre la criminalité transnationale (ONLCT)[1], qui a statut d'ONG locale, traque le crime organisé dans une perspective de lutte contre le trafic humain et tente de recenser et d'identifier les victimes. L'observatoire joue un rôle d'activiste et cherche par ses données et ses interventions à mobiliser le gouvernement dans la prévention et la répression de ce trafic.

L'*Organized Crime Observatory* (OCO)[2] est une ONG internationale créée en 2013, implantée en Suisse. L'OCO a pour mandat de centraliser et de relayer sur son site Internet toute information médiatique et technique pertinente publiée en matière de crime organisé dans le monde, en anglais, en français, en espagnol et en italien. Si l'initiative consistant à systématiquement compiler l'information de source médiatique est intéressante et peut inspirer d'autres observatoires de la violence et des acteurs de la régulation sociale, on peut regretter cependant l'absence de produits d'analyse disponibles sur le site de l'OCO.

Et nous avons déjà cité en Amérique latine en matière de drogues l'*Inter-American Observatory on Drugs* [3], l'*Argentine Drug Observatory* [4] et l'*Observatorio Nacional de Drogas* au Chili[5].

3.3.2. La corruption

Dans la plupart des pays à moyen et faible IDHI, la corruption est un fléau omniprésent[6], impliquant des acteurs politiques et administratifs nationaux et locaux. Il sera impossible pour tout observatoire n'ayant pas le statut totalement indépendant d'ONG d'intervenir en matière d'analyse de la corruption de façon indépendante. Si l'observatoire à statut public y parvient, ce sera de façon cosmétique et le plus souvent de manière à remplir les exigences des bailleurs de fonds internationaux. Rappelons que les pays signalés comme les plus corrompus au regard de l'indicateur développé par

Analysts. English, Publishing and Library Section, United Nations Office. https://www.unodc.org/documents/organized-crime/Law-Enforcement/Criminal_Intelligence_for_Analysts.pdf (Consulté le 28 août 2023).

[1]https://www.iwacu-burundi.org/onlct-les-maisons-de-trafic-detres-humains-seraient-legions-a-bujumbura/ (Consulté le 14 juin 2023).

[2]https://o-c-o.net/ (Consulté le 14 juin 2023).

[3]http://www.cicad.oas.org/Main/Template.asp?File=/oid/observatories_eng.asp (Consulté le 14 juin 2023).

[4]https://www.argentina.gob.ar/jefatura/sedronar (Consulté le 14 juin 2023).

[5]https://www.senda.gob.cl/observatorio/que-es-el-observatorio/ (Consulté le 14 juin 2023).

[6]https://www.transparency.org/en/ (Consulté le 14 juin 2023).

Transparency International sont aussi les pays en conflit ou post-conflit où les atteintes aux droits humains sont parmi les plus graves[1].

Ainsi au Cameroun, le *National Anti-Corruption Observatory*, créé en 2000 sous l'autorité de l'État, avait pour mission de conduire la lutte anticorruption au pays. Mais à en croire certaines ONG[2], l'observatoire d'État ne disposait d'aucun pouvoir légal, et son financement aurait été suspendu en 2004. L'observatoire a été remplacé en 2006 par une commission nationale anticorruption.

Tout observatoire ayant statut d'ONG qui intervient sur le sujet doit avoir conscience qu'il va potentiellement s'attirer, comme toute autre association anticorruption ou de défense des droits humains, les foudres de certains pouvoirs en place qui va les qualifier d'adversaires politiques. Pour autant, le statut d'ONG ne constitue pas une garantie d'intégrité non plus, du fait essentiellement que les conditions de pratiques peuvent être difficiles, voire dangereuses, et que les ONG peuvent être mises fortement sous pression en travaillant sur les enjeux de corruption publique. De fait, j'ai pu observer dans certaines circonstances que je vais taire que certaines de ces ONG servent effectivement de tremplins politiques aux partis d'opposition. Mais dans le même pays, j'ai également pu observer l'inverse, c'est-à-dire que certaines ONG étaient ni plus ni moins des émanations du pouvoir en place et avaient pour mandat de contrebalancer le discours des ONG jugées opposées au régime. Les agendas politiques sous-jacents portent alors atteinte au principe d'indépendance des observatoires, et donc doivent imposer la plus grande prudence quant à la rigueur des travaux effectués. Plusieurs initiatives restent cependant notables et peuvent servir utilement de sources d'inspiration.

La *Corruption Observatory and Public Awareness Initiative* fondée en 2016 au Nigeria[3] se définit comme un lanceur d'alerte et une ressource en matière de bonnes pratiques en anticorruption, en transparence et en bonne gouvernance. L'observatoire propose davantage de services de formation, de consultation et de certification qu'il n'offre vraiment d'analyses. D'autres initiatives peuvent être citées en Colombie[4], au Honduras[5] et sans doute dans d'autres pays encore.

Parmi celles-ci, le projet pilote financé de 2014 à 2016 par l'Union européenne et développé par *Transparency International* apparaissait comme

---

[1]https://www.transparency.org/en/cpi/2022 (Consulté le 14 juin 2023).

[2]https://www.ideasforpeace.org/es/content/new-anti-corruption-drive-leaves-many-sceptical/ (Consulté le 15 juin 2023).

[3]https://corruptionobservatory.com/ (Consulté le 14 juin 2023).

[4]https://www.opengovpartnership.org/members/colombia/commitments/CO0018/ (Consulté le 14 juin 2023).

[5]https://www.latinnews.com/component/k2/item/83203.html?archive=1&cat_id=821290:honduras-launch-of-first-ever-anti-corruption-observatory (Consulté le 14 juin 2023).

une initiative particulièrement inspirante (Coleman, 2016[1]). La plateforme en ligne recueillait les informations issues du journalisme d'investigation, des ONG de prévention et de lutte contre la corruption ainsi que les travaux de recherche scientifique. L'observatoire avait développé une base de données ouverte regroupant près de 1500 articles de presse différents, avec une priorité sur les enjeux transfrontaliers. Malheureusement, faute d'entretien informatique, le site de l'observatoire n'est plus accessible[2].

3.3.3. Le blanchiment d'argent

Le volet incident des deux précédents est celui relatif au blanchiment d'argent. Cet aspect est peu analysé par les observatoires, d'une part parce qu'il est la résultante des deux thématiques précédentes dont on a démontré la sensibilité, et d'autre part parce qu'il requiert une expertise en analyse économique et financière transfrontalière qui sort des standards de la plupart des observatoires. À titre d'exemple, on mentionnera la *Columbia Business School* qui a développé en 2016 un *Digital Financial Services Observatory*[3].

3.4. Justice et sanction pénale

Le seul observatoire que j'ai connu et qui intégrait les enjeux de justice était l'Observatoire français de la délinquance et des réponses pénales (ONDRP) en France qui a été démantelé fin 2020. Si tous les observatoires de la violence et des acteurs de la régulation sociale s'intéressent à la question judiciaire comme continuité du crime et de sa prise en charge, peu en font un centre d'intérêt à part entière. Une fois encore, la priorité va davantage à la statistique criminelle qu'aux conséquences judiciaires. D'autant que les données judiciaires (l'exercice des tribunaux) et les données d'exécution de la peine (pénitentiaire et services extrapénitentiaires) ne relèvent pas systématiquement des mêmes institutions, ce qui complique l'exercice.

Les observatoires qui s'intéressent à ces questions judiciaires et pénitentiaires sont en général spécialisés, avec des spectres d'observation assez restreints. Citons deux exemples : l'OIJJ déjà évoqué, et en Espagne, l'*Observatory of the Crime control system towards Immigration* (OCSPI)[4], conjointement développé par l'Institut de criminologie d'Andalousie et l'Université de Malaga il y a plus de 20 ans.

---

[1]Coleman A. (2016) The European Corruption Observatory; Investigating Corruption. Transparency International EU. https://transparency.eu/wp-content/uploads/2016/10/TIE-003-16_web.pdf (Consulté le 14 juin 2023).

[2]https://www.corruptioneurope.com/ (Consulté le 14 juin 2023).

[3]https://www.citicolumbia.org/index.php/digital-financial-services-observatory/ (Consulté le 14 juin 2023).

[4]https://ocspi.wordpress.com/ (Consulté le 14 juin 2023).

3.5. Les acteurs de la régulation sociale

J'appelle acteur de la régulation sociale tout intervenant dans le champ de l'ordre social, qu'il soit policier, éducateur, juge, gardien de sécurité privée, employé d'une ONG, chef de village, leader religieux, etc. Du fait du rôle de leurs organisations, les acteurs du contrôle social se répartissent entre acteurs formels (police, justice, sécurité privée, etc.) et acteurs informels (institutions dont le contrôle social n'est pas la mission première, chefs communautaires, etc.), selon la classification de Loubet del Bayle (2019, p. 47-54[1]). Encore trop peu de données sont collectées et analysées sur les acteurs de la régulation sociale dans les pays à moyen ou faible IDHI, et encore moins sur les acteurs informels participant à la sécurité publique, même si la situation tend à s'améliorer. Quels sont leurs mandats exacts, leurs capacités et ressources, leurs savoir-faire, leurs interactions entre eux dans une perspective de compétition ou de collaboration, leur efficacité, leur reddition de compte et leurs responsabilités, etc. ? Peu d'auteurs se sont penchés sur ces enjeux comme l'ont fait de façon plus complète Shearing (2018[2]) ou Baker (2008[3]).

3.5.1. Observer les acteurs formels de la régulation sociale

C'est pour documenter ce qu'étaient et faisaient les policiers municipaux en France dans les années 2000 qu'avec une poignée de collègues de la police municipale nous avions créé en 2005 l'Observatoire national des polices municipales (ONPM). L'observatoire était une association que nous avions fait héberger à l'Université René-Descartes de Paris. C'est aussi la démarche en 2015 qui a prévalu au volet déontologie du projet d'observatoire de la criminalité et de la déontologie policière au Tchad[4].

Là encore, tous les observatoires n'ont pas l'intérêt ou la latitude politique de documenter l'activité policière et le respect des cadres déontologiques. Pour un observatoire d'État, c'est même un exercice d'équilibrisme délicat. L'observatoire aura besoin des données de la police, qui sera son premier pourvoyeur, et simultanément collectera les données sur la déviance policière. Maintenir le partenariat avec les services de police requerra de leur part une bonne dose d'adhésion aux concepts du *democratic policing*, ce qui de par

---

[1]Jean-Louis Loubet del Bayle, et Maurice Cusson (2009) « Sécurité et contrôle social », in *Nouveau traité de sécurité. Sécurité intérieure et sécurité urbaine*, par Maurice Cusson et al. (Montréal, QC): Éditions Hurtubise et Septentrion, 47-54.

[2]Shearing, C. (2018). Reinventing policing: Policing as governance. In *Policing change, changing police* (p. 285-307). Routledge.

[3]Baker, B. (2008). *Multi-Choice Policing in Africa*. Nordiska Afrikainstitutet. https://www.diva-portal.org/smash/get/diva2:275037/FULLTEXT01.pdf (Consulté le 15 juin 2023).

[4]https://www.alwihdainfo.com/Tchad-le-gouvernement-cree-un-observatoire-pour-renforcer-la-deontologie-de-la-police_a79916.html (Consulté le 15 juin 2023).

mon expérience est très loin d'être une évidence sans réserve, même dans les pays à fort IDHI.

Je citerai en exemple la réforme des services de police au Kenya où il fallut que se produise le drame des violences électorales de 2007 pour qu'une réforme de la déontologie policière et de la chaîne de commandement soit engagée (Hope, 20151). À l'inverse, nous étions dans un contexte favorable au Tchad du fait d'une remarquable ouverture d'esprit des autorités tchadiennes, le conseil d'administration de l'observatoire devant inclure d'un commun accord les organisations de la société civile. Il était donc prévu que l'observatoire analyse aussi les données de déontologie à la suite de la publication des nouveaux codes de déontologie pour la Gendarmerie nationale et la Garde nationale et nomade2. La capacité d'écoute des différentes parties prenantes et le souhait réel de faire de la place aux acteurs non policiers constituaient pour moi une vraie source d'étonnement, tant je n'ai que trop rarement rencontré ce type de contextes facilitateurs. En conclusion, dans nombre de pays où l'intégrité des appareils de l'État reste questionnable, on comprend que les ONG, au titre de leur indépendance, soient les mieux placées pour apporter cette information.

Le *Private Security Governance Observatory*[3] créé en 2014 est un consortium d'OSC qui se préoccupe de la manière dont la sécurité privée intervient en matière d'état de droit, de transparence des compagnies, de cadre légal réglementant la pratique et de la manière dont le personnel est considéré dans un marché de la sécurité privée à forte croissance (Baker, 2008, p. 94-95[4]). L'observatoire a le soutien du *Geneva Centre for Security Sector Governance* (DCAF), basé en Suisse. Je recommande les publications de l'observatoire sur les questions de sécurité privée en Afrique, tant les rapports de diagnostics pour les différents pays que les rapports de recommandations en matière de bonnes pratiques et de bonne gouvernance.

3.5.2. Observer les acteurs informels de la régulation sociale

En Afrique, pour Baker (2008, p. 74-77), sécurité privée et acteurs traditionnels se sont imposés dans le théâtre de la sécurité au titre des

---

[1]Hope Sr, K. R. (2015). In pursuit of democratic policing: An analytical review and assessment of police reforms in Kenya. *International Journal of Police Science and Management*, *17*(2), 91-97. https://www.researchgate.net/profile/Kempe_Hope/publication/277968452_In_pursuit_of_democratic_policing_An_analytical_review_and_assessment_of_police_reforms_in_Kenya/links/563964fa08aed5314d2220c4/In-pursuit-of-democratic-policing-An-analytical-review-and-assessment-of-police-reforms-in-Kenya.pdf (Consulté le 15 juin 2023).

[2]https://www.eeas.europa.eu/node/60081_en (Consulté le 16 juin 2023).

[3]https://observatoire-securite-privee.org/en/content/observatory (Consulté le 15 juin 2023).

[4]Baker, B. (2008). *Multi-choice policing in Africa*. Nordiska Afrikainstitutet. https://www.diva-portal.org/smash/get/diva2:275037/FULLTEXT01.pdf (Consulté le 15 juin 2023).

prérogatives d'États jugés défaillants à assurer la sécurité du territoire et des populations. Baker rend compte dans une revue quasi anthropologique de la réalité de nombreux pays d'Afrique avant la colonisation, où une variété de formes de *policing* existaient déjà sur une base communautaire, la colonisation apportant le concept de police d'État. Lorsqu'après la décolonisation les populations ont compris que les États ne seraient pas en mesure de tenir leurs promesses quant à la sécurité, une combinaison de traditions anciennes et de nouvelles initiatives a émergé afin d'assurer la sécurité locale. Baker (2010, p. 208-209[1]) va jusqu'à considérer que dans le cadre de la réforme policière (*Security Sector reform*), l'avenir n'est pas à l'État, mais à une variété d'initiatives non étatiques qu'il a recensées : groupes de vigilance, leaders religieux, milices et groupes ethniques, acteurs privés, syndicats de certaines professions, gouvernements locaux, structures coutumières et structures de justice restauratrice. Thèse largement contestée par les tenants d'une sécurité publique d'État (Loader, 2000[2]).

Que cela soit en Afrique, dans les Caraïbes ou en Asie, j'ai pu observer combien le rôle des acteurs traditionnels, ethniques ou religieux était fondamental dans l'équilibre social et sécuritaire. Mais j'ai également pu observer combien ces acteurs non étatiques pouvaient eux aussi être auteurs d'exactions et d'atteintes aux droits humains. Et les données manquent cruellement : autant des données descriptives de base que des données d'impact sur l'environnement social en matière de prévention et de lutte contre le crime ainsi qu'en matière de respect de l'état de droit.

Pendant mon séjour en Afghanistan pour le PNUD en 2012-2014, en l'absence de police structurée et en dehors des territoires tenus par les talibans, les Ulema, acteurs religieux locaux, endossaient l'ensemble des tâches policières et judiciaires. Ils recevaient les plaintes, menaient les enquêtes, faisaient arrêter les auteurs présumés, les jugeaient, prononçaient leur peine et faisaient exécuter les sanctions, y compris les châtiments corporels et les exécutions. Et cela sur la base de l'interprétation locale de la loi islamique. Ils étaient des acteurs essentiels de toute réforme de la sécurité en Afghanistan et constituaient aussi bien des forces de soutien dans les projets de réforme de la sécurité que des forces de résistance quand il s'agissait de transférer certaines de leurs prérogatives aux services de police de l'État (Quero et Ladouceur, 2014 [3]).

---

[1]Baker, B. (2010). The future is non-state. *The Future of Security Sector Reform*, 208-228. https://issat.dcaf.ch/ser/download/1856/15293/The%20Future%20of%20Security%20Sector%20Reform.pdf#page=208 (Consulté le 15 juin 2023).

[2]Loader, I. (2000). Plural policing and democratic governance. *Social & Legal Studies*, *9*(3), 323-345.

[3]Quero YC., et Ladouceur D. (2014). Afghan Uniform Police Civilan Community Policing Model. Volume 1: Context, Analysis & Recommendations.
Quero YC., et Ladouceur D. (2014). Afghan Uniform Police Civilan Community Policing Model. Volume 2: Afghan Uniform Police Manual. UNDP-LOTFA Afghanistan. Kabul.

Au Burkina Faso, je citerai également ma rencontre avec les Koglweogo en 2016. Les Dozos et les Koglweogo sont des groupes d'autodéfense traditionnels qui couvrent aussi bien les nuits urbaines que les villages isolés (Hagberg, 2019[1]). Au Burkina Faso, les Koglweogo remplissent cette fonction de surveillance du territoire et assument principalement une fonction dissuasive. Ils empêchent ainsi les petits larcins comme le vol de poules, les introductions par effraction dans les maisons, etc. Confrontés à l'avancement des villes et à leur modernité, les Koglweogo constituent des compétiteurs pour les services de police et de gendarmerie autant que des alliés sur des territoires qu'ils connaissent mieux que personne et que peinent à couvrir les forces d'État. Les gouvernements qui cherchent à asseoir la légitimité des services de l'État dans une perspective de consolidation de l'état de droit ne peuvent pas pour autant tourner le dos à ces alliés estimés des populations locales. De graves atteintes aux droits humains sont fréquemment reprochées à ces groupes souvent peu instruits, armés de bâtons, d'arcs et de flèches, et jouissant d'une autorité symbolique importante. Auteurs d'arrestations et de détentions sans en avoir le pouvoir, de jugements expéditifs et de sanctions arbitraires, de torture et de décès, ils constituent sans doute autant un allié en matière de sécurité qu'un problème pour l'état de droit (Soré et collab., 2021[2]). Leur interaction avec les groupes djihadistes par exemple serait intéressante à documenter. Cusson (2016, p. 5[3]), qui a questionné la situation des acteurs formels et informels de la sécurité en Côte d'Ivoire, a recensé plus d'une demi-douzaine d'entre eux : « souffleurs wourou, loubards, Blackausa (à Yopougon), Dozo (chasseurs traditionnels), gros bras, Gnambros, vieux pères (médiateurs dans les conflits) ».

Quero YC., et Ladouceur D. (2014). Afghan Uniform Police Civilan Community Policing Model. Volume 3: District Security Monitoring Mechanism. UNDP-LOTFA Afghanistan. Kabul.

[1]Hagberg, S. (2019). Performing Tradition while Doing Politics: A comparative study of the dozos and koglweogos self-defense movements in Burkina Faso. *African Studies Review*, *62*(1), 173-193. https://www.researchgate.net/profile/Sten-Hagberg/publication/331726874_Performing_Tradition_while_Doing_Politics_A_comparative_study_of_the_dozos_and_koglweogos_self-defense_movements_in_Burkina_Faso/links/5e9ded56299bf13079ad82f1/Performing-Tradition-while-Doing-Politics-A-comparative-study-of-the-dozos-and-koglweogos-self-defense-movements-in-Burkina-Faso.pdf (Consulté le 16 juin 2023).

[2]Soré, Z., Côte, M. et Zongo, B. (2021). Politiser le « vide sécuritaire » : à propos des groupes d'autodéfense koglweogo au Burkina Faso. *Politique africaine*, *16*(3), 127-144. https://www.cairn.info/revue-politique-africaine-2021-3-page-127.htm (Consulté le 16 juin 2023).

[3]Cusson, M. (2016). Au cœur de la criminologie : les acteurs de la sécurité et de l'insécurité en Afrique. https://www.cicc-iccc.org/public/media/files/prod/onglet_files/179/CussonMaurice.pdf (Consulté le 15 août 2023).

PARTIE 2 : LES DONNÉES

Chapitre 3 : Données probantes et interopérabilité

Toute la démarche pour développer un observatoire réside dans la volonté de disposer de données de la meilleure qualité possible. Tous les scientifiques en sciences sociales répéteront à satiété que rien n'est valable si les données n'atteignent pas un certain standard de qualité dans leur collecte et leur traitement. J'ai eu l'occasion en Haïti de produire un guide sur ces enjeux à destination des ONG partenaires de l'observatoire afin de les aider à renforcer leurs techniques de collecte et de traitement des données. Je ne reviendrai pas sur ces sujets dans cet ouvrage, afin de conserver à cet égard une approche plus globale. Depuis, quelques guides de très grande qualité ont été développés à l'initiative d'agences onusiennes, et dont les références apparaissent à plusieurs endroits dans cet ouvrage. Mais encore aujourd'hui, nous ne parvenons pas à gagner la bataille de la robustesse des données, y compris dans les pays à fort IDHI.

1. Les données probantes en matière de sécurité

Il est temps de définir ce que sont les données probantes, qu'elles soient primaires ou secondaires, sur lesquelles œuvrent les observatoires et les défis qu'elles posent de façon intrinsèque. Pour la clarté de l'ouvrage, je reviens sur la notion de données probantes, en quoi elles sont essentielles et en quoi elles sont plus difficiles à développer dans les pays à moyen ou faible IDHI. C'est l'occasion aussi de contextualiser le tout par rapport aux objectifs du développement durable onusiens avant d'amorcer la discussion relative aux données qu'apportent en général les différents acteurs.

1.1. Qu'est-ce que des données probantes ?

Définir la notion de données probantes s'avère ici nécessaire tant il s'agit du cœur de réacteur d'un observatoire de la violence et des acteurs de la régulation sociale; et pour l'illustrer, je vais encore faire un détour éclairant du côté de la santé publique. Lors d'une conférence donnée en 2007 à un colloque en santé au Canada, Weinstock (2010[1]) a très bien défini la notion de données probantes. Il y a ce que l'on croit et il y a ce que l'on démontre. Pour autant, les données probantes ne sont pas des preuves, mais des données qui « génèrent de la conviction, de la confiance, des connaissances probabilistes » (Weinstock, 2010, p. 1). C'est pourquoi en matière de santé publique

[1]Weinstock, D. (2010). «Qu'est-ce qui constitue une donnée probante ?» Une perspective philosophique. https://www.ccnpps.ca/docs/Weinstock_Donn%C3%A9eProbante_Fr.pdf (Consulté le 30 juin 2023).

Weinstock dit « Il faut [...] faire des politiques de santé et du traitement des individus en milieu clinique une question de science, [...] de données probantes. [...] Ne laissons pas l'intervenant ni le décideur politique juger de ce qu'il convient de faire, ne faisons pas confiance à leur jugement. Plutôt, faisons en sorte que l'amas de recherches accumulées soit la source des lignes directrices qui mèneront au bon traitement et à la bonne politique de santé » (Weinstock, 2010, p. 3). Après 25 ans en sécurité publique, je ne dirais pas mieux à propos de mon propre domaine.

De ce point de vue sont probantes les données quantitatives ou qualitatives qui correspondent à des standards méthodologiques. Une donnée n'est pas probante en tant que telle, elle le devient au regard de la solidité de la méthode de collecte, de nettoyage et d'enregistrement. Ce qui signifie que le caractère probant d'une donnée dépend largement du contexte et des ressources qui vont permettre ou pas de garantir son intégrité méthodologique.

Par ailleurs, une donnée, même probante, ne saurait être acceptable sans le respect de règles éthiques qui sous-tendent le propos de Weinstock. Et cela inclut également la manière dont on diffuse les données, le respect de leur intégrité, mais aussi leur accessibilité. J'ai précédemment évoqué combien les enjeux de diffusion et de vulgarisation des données sont complexes. « On sait que l'on peut manipuler les gens pour les amener à tirer des messages très différents des données brutes, mais que si l'on présentait ces données simplement telles quelles, elles seraient totalement indigestes » (Weinstock, 2010, p. 6).

Appliquées à la sécurité publique où les services de police restent les principaux acteurs, les réflexions de Weinstock font sens au regard de mon expérience.

Dans la logique d'un observatoire de la criminalité, les services de police sont les premiers fournisseurs de données et les premiers à exploiter les résultats d'analyse. Ce n'est pas si simple. Si la culture de la donnée a fortement évolué avec l'*Intelligence-led Policing*, du chemin reste à faire pour pouvoir affirmer que l'opérationnel et le programmatique sont systématiquement basés sur des données probantes. D'abord, comme nous l'avons évoqué, la sécurité publique est anxiogène pour les élus; aussi parce que les services de police ne sont pas nécessairement organisés pour la collecte de données suffisamment robustes et enfin, parce que bien souvent, ils ne pensent pas dans leurs prises de décisions à s'appuyer sur de telles données. Si cela est à géométrie variable dans les pays à fort IDHI, ces points sont autant d'enjeux majeurs dans les pays à faible ou moyen IDHI. Notons ici quelques points saillants suggérés par l'expérience : 1) obtenir des policiers de première ligne qu'ils renseignent avec rigueur les bases de données dans une perspective de gestion de la qualité; 2) convaincre les autorités policières de baser les réponses opérationnelles sur les données; 3) développer le recours à des employés civils pour analyser les données policières afin de bénéficier de compétences universitaires spécialisées; 4) convaincre les policiers que n'importe quelle cartographie basée sur des données sera toujours plus fiable que le mythique flair policier; 5) disposer de systèmes informatiques efficaces en matière de gestion des données qui sont compatibles entre eux afin de permettre le croisement de données complémentaires; 6) stabiliser les systèmes d'exploitation des données afin d'éviter que tous les 10 ans, les données ne deviennent plus que partiellement, voire plus du tout exploitables du fait du changement des outils informatiques ou des règles de compilation. Vous pouvez me trouver sévère à l'égard des services de police, mais j'ai constaté les mêmes enjeux au sein de grandes ONG et d'organisations internationales...

Une seconde réserve relative à l'utilisation des données probantes est d'ordre plus intellectuel et s'inscrit dans la réflexion de Manning (2008[1]) sur le rôle donné aux technologies en police. Les efforts pour développer des données probantes sont évidemment légitimes pour les raisons déjà évoquées. Mais ils participent immanquablement à une vision « technologisée » de la résolution des problèmes de sécurité publique quand la première habileté du policier doit rester la confiance qu'il est capable d'établir avec la population par ses interactions sociales. Et s'il y a donc une possible déviance à envisager la régulation sociale par la technologie, l'obtention de données probantes en est la première étape. Si j'évoque cette réserve, c'est qu'il m'est arrivé de collecter des données de nature très sensible, comme l'origine ethnique des participants dans des pays en conflits armés. Bien que nécessaire pour déterminer les communautés victimisées, la collecte de ces données engendre des réflexions éthiques majeures quant à leur utilisation dans une perspective d'ordre public. La question se pose alors de ma contribution, d'un point de vue de la régulation sociale, à la mise en place ou au renforcement d'une cage d'acier de la raison et de la technologie pour faire référence à Weber (1930, p. 124[2]; traduction libre de l'auteur), lui-même citant Goethe. « Personne ne sait qui vivra dans cette cage à l'avenir, ni si à la fin de ce formidable développement des prophètes entièrement nouveaux surgiront, ou s'il y aura une grande renaissance d'idées et d'idéaux anciens ou, dans le cas contraire, une pétrification mécanisée, embellie, avec une sorte de suffisance convulsive. Car de la dernière étape de ce développement culturel, on pourrait dire avec raison : " Des spécialistes sans esprit, des sensualistes sans cœur; cette nullité s'imagine avoir atteint un niveau de civilisation jamais atteint auparavant " ».

---

[1]Manning, P. K. (2008). *The Technology of Policing: Crime Mapping, Information Technology, and the Rationality of CrimeCcontrol* (Vol. 4). NYU Press.

[2]Weber, M. (1930). *The Protestant Ethic and the Spirit of Capitalism: and other writings.* Routledge.

L'introduction de l'intelligence artificielle en sécurité publique depuis une dizaine d'années, et surtout ses progrès technologiques récents, renvoie à ce débat de la donnée devenue tellement probante qu'elle n'est plus discutable. Son utilisation ne peut alors s'imposer que de façon absolue dans une recherche légitime d'efficience, personne n'étant contre la vertu. C'est ainsi qu'apparaît la tentation du *predictive policing* doté d'une capacité d'autoapprentissage qui soudainement éveille les réserves entre autres quant à l'accès aux codes (Joh, 2017[1]; Berk, 2021[2]; Alikhademi et collab., 2022[3]). Les observatoires sont amenés à utiliser de l'intelligence artificielle dans l'analyse de leurs données. Ce procédé va fortement s'amplifier parce qu'il simplifiera grandement l'analyse et fera réaliser des économies en temps de travail et en erreurs. Les observatoires ont déjà à se poser la question éthique de savoir jusqu'où ils souhaitent que l'IA les emmène en matière de sécurité publique, y compris et surtout dans les pays à faible état de droit.

1.2. Les données probantes dans les pays à faible ou moyen IDHI

Dans les pays à moyen et surtout à faible IDHI, il y a deux défis en matière de données de sécurité publique : d'une part qu'il y ait des données existantes et d'autre part, qu'elles soient de qualité. Avec à la clé la question subsidiaire : des données non probantes ne valent-elles pas mieux que pas de données du tout ? Il faut donc accepter qu'obtenir des données probantes reste un objectif, mais que bien souvent il faille travailler avec une matière première qui ne correspond pas aux critères idéaux. Il est donc essentiel de mentionner le degré de qualité des données dans les conclusions tirées et les recommandations formulées aux décideurs impliqués et de s'assurer d'une marge de manœuvre quant aux résultats escomptés.

Depuis les années 1990, l'Office des Nations unies contre la drogue et le crime (ONUDC) a fait un travail remarquable de recensement des homicides dans les 240 pays et territoires du monde sur la base de données nationales policières et hospitalières. Dans sa démarche, l'ONUDC (2019, p. 24-34[4]) en

---

[1] Joh, E. E. (2017). Artificial intelligence and policing: First questions. Seattle UL Rev., 41, 1139. https://digitalcommons.law.seattleu.edu/cgi/viewcontent.cgi?article=2550&context=sulr (Consulté le 30 avril 2024).

[2] Berk, R. A. (2021). Artificial Intelligence, Predictive Policing, and Risk Assessment for Law Enforcement. Annual Review of Criminology, 4, 209-237. https://www.annualreviews.org/content/journals/10.1146/annurev-criminol-051520-012342 (Consulté le 30 avril 2024).

[3] Alikhademi, K., Drobina, E., Prioleau, D., Richardson, B., Purves, D. et Gilbert, J. E. (2022). A review of predictive policing from the perspective of fairness. Artificial Intelligence and Law, 1-17. https://par.nsf.gov/servlets/purl/10276841 (Consulté le 30 avril 2024).

[4] UNODC (2019) Methodological Annex to The Global Study on Homicide 2019.

est venue à analyser la qualité des données d'homicides pour chaque pays et à comparer la qualité de ces données entre elles en développant cinq critères d'évaluation distincts[1] et en les intégrant sous forme d'un indicateur intégré. Sur la base de cet indicateur, l'ONUDC répartit les pays en quatre catégories : ceux qui disposent d'une bonne qualité de données (19 %), ceux dont la qualité est jugée correcte (28 %), ceux dont la qualité des données est mauvaise (38 %) et ceux qui ne disposent pas de données (15 %), au sens des standards internationaux. Sans surprise, la majorité des pays disposant d'une bonne qualité de données sont les pays à l'IDHI le plus élevé; à l'exception toutefois de la Corée du Sud, de la France, de la Grande-Bretagne ou de la Nouvelle-Zélande. Inversement, certains pays à moyen IDHI d'Amérique du Sud présentent des données de la meilleure qualité : Brésil, Chili, Colombie, Équateur et Uruguay. Faut-il y voir un effet des nombreux observatoires présents sur le continent ? Les données de l'arc caraïbe sont bonnes en général, tandis que les données en Afrique sont, à de rares exceptions près, dont l'Afrique du Sud, soit mauvaises, soit inexistantes. Le continent composé de 55 États concentre les plus mauvais États en matière de données d'homicide, et par extension de sécurité publique. Cela explique l'accent que je mets sur cette région dans cet ouvrage, mais également ce qui la teinte. Notons la corrélation entre la carte des données de mauvaise qualité ou d'absence de données et celle des pays en conflits armés. Le développement d'observatoires dans de tels contextes y font encore plus sens au regard 1) des enjeux de sécurité et 2) des sommes investies par la communauté internationale.

---

https://www.unodc.org/documents/data-and-analysis/gsh/Meth_Annex_GHS.pdf (consulté le 30 juin 2023).

[1] 1) La compatibilité des données enregistrées avec les définitions internationales de l'homicide, 2) le degré de désagrégation des données, 3) la périodicité de la collecte des données et de leur disponibilité, 4) la validité interne des données et 5) le degré de représentativité comparée des données par croisement des sources.

Carte 1 : UNODC (2019) *Methodological Annex to the Global Study on Homicide 2019*; score de qualité des données d'homicides p. 27.

Trop souvent, mes interlocuteurs considèrent les données probantes en sécurité publique comme étant des statistiques policières. Les données qualitatives sont aussi probantes que les données quantitatives et les données démographiques, économiques ou de santé publique sont des données probantes indispensables pour contextualiser les données de sécurité.

1.3. Les objectifs onusiens pour un développement durable

Dans la déclaration A/RES/70/1 du 21 octobre 2015[1] établissant « le Programme de développement durable à l'horizon 2030 », l'ONU affirme qu'il « ne saurait y avoir de développement durable sans paix et sans sécurité; et inversement, sans développement durable, la paix et la sécurité sont en danger » (paragraphe 35[2]). Or, c'est la première fois qu'à un niveau aussi global, en dépit de tous les mandats, de toutes les missions internationales et de tous les guides produits, que le lien entre sécurité et développement est aussi affirmé. Cette formalisation constitue indéniablement une avancée. L'objectif n° 16 du développement durable prévoit plus particulièrement de

[1]United Nations, General Assembly (2015) Resolution A/RES/70/1. Transforming our world: the 2030 Agenda for Sustainable Development. New York. https://www.un.org/en/development/desa/population/migration/generalassembly/docs/globalcompact/A_RES_70_1_E.pdf (Consulté le 30 juin 2023).

[2]Dans le même sens, on pourrait aussi citer la Résolution 2002/131 du Conseil économique et social des Nations unies, la convention contre le crime organisé transnational de 2004 (UNODC, United Nations Convention Against Transnational Organized Crime and the Protocols Thereto)(United Nations publication, 2004), ou encore la Déclaration de Kyoto de 2021 (UNODC, Kyoto Declaration: On Advancing Crime Prevention, Criminal Justice and the Rule of Law: Towards the Achievement of the 2030 Agenda for Sustainable Development).

« promouvoir l'avènement de sociétés pacifiques et inclusives aux fins du développement durable, assurer l'accès de tous à la justice et mettre en place, à tous les niveaux, des institutions efficaces, responsables et ouvertes à tous »[1].

Là où la déclaration A/RES/70/1 contribue encore davantage à soutenir les propos de cet ouvrage est quand au paragraphe 48 il est ajouté : « des indicateurs sont mis au point pour faciliter ce travail. Il faudra disposer en temps utile de données ventilées de qualité, qui soient facilement accessibles et fiables [...]. Ces données sont essentielles pour la prise de décisions. [...] Nous entendons renforcer les moyens statistiques des pays en développement, en particulier des pays d'Afrique, des pays les moins avancés, des pays en développement sans littoral, des petits États insulaires en développement et des pays à revenu intermédiaire ». Et d'ajouter, paragraphe 57 : « nous appelons de nos vœux un appui accru aux fins de l'amélioration de la collecte des données et du renforcement des capacités des États membres, l'objectif étant d'établir des données de référence nationales et mondiales là où il n'en existe pas. Nous nous engageons à remédier à cette lacune en matière de collecte de données ».

Il s'agit bien là du cœur de métier de tout observatoire de la violence et des acteurs de la régulation sociale, mais chacun des points mentionnés est un défi en soi, dont celui du degré de qualité et de désagrégation des données.

2. Qualité et désagrégation des données

Le paragraphe 48 de la déclaration A/RES/70/1 des Nations Unies de 2015 présentant l'agenda 2030 pour le développement durable établit donc comme priorité des objectifs de qualité et de désagrégation des données. On s'entend

[1] Voici les sous-objectifs les plus pertinents à notre sujet, de l'objectif n° 16 du développement durable :

- « réduire [...] toutes les formes de violence et les taux de mortalité qui y sont associés ;
- mettre un terme à la maltraitance, à l'exploitation et à la traite, et à toutes les formes de violence et de torture dont sont victimes les enfants ;
- promouvoir l'état de droit [...] ;
- réduire [...] la corruption ;
- mettre en place des institutions efficaces, responsables et transparentes à tous les niveaux;
- faire en sorte que le dynamisme, l'ouverture, la participation et la représentation à tous les niveaux caractérisent la prise de décisions ;
- garantir l'accès public à l'information [...] ;
- appuyer, notamment dans le cadre de la coopération internationale, les institutions nationales chargées de renforcer, à tous les niveaux, les moyens de prévenir la violence et de lutter contre le terrorisme et la criminalité, en particulier dans les pays en développement ».

que le propos se rapporte aux données quantitatives, mais l'exigence de qualité s'applique tout autant en matière de données qualitatives.

Je propose ici de recenser chacune des étapes par lesquelles va passer l'observatoire en matière de recensement et d'évaluation de la qualité des données dont disposent les différents partenaires (données secondaires), en espérant que les données que collecte l'observatoire lui-même (données primaires) répondent aux exigences de qualité et de désagrégation.

2.1. Recensement des données existantes et contexte de collecte

L'observatoire passera beaucoup de son énergie à négocier l'accès aux données dont disposent les partenaires (services de police, de santé publique, etc.), tous ces terrains constituant une énorme richesse, surtout dans les pays où ces données sont peu explorées. Bien souvent l'existence même de ces données s'établit dans des circonstances d'une difficulté inconnue aux pays à fort IDHI, et ne tient la plupart du temps qu'à ce qu'homo sapiens est de mieux. Il n'y a pas de place à la condescendance à l'égard des personnes que j'ai rencontrées et du travail que j'ai observé, bien au contraire.

Mais la première étape reste le recensement de l'ensemble des acteurs pouvant potentiellement disposer de données. Il n'y a pas d'autres solutions que d'aller à leur rencontre un à la fois, et de leur demander de bien vouloir ouvrir leurs livres... Cela permet de comprendre les besoins, comment les organisations y ont répondu, quelles sont les données disponibles et celles qui sont exploitables. C'est aussi l'occasion de considérer les services que pourrait apporter l'observatoire. La démarche ne peut jamais être autre que locale et toujours ancrée dans la perspective de l'intérêt général que représente la constitution d'un observatoire.

Ce recensement des acteurs et des données requiert une démarche organisée, telle que celle mise en œuvre dans le cadre du projet (que je qualifie) d'observatoire des États de la CARICOM en 2017. Ainsi, une bonne compréhension des acteurs, de leur mission, de leur contexte de travail, de leurs moyens et capacités, etc., est nécessaire. Chaque type de données rencontrées, tant quantitatives que qualitatives, doit intégrer une grille de recensement aussi complète que possible. Celle-ci doit contenir les informations relatives aux caractéristiques de collecte, de stockage et de traitement des données. Mais également, le profil de celles et ceux qui les traitent, de même que les caractéristiques de sécurité des données, de logistique et de technologies utilisées ainsi que d'éthique.

Le recensement des acteurs et de leurs données est une étape extrêmement intrusive, toutefois je n'ai jamais rencontré de réticence de la part des partenaires à ouvrir leurs livres. Soit qu'ils aient été flattés de l'intérêt qu'on portait à leur travail et heureux de partager leur expertise, soit dans une perspective de demande de soutien face à la conscience des difficultés rencontrées, souvent avec beaucoup de pudeur et parfois de tristesse; mais toujours avec l'espoir que la création d'un observatoire puisse apporter du mieux pour tous. Pour autant, je sais combien cette étape a pu être difficile pour certains observatoires de pays à fort IDHI et qu'au-delà des questions techniques légitimes, des stratégies toxiques de pouvoir ont pu émerger lorsqu'est venu le temps de partager les données.

2.2. La qualité des données qualitatives

J'ai réalisé au fil de mes expériences que les données qualitatives issues des entrevues individuelles ou des *focus groups* étaient en général collectées aux fins opérationnelles des organisations, principalement des ONG. Elles finissent le plus souvent synthétisées sous forme de fiches de synthèse, de brèves bases de données, plus rarement de plans d'action. Si la démarche est légitime d'un point de vue opérationnel, une partie importante de l'information n'est pas retenue et, faute d'enregistrement audio ou écrit, se perd définitivement. Le potentiel d'information est considérable, mais exploiter davantage ces témoignages requerrait des ressources difficiles à justifier au regard du cœur de mission de ces organisations. Sans soutien humain, méthodologique et logistique pour accompagner ces acteurs, ce qui reste des données qualitatives est malheureusement souvent assez réduit, et ce peut être là une valeur ajoutée des observatoires. Le besoin de ce type de données, tellement riches d'un point de vue anthropologique, psychosociologique et de contextualisation, est tel que cela mériterait un plus grand intérêt de la part des observatoires et des organisations internationales.

2.3. Qualité et désagrégation des données quantitatives

2.3.1. La qualité des données quantitatives

Malheureusement, lorsque les données existent, mais sont de faible qualité, ce n'est souvent qu'une partie de celles-ci qui peut être exploitée; ce qui ne manque pas d'être frustrant pour l'observatoire et décevant au regard de l'ardeur que les acteurs mettent en général à la collecte. Les crimes les plus graves sont toujours priorisés quelles que soient les organisations et font l'objet d'une attention et d'une documentation plus abondantes et solides. En revanche, cette qualité n'est pas toujours constante dans le temps, également pour des raisons de remplacement des responsables, de défaut de financement, de changement de priorités, mais aussi de catastrophes, de conflits armés, etc. La résultante globale et assez prédictible est que moins le crime est grave, moins il est documenté.

2.3.2. Les objectifs de désagrégation

Désagréger des données consiste à collecter l'information détaillée qui vient contextualiser le phénomène sur lequel on travaille. Si l'on parle de crimes contre la personne, on va vouloir connaître au minimum l'âge des victimes et leur sexe ainsi que la date, l'heure et la géolocalisation des événements. Peut-être souhaiterait-on disposer de plus d'information sur la victime et son environnement social (blessures, statut socioprofessionnel, relation avec l'auteur, etc.); mais aussi sur l'auteur (âge, sexe, capacités affaiblies par l'alcool ou la drogue, profil criminel, etc.) ainsi que sur le processus opératoire employé (utilisation d'armes, de quels types, etc.). Donc, parler d'un crime contre la personne, c'est chercher à collecter une trentaine de variables complémentaires.

D'un point de vue de la qualité des données quantitatives, c'est l'occasion de sensibiliser ici de nouveau à l'importance d'une collecte rigoureuse. Une information non collectée (l'utilisation d'une arme à feu par exemple lors d'un homicide) devient une donnée manquante dans la base de données. Lorsque l'on va croiser les variables, l'homicide dont on ne dispose pas d'information quant à l'emploi d'une arme à feu va être automatiquement exclu du résultat. Multipliez la donnée manquante par 10 ou 100, et la qualité de votre base de données s'effondre suffisamment pour que vous ne soyez plus en mesure de dire avec robustesse quel est le pourcentage d'homicides causés par les armes à feu. Les incidences sont majeures pour la connaissance, mais surtout pour le développement et le financement de programmes de prévention et de lutte contre l'usage des armes à feu; d'où l'insistance légitime des Nations unies sur le sujet. C'est le principal enjeu de qualité que j'ai rencontré dans les pays qui disposaient de données quantitatives. Par exemple, en 2017, Small Arms Survey m'avait demandé de constituer une équipe de recherche afin de travailler sur les homicides urbains dans le monde et l'emploi d'armes à feu. Nous avions trouvé de la documentation pour 356 villes réparties dans 76 pays (10 pays en Amérique, 30 en Europe, 34 en Asie et 2 en Afrique), documentant ainsi plus de 9000 homicides. Même la désagrégation par sexe des données relatives aux victimes, ce que l'on peut considérer comme une donnée de base, représentait une limite à l'étude.

On peut donc désagréger à l'infini sans autre limite théorique que notre imagination. Mais les limites pratiques (comme l'extrême longueur des questionnaires des sondages de victimisation), les limites logistiques et technologiques, les limites liées à la sécurité des intervenants et à l'éthique, et tout ce que cela représente d'un point de vue budgétaire fait qu'en réalité, nos ambitions restent souvent contraintes et force à prioriser l'information indispensable.

2.3.3. La désagrégation des données ethnoculturelles

C'est un sujet extrêmement délicat, certains pays comme la France interdisant même la collecte d'informations individuelles ethnoculturelles afin de prévenir tout risque de discrimination. L'argument mettant en avant le principe de précaution qui tend à interdire la collecte de ces données par peur qu'elles soient mal utilisées est compréhensible. Mais cela signifie de faire le deuil de quantités de programmes de protection des populations fragiles et de prévention de prédations terribles, faute de pouvoir identifier les communautés et ce qu'elles endurent de façon probante. Pour comprendre et lutter contre les stéréotypes et les discriminations ethnoculturelles, cela prend des données, qu'elles soient quantitatives ou qualitatives; en faire un tabou, c'est agir à l'aveugle ou accepter la pérennisation des violences subies par ces communautés.

Par exemple, j'ai déjà évoqué les enjeux claniques qui s'ajoutaient au conflit armé avec Al-shabaab dans le contexte somalien. Le sondage de victimisation de 2009 avait pour objectif de collecter les données relatives aux conflits et à la victimisation par clans et sous-clans ethniques. Dans son ouvrage, Bulhan (2008[1]) cartographiait et détaillait les mécanismes de conflit et de revanche entre clans. L'objectif était donc d'identifier les populations les plus victimisées afin de développer des programmes d'aide ciblant les populations les plus à risque, sur la base de données probantes. Outre le fait que les résultats ont montré que la proportion des violences non claniques l'emportait nettement sur les violences claniques (avec la question accessoire de savoir avec quelle efficacité les fonds internationaux avaient été employés depuis 1991), cela a malgré tout permis d'identifier les communautés les plus violentées et de mieux comprendre les interactions en matière de violences interclaniques. Comment aurions-nous pu faire sans collecter les données claniques ? Comment bâtir des politiques publiques et des programmes d'intervention sans données probantes ? Pour autant, le risque de stigmatisation, y compris par la mise en place d'un plan d'action de protection issu des meilleures intentions, est inévitablement accru par la possession de ces données. Est-ce que j'aurais fait confiance en cela à tous les observatoires que j'ai fréquentés ? Clairement pas !

Autre exemple, au Burundi, dans le rapport de 2014 de l'Observatoire national de la Violence Armée (ONVA) créé à la suite du génocide entre Hutus et Tutsis, aucune mention n'est faite de l'appartenance ethnique des victimes et des auteurs. L'observatoire se prive de déterminer ce qui reste, 13 ans après le conflit, une des causes hypothétiques significatives des actes de violence armée. Ces enjeux renvoient à des questions de robustesse, de méthode et d'analyse, mais aussi à des contraintes légales interdisant la collecte de ces données, parfois par mimétisme de certains pays du Nord. Mais ils renvoient aussi souvent au caractère plus ou moins indépendant des observatoires qui peuvent se trouver confrontés à des enjeux d'acceptabilité politique de certaines données jugées sensibles, mais aussi d'acceptabilité sociale de la population, réelle ou perçue.

---

[1]Bulhan, H. A. (2008). *Politics of Cain: One Hundred Years of Crises in Somali Politics and Society*. Tayosan International Pub.

Origine ethnoculturelle, langue maternelle, pratique religieuse... l'objet ici n'est certainement pas d'évoquer ces données sans discernement; elles correspondent à ce qu'il y a de plus identitaire en nous et peuvent représenter une menace tout à fait terrifiante entre de mauvaises mains. Je suis même convaincu que les nouvelles technologies aidant, elles pourraient contribuer à l'élaboration du génocide parfait, ce qui doit renforcer notre attention en matière d'éthique et de sécurité des données. D'un point de vue du terrain donc, et particulièrement en zone de conflits, il est vrai qu'il y a des circonstances où il peut y avoir un danger immédiat à collecter ces données autant pour les communautés que pour les énumérateurs qui les collectent; le contexte doit commander.

Cela ne résout pas tous les enjeux liés à l'identification ethnoculturelle. Lors d'un sondage de victimisation, il est relativement facile de demander l'appartenance ethnoculturelle à laquelle la personne s'identifie. Mais cela est beaucoup plus complexe dans les données policières où le plus souvent ce sont les services de première ligne qui répondent à cette question en extrapolant plutôt qu'en posant la question à la personne concernée, comme au Canada. Quelle est alors la qualité, voire même la validité de ces données ?

2.4. Tester et corroborer les données

En quantitatif, les observatoires ont tout intérêt à s'approprier la méthode « capture-recapture » employée en épidémiologie afin d'évaluer le nombre de faits criminels au sein d'une même population, par croisement de sources différentes (données policières et de santé publique par exemple). Rappelons toutefois que ce traitement méthodologique n'est possible qu'avec des données suffisamment désagrégées, et qui le sont de façon systématique. En effet, les sources ne peuvent être croisées que si chacun des cas qu'elles contiennent peut être identifié et distingué des autres du fait de ses caractéristiques propres.

En matière d'accidentologie routière par exemple, on peut s'inspirer des méthodologies développées par Morrison et collab. (2000[1]) en Écosse, de

[1]Morrison, A., et Stone, D. H. (2000). Capture-recapture: a useful methodological tool for counting traffic related injuries?. Injury Prevention, 6(4), 299-304. https://injuryprevention.bmj.com/content/injuryprev/6/4/299.full.pdf (Consulté le 13 juillet 2023).

Cryer et collab. (2001[1]) en Angleterre du Sud ou d'Amoros et collab. (2008[2]) en France. Ces études concluent d'ailleurs à un volume d'accidents de la route sur la base de données hospitalières, surtout ceux non mortels, nettement supérieur à celui enregistré par les services de police. Je présenterai plus en détail le *Liberia Armed Violence Observatory* (LAVO), mais les travaux d'évaluation menés par *Small Arms Survey* et Collinson (2016[3]) en matière de contrôle de qualité de leurs données par capture-recapture peut aussi être cité avec intérêt au regard du contexte.

Le croisement des données peut aussi être fait entre données quantitatives et données qualitatives, à la manière de ce que nous avions réalisé en Somalie avec la série des *Security Baseline Reports*. Les *focus groups* venaient en effet, sur des points bien particuliers identifiés lors du sondage de victimisation, nettement approfondir la compréhension des enjeux de terrain et par là même valider de façon croisée les deux démarches méthodologiques.

3. L'objectif d'interopérabilité

L'interopérabilité est la standardisation de tout ou partie des pratiques entre partenaires afin de faciliter la collaboration. Pratiquement, il s'agit de rendre compatible un maximum d'outils et de procédures de collecte, d'analyse et de stockage des données.

3.1. Les enjeux relatifs à l'interopérabilité

Au commencement, l'observatoire est supposé recueillir une variété de données différentes, d'une diversité d'acteurs. Cela est la conséquence normale de la collecte des données que chaque organisation a entreprise historiquement en fonction de ses propres besoins et ressources ainsi que selon une logique en général unique et indépendante liée à son environnement. À cette étape, les données secondaires dont dispose l'observatoire ressemblent plutôt à un volume hétérogène de bases de données (Excel, SPSS, Access, Word, PDF, etc.), de fichiers bruts contenant des données diverses, voire

[1]Cryer, P. C., Westrup, S., Cook, A. C., Ashwell, V., Bridger, P. et Clarke, C. (2001). Investigation of bias after data linkage of hospital admissions data to police road traffic crash reports. *Injury prevention*, *7*(3), 234-241. https://injuryprevention.bmj.com/content/injuryprev/7/3/234.full.pdf (Consulté le 13 juillet 2023).

[2]Amoros (2008) Actual incidences of road casualties, and their injury severity, modelled from police and hospital data, France. https://academic.oup.com/eurpub/article/18/4/360/476764 (Consulté le 13 juillet 2023).

[3]Collinson, L. (2016). The Value of Hospital Data: Understanding and Preventing Intentional Injury in Liberia. Small Arms Survey, Geneva. https://www.smallarmssurvey.org/sites/default/files/resources/SAS-WP22-Liberia.pdf (Consulté le 13 juillet 2023).

même de documents papier, sans convergence de méthode ni de procédures de traitement, les données sur papier devant même être saisies pour reconstituer des bases de données. L'observatoire est en général dans l'incapacité d'avoir une approche transversale des différentes sources de données et ne peut les traiter qu'indépendamment les unes des autres. Or les données des différentes organisations partenaires étant complémentaires du fait de la similitude des objets observés, il y a un intérêt réel à pouvoir les intégrer et les comparer dans une perspective d'analyse systémique. L'observatoire va ainsi chercher à développer la standardisation des données secondaires afin de pouvoir les analyser de façon croisée et automatiser la démarche de traitement de données à des fins d'efficience. Une telle automatisation des processus de collecte, de transmission, de stockage, etc., va représenter une économie substantielle de travail autant pour l'observatoire que pour les organisations partenaires. Celui-ci va donc négocier avec ses partenaires pour qu'ils modifient leurs méthodes de collecte de données et standardisent les supports d'enregistrement au sein du réseau tout en respectant leurs objectifs propres et leurs contraintes.

3.2. L'interopérabilité des définitions

La première des priorités méthodologiques est l'établissement de définitions communes. J'ai pu observer en Haïti combien un code criminel peut imposer une définition du viol totalement différente de ce qui est compris par une ONG qui offre des services aux victimes. Il est donc essentiel entre autres pour la collecte de données de s'entendre collégialement sur ce qu'est un viol et plus généralement une agression sexuelle, et sur la façon dont on va enregistrer l'information. De la même manière, il est important de s'accorder sur une procédure unique d'enregistrement des tentatives et des complicités de crimes ou des crime multiples (vol avec violence), etc., au regard de leur définition. Est-ce qu'ils sont comptabilisés avec les crimes auxquels ils sont associés, est-ce qu'ils sont comptés séparément et quels sont les critères qui définissent une tentative ou une complicité ? Il y a donc un travail collectif d'importance à mener sous l'égide de l'observatoire, qui doit conduire dans un premier temps à l'élaboration d'un guide des définitions; les instituts de la statistique peuvent être d'une aide précieuse dans la démarche. C'est pourquoi les standards internationaux en matière de données policières et de santé publique, par exemple comme ceux déjà cités d'ONUDC, constituent des outils de repère fondamentaux pour les observatoires.

3.3. S'entendre sur la désagrégation et la codification

La première étape est de faire en sorte de s'entendre sur un minimum de variables communes de désagrégation comme le sexe, l'âge, etc. J'ai déjà évoqué ce point; reste alors à s'entendre sur le format à utiliser.

Le plus drôle, je crois, c'est l'âge, que ce soit celui des victimes ou des auteurs. Dix partenaires, dix façons différentes d'enregistrer l'âge. Il y a ceux qui enregistrent l'âge en tant que tel (ex. : 21 ans), ceux qui enregistrent la date de naissance (2003) et ceux qui enregistrent l'âge par segment, et là, toutes les variations sont possibles, par pas de 5 ans (entre 20 et 24 ans) ou de 10 ans (entre 20 et 29 ans ou entre 21 et 30 ans), etc. Le plus fiable restant d'enregistrer la date de naissance complète, car celle-ci ne varie pas dans le temps et représente l'information exacte; mais comment l'enregistrer ? jj/mm/aaaa, jj/mm/aa ou inversement aaaa/mm/jj, etc. Imaginez le magnifique casse-tête que représente de recevoir régulièrement des bases de données où l'âge n'est pas codé de façon homogène, et imaginez le gain potentiel en temps de travail lorsque le tout est harmonisé.

Un autre charmant casse-tête est celui des ressorts territoriaux. Il n'aura échappé à personne que les organisations (surtout publiques) ont toutes leurs propres ressorts territoriaux de compétence et que les cartes des ressorts des différentes entités publiques se superposent sans être nécessairement compatibles (police, santé, services sociaux, etc.). Il appartient alors aux analystes de réassigner les événements en fonction des ressorts territoriaux (quartier, commune, agglomération, comté, province, pays, etc.) en fonction des besoins. Mais comment les données sont-elles initialement codées ? Est-ce que ce sont des adresses civiques, ce qui est impossible dans la plupart des pays à moyen ou faible IDHI, est-ce que ce sont des coordonnées XY de Système d'information géographique (SIG) quand il y en a un ou est-ce que ce sont des coordonnées de type Global Positioning System (GPS) ? Une fois encore, c'est le contexte qui commandera la pratique, mais encore faut-il que ce soit la même pour tous.

3.4. L'interopérabilité des bases de données

La compatibilité des bases de données entre elles dépend essentiellement des logiciels utilisés. Je me souviens de cet observatoire de l'arc caraïbe où les analystes utilisaient simultanément Excel ainsi qu'une version craquée de SPSS, ce qui faisait que les bases de données au sein du même observatoire n'étaient pas compatibles sans un minimum de manipulations. Or les opérations d'analyse réalisées étaient relativement basiques et pouvaient toutes être réalisées indifféremment avec l'un ou l'autre des logiciels. Il n'y avait donc pas de nécessité technique à faire migrer tout ou partie des bases de données sous différents formats électroniques à chaque opération, au risque qui plus est de les corrompre. Cette pratique était essentiellement due au fait que les analystes ne maîtrisaient les deux logiciels qu'à un niveau débutant. Ils réalisaient certaines opérations avec le premier logiciel et d'autres avec le second par habitude, conformément à ce que leurs pairs leur avaient enseigné à leur arrivée.

Le fait de s'entendre sur des logiciels compatibles facilite grandement l'échange de l'information et des données au sein des organisations et entre partenaires. Imaginez que l'observatoire puisse recevoir l'actualisation mensuelle des bases de données provenant des différents partenaires sous un seul format électronique et renvoyer ses analyses sous un format que tous les acteurs peuvent exploiter sans que les contenus soient dénaturés. Une base de données partagée peut même être développée entre l'observatoire et ses partenaires; une procédure de collaboration doit alors être établie. ONUDC (2011 p. 89 [1]) propose un modèle de protocole d'entente pour l'accès et l'alimentation de bases de données conjointes.

Cette évolution présente cependant certaines difficultés puisque les systèmes d'exploitation et les logiciels utilisés par les différentes organisations sont rarement les mêmes. Pour certains partenaires, ce ne sera qu'une affaire d'entente et de coordination, les outils existants étant déjà compatibles. D'autres saisiront cette opportunité pour faire migrer leurs systèmes ou leurs logiciels vers des solutions plus performantes et compatibles; les derniers conserveront leurs outils et ce sera à l'observatoire de s'y adapter au mieux.

3.5. Le guide d'interopérabilité

Tous les éléments relatifs à l'interopérabilité doivent être documentés et intégrés dans un guide de procédures dont chaque partenaire dispose. Ce guide d'interopérabilité est établi par l'observatoire avec l'appui de son conseil scientifique et en collaboration avec les partenaires. C'est un travail considérable, un des premiers livrables de l'observatoire.

L'interopérabilité constituera une des premières épreuves de l'observatoire au sein du réseau de partenaires, d'autant plus qu'il est important de respecter les intérêts propres des partenaires. La démarche conduisant à l'interopérabilité est très intrusive puisqu'elle leur demande de changer leurs habitudes, voire d'investir pour le faire, et malgré tout à court terme c'est à l'observatoire que cette démarche bénéficie le plus.

[1] United Nations Office on Drugs and Crime. (2011). Criminal Intelligence: Manual for Analysts. English, Publishing and Library Section, United Nations Office. https://www.unodc.org/documents/organized-crime/Law-Enforcement/Criminal_Intelligence_for_Analysts.pdf (Consulté le 28 août 2023).

3.6. Le renforcement méthodologique et logistique

L'interopérabilité peut aussi devenir une occasion pour renforcer les compétences des équipes, tant celles des partenaires que celle de l'observatoire. Les missions que j'ai conduites en Haïti en 2012 et au Népal en 2013 avaient toutes deux pour objet de renforcer la capacité méthodologique des acteurs directs (police, justice) ou indirects (ONG, médias) de la sécurité. Travailler sur la standardisation des pratiques doit être l'occasion de renforcer les capacités méthodologiques des uns et des autres dans une démarche de découverte et de développement partagé. Les liens qui se créeront à cette occasion participeront au développement de la communauté de pratique de l'observatoire.

D'un point de vue général, le développement des outils de collecte, la gestion de la qualité et le renforcement de la capacité de traitement des données restent trop souvent le parent pauvre des programmes de coopération. Pour faire un raccourci cynique, c'est malheureusement sans doute perçu par les financeurs comme moins promoteur que la construction de bâtiments ou la livraison de voitures et d'ordinateurs. Alors que le développement d'un observatoire constitue pour les organisations internationales qui financent le projet une formidable opportunité de développement de l'ensemble de son écosystème, dans la perspective des paragraphes 48 et 57 de l'agenda 2030 pour le développement durable. Ce serait l'occasion de développer la capacité de collecte des données au sein des institutions publiques partenaires aussi bien que celle des ONG locales. Je n'ai observé ce type de démarche globale que dans le cadre du projet développé dans les Caraïbes avec le soutien du PNUD, mais dont le budget me semblait assez limité.

Si l'existence de programmes de coopération internationale passés ou actuels concernant l'amélioration des données de sécurité est en général de bon augure, je n'ai cependant pas vu que de belles expériences. Trop souvent, le tout est parcellaire et manque de cohérence et d'aboutissement global pour faire une différence décisive, souvent à cause d'une analyse incomplète des besoins et de projets mal conçus au départ. J'ai vu des projets seulement partiellement achevés et qui se soldent par des problèmes majeurs d'utilisation; ou encore, le programme d'assistance de la mission se termine avant que les bogues ne soient tous traités, ce qui empêche tout ou partie des systèmes mis en place de fonctionner. Il m'est même arrivé d'observer l'effet pervers d'avoir généré la coexistence de deux modèles compétitifs de gestion de données au sein de la même organisation. Car à la livraison, les dispositifs n'apparaissent pas si compatibles ou ne répondent plus tout à fait aux besoins des acteurs qui développent des outils parallèles pour pouvoir continuer à fonctionner.

C'est pourquoi je recommande plutôt, une fois l'observatoire créé, de développer une stratégie où les capacités des partenaires sont développées tour à tour, et selon un plan d'action élaboré sur un état des lieux précis et concerté dans la continuité.

Chapitre 4 : La production de données et de livrables

Ce chapitre permet d'avancer dans le processus de production de l'observatoire. Il est temps à présent d'explorer le « comment » se fait la collecte de donnée et le « pourquoi » en traitant la question des produits d'analyse de l'observatoire. Au titre du comment, il est nécessaire de s'attarder sur les questions relatives à l'éthique et à la sécurité des données, avant même d'évoquer la question des outils d'analyse.

1. Éthique et sécurité des données

Comme toute entreprise scientifique, celle-ci se doit de respecter l'état de l'art. Or ces dernières décennies, les enjeux d'éthique et plus récemment de sécurité des données sont devenus des principes incontournables de toute activité scientifique. Cette culture de l'éthique et de la sécurité des données doit pouvoir se développer avec la culture scientifique de l'observatoire.

1.1. Le respect des standards éthiques

Dans cette section, je souhaite partager mon expérience à propos d'éthique de la collecte et du traitement des données, et inviter à la réflexion quant au fait que les réalités entre les pays à fort IDHI où les standards d'éthique ont été développés et les pays à moyen ou faible IDHI où j'ai été amené à les mettre en œuvre peuvent être différents. Il n'en demeure pas moins que des protocoles d'éthique doivent être adaptés et mis en œuvre.

1.1.1. Évaluation des risques et consentement éclairé

Il appartient à l'observatoire de réaliser l'évaluation des risques. C'est-à-dire évaluer le gain que représente la collecte de données au regard des risques que l'on peut faire courir à la population participante et accepter de ne pas réaliser le projet en l'état si les risques sont trop importants.

En Somalie, nous avions besoin de près de 5000 répondants à notre questionnaire d'enquête de victimisation, répartis dans les cinq villes principales du pays (méthodologie de l'*International Crime Victimis Survey* (ICVS) développé par UNICRI). Des énumératrices d'ONG locales formées sont allées interroger des femmes somaliennes afin de remplir les questionnaires. À l'époque, j'avais évalué les risques éthiques avec l'équipe du PNUD, le *Japan Center for Conflict Prevention* (JCCP), le *Danish Demining Group* (DDG) et les acteurs locaux qui organisaient les interventions de terrain, et créé un protocole de validation du consentement. Mais il n'en demeure pas moins que nous envoyions des énumératrices interviewer des femmes somaliennes sur leur victimisation, dans un double contexte de conflit clanique et de charia. Contexte de conflit clanique d'abord puisque l'un des objets principaux du sondage de victimisation était d'évaluer l'impact de ces conflits claniques sur la population, et que l'on demandait aux victimes d'identifier les clans agresseurs. Contexte de loi islamique ensuite parce que le questionnaire couvrait des victimisations très délicates comme les victimisations intrafamiliales et sexuelles, et que nous aurions pu mettre ces femmes participantes en danger en leur faisant révéler des faits de nature sexuelle ou relatifs au comportement violent des hommes du foyer. Que les femmes ne se sentent pas la liberté de répondre était une chose – tant pis pour nos données – , mais qu'elles le fassent de bonne foi et se mettent en danger en était une autre. Finalement, à force de créativité, nous avons pu collecter ces informations en toute sécurité, et au vu des résultats alarmants du sondage de victimisation, des *focus groups* ont été organisés (Quéro, Widmer, 2011[1]).

Il n'en demeure pas moins qu'il appartient aux observatoires qui souhaiteraient se lancer dans la récolte de données primaires de faire cette analyse de risques et de développer un protocole de consentement éclairé adapté au contexte.

1.1.2. L'éthique au quotidien : l'épreuve du terrain

Les grands ordonnateurs programmatiques, qu'ils soient institutions internationales ou ONG internationales, présentent une compréhension très variable des enjeux d'éthique en matière de collecte et d'analyse de données.

Le premier enjeu réside dans le souci d'obtenir des résultats rapidement à cause du temps programmatique. Les programmes internationaux en sécurité publique sont de plus en plus financés par des tours de table de donateurs, le plus souvent de pays étrangers représentés par leurs représentations diplomatiques. Or le temps presse. La participation des pays donateurs correspond aussi à des agendas nationaux de leur côté, et les programmes sont mis en permanence sous pression pour livrer des résultats. Un des effets est que lors des campagnes de collecte et d'analyse de données, les contraintes de terrain liées au cadre éthique peuvent être considérées comme chronophages et subalternes, et beaucoup de pression peut être mise sur les équipes pour les simplifier, voire les faire disparaître.

---

[1]Quéro, Widmer (2011) Bossaso Safety and Security Baseline; Observatory of Conflict and Violence Prevention.
Quéro, Widmer (2011) Burao Safety and Security Baseline; Observatory of Conflict and Violence Prevention.
Quéro, Widmer (2011) Galkayo Safety and Security Baseline; Observatory of Conflict and Violence Prevention.
Quéro, Widmer (2011) Las Anod Safety and Security Baseline; Observatory of Conflict and Violence Prevention.
Quéro, Widmer (2011) Mogadishu Safety and Security Baseline; Observatory of Conflict and Violence Prevention.

Le deuxième enjeu est celui de la sensibilisation des décideurs. En mission, on collabore avec des collègues internationaux issus de parcours extrêmement divers, la culture académique est très variable, celle de l'éthique scientifique également. Il m'a fallu à plusieurs reprises argumenter fortement pour convaincre de la nécessité de respecter les standards en matière d'évaluation des risques et de consentement éclairé.

Le troisième enjeu réside dans l'urgence sécuritaire. Il est d'autant plus difficile d'inviter les collègues et partenaires à réfléchir à l'évaluation des risques que représentent certaines collectes de données que le pays connaît des crises graves. Lorsque l'on travaille en Afghanistan ou en Somalie, l'urgence programmatique induite par le contexte sécuritaire peut laisser croire à tort à la futilité de certaines précautions éthiques. Ainsi, en Afghanistan en 2014, la création par le *Ministry of Home Affairs* avec le soutien du PNUD du *Civilian Policing Model* intégrait la mise en place d'un *District Security Monitoring Mechanism* (Quéro et Ladouceur, 2014, déjà cité). Nous avions sélectionné le district 16 à l'est de Kaboul afin d'expérimenter notre mécanisme d'évaluation qui requérait en autres d'aller collecter de quoi générer quelques indicateurs de suivi en matière de victimisation et de sentiment d'insécurité. Notre collecte sur le terrain n'a été rendue possible que parce que l'on avait obtenu le bouclage du quartier par les forces de sécurité, avec le soutien des autorités civiles et traditionnelles locales; nous aurions fait une trop belle cible pour les différents groupes rebelles armés.

Le quatrième enjeu est celui des contraintes opérationnelles. Lorsque votre accès au terrain peut être contraint par la saison des pluies, par la disponibilité des partenaires, par l'obtention d'autorisations administratives délivrées par les autorités locales, etc., le temps dédié à l'éthique peut se trouver juste absorbé. C'est l'heure du choix, car la prochaine fenêtre opportunité n'est peut-être pas si prochaine.

Le cinquième enjeu est celui de l'adhésion des collègues nationaux qui composent les deux tiers de votre équipe en général. La collecte de données sur le terrain, par questionnaires ou par interviews, est déléguée en général à des partenaires locaux (ONG locales, étudiants, etc.). C'est donc à ces « énumérateurs » (questionnaires quantitatifs) et interviewers (entrevues qualitatives) que revient la responsabilité de s'assurer du consentement des participants. Leur formation est bien souvent insuffisante, faute de temps et d'argent, mais aussi parfois du fait de la distance qu'il y a entre les préoccupations opérationnelles des énumérateurs et des interviewers et les exigences en éthique. Développer une démarche qui pédagogiquement donnerait le temps d'expliquer en profondeur les notions relatives à l'éthique reste un défi, qui plus est quand le quotidien, la vie même, est parfois aussi aléatoire. Et sur le terrain, le questionnement du consentement se transforme parfois en force de conviction comme j'ai pu l'entendre : « tu as de la chance, en participant à ce programme tu vas pouvoir dire des choses et faire une différence pour ta communauté ». Recruter des participants, quitte à contraindre le consentement, peut même devenir un enjeu de performance entre énumérateurs.

Le dernier enjeu est celui que posent les participants eux-mêmes. Expliquer une démarche et demander un consentement éclairé est plus facile dans certaines circonstances que d'autres. Une fois encore mes exemples sont assez extrêmes, mais à l'autre bout du spectre des pays à fort IDHI, ils constituent une réalité de terrain. Ainsi en Somalie, les déplacés internes faisaient bien évidemment partie de notre échantillon de sondage de victimisation, considérant que ces populations qui ont dû tout quitter et migrer à l'intérieur de leur pays pour fuir les combats constituent le groupe le plus victimisé. S'assurer du consentement, c'est parvenir à expliquer, y compris à des gens analphabètes, non seulement dans la langue locale, mais le plus souvent dans le dialecte de la communauté, les risques encourus par leur participation. Il n'est pas question de laisser la moindre trace écrite de leur consentement pour des raisons évidentes de sécurité. Il faut à chaque fois réinventer les moyens de communiquer, d'expliquer de s'assurer de la bonne compréhension de ce que l'on fait, du pourquoi et du comment on le fait.

1.1.3. Conduite éthique de l'observatoire et protocoles de terrain

De nombreux documents de référence existent en matière d'éthique quant à la collecte et le traitement de données que les observatoires peuvent utiliser de façon appropriée. Je me réfère en général au document canadien de la recherche scientifique qui a le mérite de couvrir toutes les méthodes de collecte et d'être disponible en anglais et en français (TCPS2-EPTC2, 2018, p. 7[1]). Mais on peut aussi consulter le Council of American Survey Research Organizations (CASRO, 2011[2]), l'American Association for Public Opinion research (AAPOR[3]), etc. En fait, de nombreuses universités des pays à fort ou moyen IDHI disposent aujourd'hui d'un cadre étique le plus souvent disponible sur Internet, et les organisations internationales, comme les agences onusiennes, en présentent également au regard de situations ou de populations spécifiques.

---

[1]Version française : EPTC2 (2018) Éthique de la recherche avec des êtres humains. https://ethics.gc.ca/fra/documents/tcps2-2018-fr-interactive-final.pdf (Consulté le 19 juin 2023); version anglaise : TCPS2 (2018) Ethical Conduct for Research Involving Humans. https://ethics.gc.ca/eng/documents/tcps2-2018-en-interactive-final.pdf (Consulté le 19 juin 2023).

[2]CASRO (2011) Code of Standards and Ethics for Survey Research. http://www.websm.org/uploadi/editor/1390998264casro_code_of_standards.pdf (Consulté le 19 juin 2023).

[3]https://aapor.org/standards-and-ethics/#aapor-code-of-professional-ethics-and-practices (Consulté le 19 juin 2023).

Rappelons quelques principes fondateurs : l'observatoire doit avoir la préoccupation du respect des personnes, de leur bien-être et d'un souci de justice. 1) Le souci du respect des personnes s'applique aux participants directs qui partagent leur témoignage sous une forme ou une autre aussi bien qu'à toutes les personnes impliquées dans la collecte de données. L'observatoire a donc le devoir de respecter l'autonomie des participants, c'est-à-dire « la capacité de délibérer au sujet d'une décision et d'agir en conséquence » (TCPS2-EPTC2, 2018, p. 7, déjà cité). Pour cela, le participant doit expressément communiquer un « consentement libre, éclairé et continu » (TCPS2-EPTC2, 2018, p. 7, déjà cité). Il revient donc à l'observatoire de créer le protocole de terrain permettant d'expliquer aux participants le pourquoi de la collecte de données, le comment et les risques afférents. Le participant peut retirer son consentement en tout temps et sortir de la démarche, auquel cas toutes traces des données qui lui sont relatives doivent être détruites (TCPS2-EPTC2, 2018, p. 30, déjà cité); 2) L'observatoire doit s'assurer que la collecte ne vient pas démesurément perturber la qualité de vie des participants. Le bien-être dépend « de facteurs tels que la santé physique, mentale et spirituelle, ainsi que de la situation matérielle, économique et sociale de la personne » (TCPS2-EPTC2, 2018, p. 8, déjà cité). Il appartient donc à l'observatoire dans son évaluation de risques d'évaluer son impact sur la personne et la communauté, parfois du fait de sa seule présence dans un environnement de conflit; 3) L'observatoire doit enfin s'assurer de traiter toutes les personnes de façon juste et équitable, quels que soient leurs identités, leurs diversités de sexe, leur âge, leur clan, leur pouvoir social, etc. « Traiter les personnes de façon juste et équitable ne signifie pas nécessairement de les traiter toutes de la même façon » (TCPS2-EPTC2, 2018, p. 9, déjà cité). Ainsi, une attention particulière sera portée aux participants potentiellement les plus vulnérables comme les enfants, les femmes, les jeunes, les aînés, les déplacés internes et les réfugiés, etc.

En conclusion, les observatoires ne peuvent pas envisager les questions d'éthique qu'au travers des obligations de collecte de données, aussi importantes soient-elles. Il y aurait de la grandeur pour chaque observatoire à développer une charte éthique par laquelle il s'impose certains critères d'action ou d'inaction en matière de droits humains, et particulièrement à l'égard des populations potentiellement les plus à risque du fait de leur vulnérabilité relative au sein de leur société. J'ai déjà cité certains enjeux à l'égard des femmes et des enfants, mais ils s'étendent aux personnes handicapées, à la communauté LGBTQQIA2+, aux albinos, aux personnes issues de groupes ethniques ou sociaux marginalisés, etc. Ce devrait être un devoir éthique pour les observatoires que d'être particulièrement attentifs et rigoureux aux différentes formes de discrimination que certaines populations vivent. La diversité du personnel au sein des observatoires reste un bon moyen de développer l'inclusion et l'équité à l'égard des groupes vulnérables.

1.2. La sécurité et la conservation des données

Ces questions techniques et très opérationnelles sont très peu traitées par les observatoires avec lesquels j'ai collaboré, alors que les menaces relatives à la protection des données vont croissantes et que les données des observatoires requièrent une attention particulière du fait de leur sensibilité. Tant la sécurité que la conservation des données devraient intégrer les plans d'action de la direction. Je propose ici quelques pistes de réflexion et de mise en œuvre.

1.2.1. La sécurité des données

De par mon expérience, la question de la sécurité des données est très peu traitée par les observatoires et la coopération internationale, le plus souvent par défaut de réelle conscience des risques et parce qu'en général le sujet n'apparaît pas très séduisant ou est trop technique. Je ne doute pas que le rapide développement de la criminalité sur Internet (vol d'information personnelle, hameçonnage, rançongiciel, etc.) ne peut que contribuer à développer le degré de conscience des risques et le développement de procédures de protection. Mais tous les acteurs doivent assumer le coût de cette protection dans des contextes budgétaires déjà souvent difficiles.

a) L'anonymisation des données

Anonymiser des données, c'est faire en sorte qu'en travaillant sur une base de données ou sur un témoignage, il ne soit possible à aucun moment de réidentifier la ou les personnes dont il s'agit, qu'elles soient victimes, auteurs, témoins, etc. Ce n'est quasiment jamais fait, et les variables nom et prénom, pour ne citer que ces données personnelles, figurent dans la plupart des bases de données avec lesquelles j'ai travaillé. Or, l'observatoire n'a aucunement vocation à traiter des données nominatives, ces informations ne sont d'aucun apport en matière d'analyse. Les données nominatives doivent rester le privilège des services de police, de santé, de justice ou des ONG qui fournissent des services individualisés. Ainsi les partenaires sont censés transmettre des données anonymisées aux observatoires, à défaut de quoi il revient à l'observatoire de procéder à l'anonymisation avant de mettre les données à disposition des analystes. L'obligation d'anonymisation se prolonge au-delà de l'identité des personnes et inclut toute information ou bribe d'information qui pourrait permettre de réidentifier une personne par son adresse civique, son numéro de téléphone, son numéro d'identité fiscal ou de santé, l'immatriculation de son véhicule, la géolocalisation de son domicile ou toute circonstance tellement particulière que la réidentification est inévitable. Évidemment, dès lors que les informations sont rendues publiques (par jugement par exemple), les données n'ont plus à être anonymisées.

Pour les analyses en réseau ou pour les analyses de réitération ou de récidive par exemple, il y a besoin de disposer d'une traçabilité des acteurs. Des solutions visant à préserver l'identité des personnes doivent pouvoir être mises en place (attribution d'un numéro de suivi en amont par exemple). « La façon la plus simple de protéger les participants consiste à recueillir et à utiliser des données anonymes ou anonymisées, mais ce n'est pas toujours possible ou souhaitable de le faire. Par exemple, une fois les renseignements anonymisés, il n'est plus possible d'associer de nouveaux renseignements aux différentes personnes dans un ensemble de données ni de transmettre les résultats aux participants. Une autre solution consiste à utiliser des données dépersonnalisées : les données sont fournies aux chercheurs après avoir été dépersonnalisées, et le code existant n'est accessible qu'à un détenteur ou à un tiers fiable indépendant des chercheurs. La dernière solution pour les chercheurs consiste à recueillir des données identificatoires et de prendre des mesures pour les dépersonnaliser dès que possible. Même si ces mesures constituent des moyens efficaces de protéger l'identité des participants, l'utilisation à des fins de recherche de renseignements d'identification indirecte ou de renseignements codés, anonymisés ou anonymes peut quand même présenter des risques de ré-identification » (TCPS2-EPTC2, 2018, p. 65, déjà cité).

Les contextes cependant peuvent présenter des défis. En traitant cette question de sécurité et d'anonymisation des données dans l'un des micro-États des Caraïbes, on m'avait répondu : « à quoi bon ? La population est si petite ici, que tout le monde se connaît. Dès qu'un événement survient, quel qu'il soit, toute l'île est au courant. Il n'y a aucun anonymat de toute façon ».

L'anonymisation représente un coût considérable en temps de travail quantitatif aussi bien que qualitatif. Or l'intelligence artificielle pourrait rapidement devenir une alliée en automatisant une partie du processus. Pour preuve, les travaux de Girard-Chanudet (2023[1]) auprès de la Haute Cour de justice française qui se concentrent sur la « conception d'un algorithme de pseudonymisation automatique des décisions au sein de la Cour de cassation », afin « d'anonymiser les décisions avant leur publication ».

b) Le chiffrement des données

Le chiffrement (ou cryptage) des données consiste à utiliser un logiciel de chiffrement qui va encoder les données qui ne pourront être lues qu'en les déverrouillant à l'aide du logiciel de cryptage et d'un mot de passe propre au

---

[1]Girard-Chanudet, C. (2023). Le travail de l'Intelligence Artificielle : concevoir et entraîner un outil de pseudonymisation automatique à la Cour de cassation. RESET. Recherches en sciences sociales sur Internet, (12). file:///C:/Users/ycque/Downloads/reset-4731.pdf (Consulté le 2 mai 2024).

fichier concerné. Comme le recommande l'énoncé de politique des trois conseils au Canada (2018, p. 71), « il pourrait être nécessaire de traiter à l'aide d'un logiciel de chiffrement ou d'anonymisation les données de recherche transmises par Internet, afin de prévenir l'interception de ces données par des personnes non autorisées ou d'éviter d'autres risques touchant la sécurité. En règle générale, les données identificatoires obtenues dans le cadre de la recherche qui sont conservées sur un ordinateur branché à Internet doivent être chiffrées ». Chiffrées, les données deviennent inaccessibles à toute personne qui ne dispose pas du logiciel et du mot de passe. Avec le risque qu'en cas de perte du mot de passe, les données ne soient pas récupérables même par leur propriétaire légitime; cela garantit la protection des données quantitatives aussi bien que qualitatives, mais exige une certaine rigueur de gestion. Si toutes les données n'ont pas systématiquement besoin d'être chiffrées, cela constitue malgré tout une des procédures qui permettront à l'observatoire de gagner la confiance de l'ensemble des partenaires.

c) La sécurité physique et celle des systèmes informatiques

Que valent les précautions antérieures si les locaux de l'observatoire ne sont pas sécurisés, ainsi que le serveur informatique ou les postes de travail ? Toutes les consignes usuelles relatives à la sécurité physique et informatique doivent s'appliquer à l'observatoire, et il ne faut pas hésiter à faire auditer sa sécurité par des professionnels afin d'améliorer la protection des employés et des données.

Rappelons que si l'archivage infonuagique est très pratique, la plupart du temps, les serveurs informatiques sont à l'étranger. Il est donc très fortement recommandé d'être attentif aux données de sécurité publique stockées à l'étranger au regard de la sensibilité de celles-ci. Et ce, d'autant plus que les réglementations sur la propriété et les droits d'accès aux données informatiques stockées sont très variables d'un pays à l'autre. J'invite les observatoires qui utilisent des outils de stockage infonuagiques aux États-Unis, par exemple, à s'informer sur la réglementation locale quant au respect de la propriété des données, à la sécurité et à la confidentialité de celles-ci, aux droits d'accès des donnés à des personnes tierces tels que les organismes de l'État hébergeur, aux conditions d'accès aux données dont on est propriétaire en tout temps et en toutes circonstances, etc. Ça peut devenir un enjeu de souveraineté. C'est pourquoi un observatoire qui parvient à disposer de son propre serveur informatique en dépit des coûts d'investissement et des contraintes de maintenance bénéficie d'un avantage significatif en matière de capacité informatique et de sécurité des données si cela est convenablement fait et suivi (c'est souvent là que le bât blesse).

1.2.2. La conservation et l'exploitation des données dans le temps

Données conservées sous des formats électroniques différents souvent non compatibles entre eux, défaut de centralisation des archives numériques qui sont réparties sur les postes de travail des analystes, absence d'organisation des archives qui ne sont en général considérées que comme des dossiers clos, non-exploitation des données utilisées antérieurement, amoncellement des archives papier dans des pièces non adéquates où elles dépérissent, ce sont là les principales constatations que j'ai pu faire sur le terrain en matière d'archives et d'utilisation des technologies.

a) Archiver pour sécuriser les données et pouvoir les analyser dans le temps

Je l'ai mentionné en début d'ouvrage, l'archivage fait partie des mandats opérationnels de l'observatoire. Comme l'écrit Boivin (2021, p. 103-119[1]), l'analyse temporelle est essentielle à la compréhension du phénomène criminel afin d'en dégager des tendances, et ce, bien que moins valorisée que l'analyse géographique. Mais cela requiert de stocker et de sécuriser les données dans la durée. L'observatoire dont la fonction est de centraliser les données des différents acteurs de sécurité constitue une opportunité d'archiver de façon structurée ces données et les analyses qui en découlent. D'autant que la vie des données dans les pays à moyen ou faible IDHI peut-être mouvementée. Ainsi, l'incendie de la prison de Georgetown en Guyana, le 9 juillet 2017, avait fait partir en fumée un volume considérable d'archives papier qui avaient fait mon admiration quelques semaines auparavant.

Des cursus universitaires existent en bibliothéconomie, qui est la science non seulement de gestion des bibliothèques, mais aussi de la gestion de la documentation et des processus afférents. Les observatoires pourraient utilement se rapprocher de telles facultés afin de développer des partenariats afin d'organiser leurs archives. Ce serait l'occasion d'établir la procédure interne quant à l'archivage; je n'en connais aucune au titre des observatoires avec lesquels j'ai collaboré. Mais de nombreux *Standard Operating Procedures* (SOPs) sont disponibles sur Internet (dont en matière de données de santé publique) dont on peut utilement s'inspirer.

b) Le vieillissement des supports électroniques et des logiciels

En 40 ans, les supports électroniques internes et externes ont beaucoup évolué et se sont substitués les uns aux autres avant de tomber en désuétude à tour de rôle. La conservation des données numériques est un enjeu qui dépasse les seuls observatoires et qui est lié à l'évolution technologique du matériel informatique, mais qui contraint les propriétaires d'archives numériques à

---

[1]Boivin, R. (2021). *Petit traité d'analyse criminelle*. Les Presses de l'Université de Montréal.

transférer régulièrement leurs données sur les derniers supports compatibles. Il y a donc un enjeu à veiller à ce que le stockage des données évolue au gré des développements technologiques de leurs supports afin que celles-ci restent accessibles dans le temps.

La réflexion est tout aussi valable pour les logiciels utilisés qui naissent, dont les versions évoluent, qui sont rachetés par d'autres acteurs économiques du milieu, dont les fonctionnalités changent avec plus ou moins de compatibilité avec les versions antérieures pour enfin disparaître et laisser parfois la place à d'autres logiciels plus performants, mais rarement compatibles. À quelles conditions les données et les analyses rattachées aux logiciels d'analyses seront-elles accessibles dans quelques années quand les logiciels auront évolué ou disparu ? Serons-nous encore capables méthodologiquement d'identifier et de comprendre les processus et algorithmes mis en œuvre dans le cadre des analyses, etc. ? Rappelons ici qu'en matière de conservation des données et des produits d'analyses issus de ces différents logiciels, il est fortement recommandé de les sauvegarder sous des formats assez génériques qui puissent être lus facilement et par tous.

c) Informatique versus papier-crayon

Les tablettes numériques facilitent les collectes sur le terrain des données de sondages de victimisation et permet leur cryptage au fil de la collecte; la capacité informatique permet de faire de la cartographie criminelle jusqu'en Somalie; la généralisation des téléphones cellulaires permet le développement du *crowdsourcing* et du *crowdmapping* à grande échelle, et Internet, de transmettre en toute sécurité des paquets de données provenant de régions éloignées. Mais les enjeux de sécurité pour que cela fonctionne correctement restent majeurs. Les tablettes peuvent également attirer les voleurs et mettre les énumérateurs à risque.

Mais la conclusion d'Utoikamanu (2019[1]; traduction libre de l'auteur), Secrétaire général adjoint et Haut-Représentant pour les pays les moins avancés, les pays en développement sans littoral et les petits États insulaires en développement est que « de faibles niveaux d'investissement dans la recherche et le développement, de faibles taux d'inscription dans l'enseignement supérieur et donc une offre limitée de main-d'œuvre qualifiée, et des environnements politiques et réglementaires inadéquats ou instables capables de promouvoir le progrès, tous jouent un rôle dans le mauvais état de la science, de la technologie et de l'innovation dans [les pays les moins avancés] ». Un des enseignements qu'Okolloh (2009[2]) tire de l'implantation

---

[1]Utoikamanu, F. (2019). Closing the technology gap in least developed countries. *UN Chronicle*, *55*(4), 35-38. https://www.un.org/en/chronicle/article/closing-technology-gap-least-developed-countries (Consulté le 28 août 2023).

[2]Okolloh, O. (2009). Ushahidi, or 'testimony': Web 2.0 tools for crowdsourcing crisis information. *Participatory learning and action*, *59*(1), 65-70.

d'Ushahidi en République démocratique du Congo réside dans les difficultés d'opérationnalisation dues à l'irrégularité et à la faiblesse des connexions Internet.

Le conflit de stratégie pour l'observatoire est de savoir comment doser l'investissement de temps et de budgets pour le développement des capacités bureautiques et informatiques tout en parvenant à travailler dans un contexte de terrain parfois peu propice aux technologies. C'est clairement gagnant pour un observatoire de développer des stratégies relatives aux technologies, mais tout en acceptant qu'il y ait parfois des circonstances où le papier-crayon reste le moyen le plus efficace de collecter et d'administrer des données; à l'image de l'ONG Justice et Paix en Haïti.

d) La propriété intellectuelle des données

Au regard du flux de données qui transite au sein des observatoires, la question de la propriété intellectuelle des données se pose. Une charte relative à la propriété des données secondaires et aux obligations de l'observatoire lorsque celui-ci en est dépositaire peut utilement être établie. Quelques principes de base peuvent être pris en considération, comme le fait que l'organisation qui génère les données en reste exclusivement propriétaire (données primaires). Ainsi, l'organisation qui collecte des données est propriétaire des données collectées, l'organisation qui les analyse ou les transforme pour son compte est propriétaire des produits d'analyse, etc. Toutefois, par convention, il peut être demandé à l'observatoire d'analyser des données (secondaires) au titre de l'organisation qui les a initialement collectées. Je recommande alors que par convention, il soit clairement stipulé qui est propriétaire des données brutes et qui est propriétaire des produits livrables.

La charte pourra également prévoir les obligations de l'observatoire comme dépositaire des données dont il n'est pas propriétaire et préciser les conditions de sécurité, de partage, de dissémination, de citation ou référencement, etc. En effet, nul n'est censé disséminer des données dont il n'a pas la pleine et entière propriété, et nul ne saurait partager des données avec un tiers sans que le propriétaire de ces données ait donné un consentement éclairé et express. De même peut se poser la question des intentions des financeurs du projet à l'égard du partage de la propriété des données et des produits connexes.

---

https://www.iied.org/sites/default/files/pdfs/migrate/14563IIED.pdf?#page=67 (Consulté le 17 août 2023).

2. Protocoles d'analyse et logiciels

2.1. Les protocoles d'analyse

Au regard de mon expérience, le travail sans doute le moins fait par les observatoires et en général les acteurs qui collectent des données est celui qui consiste à rédiger la manière dont les données sont collectées, les analyses faites et les indicateurs construits. Or c'est tout à fait fondamental d'écrire ces informations méthodologiques et de les annexer systématiquement aux résultats d'analyse. Outre le fait d'alimenter la mémoire organisationnelle, cela permet de comprendre la manière dont les données ont été traitées, d'en justifier lorsque requis et de reproduire dans le temps les mêmes opérations afin de pouvoir comparer les données sur des séries chronologiques, par exemple. Bref, l'observatoire doit être convaincu et faire de la pédagogie sur le fait que des produits d'analyses non accompagnés de leur méthodologie n'ont qu'une très faible valeur.

2.2. Les logiciels nécessaires aux analyses

Après les locaux, les serveurs et les postes informatiques, les logiciels nécessaires à l'analyse des données constituent un enjeu logistique et budgétaire récurrent pour les observatoires puisqu'à défaut de logiciels, pas d'analyses, donc pas de production.

a) Capacité informatique et logiciels requis

J'ai déjà évoqué que je recommandais la mise en place d'un serveur informatique ou le partage d'un serveur existant, et pas seulement l'achat d'ordinateurs ne travaillant pas en réseau. Les stratégies et coûts relatifs au serveur et à sa maintenance doivent être considérés au cas par cas, tant ceux-ci s'élèvent rapidement. Le sujet en général effraie les autorités qui doivent assumer ces coûts à long terme (après le départ des organisations internationales) et doit être considéré dès le début du projet dans une perspective de pérennité de l'observatoire. Voici quatre points qui peuvent s'avérer problématiques selon les contextes : 1) la qualité de l'offre de services informatiques disponible au niveau local; 2) les logiciels de cartographie qui consomment beaucoup de ressources de mémoire et qui imposent le choix de certains types de matériels informatiques; 3) l'impératif de sécurité des données qui milite fortement pour l'indépendance informatique de l'observatoire, plutôt que le choix d'un serveur partagé moins coûteux; 4) le fait d'assurer une maintenance régulière et coûteuse, ce qui est le plus difficile à pérenniser budgétairement.

Le principal poste de dépense annuel d'un observatoire dans un pays à moyen ou faible IDHI peut rapidement devenir le renouvellement des licences de logiciels. Je ne me souviens pas avoir vu un observatoire dont tous les postes informatiques disposaient de toutes les licences à jour pour tous les logiciels utilisés. En général, les licences des logiciels de base (suite bureautique, bibliographie, cryptage de données, etc.) sont disponibles sur tous les postes informatiques; pour les logiciels plus techniques (analyse quantitative, cartographie, etc.), seuls quelques postes dédiés sont équipés de licences à jour. La régularité du paiement des licences conditionne alors la capacité de l'observatoire à délivrer certains produits avec régularité, ce qui est pourtant fondamental pour la légitimité de la structure. Toutefois, des solutions existent. Mais le plus souvent, j'ai vu les analystes travailler sur des versions fraudées de ces logiciels.

b) Les logiciels en accès libre

Or, les observatoires ne sont pas condamnés à se faire « plumer » par les marchands de logiciels alors que des logiciels en accès libre existent et que les analyses réalisées par les observatoires ne justifient pas en général l'acquisition de logiciels hyperspécialisés et fort onéreux. Ces dernières décennies, la communauté scientifique a développé de nombreux logiciels pour ses propres besoins, en voici quelques exemples.

Le présent ouvrage a été rédigé grâce au traitement de texte de la suite bureautique « LibreOffice » développée en 2010 et qui propose également un logiciel de base de données, de classeurs, de présentation, de gestion d'images, etc. Les documents de la suite « LibreOffice » sont compatibles avec ses principaux concurrents commerciaux.

J'ai beaucoup vu de nombreuses versions « craquées » de SPSS pour réaliser les analyses quantitatives, mais je n'ai jamais vu d'analyses descriptives qui ne puissent être réalisées par Microsoft-Excel ou l'équivalent. Les licences IBM-SPSS Statistics sont très chères, d'autant plus lorsque l'on n'utilise que de 10 à 20 % des capacités du logiciel. Bien former ses analystes sur Microsoft-Excel ou l'équivalent semble être un meilleur investissement et clairement plus éthique.

Toutefois, un logiciel d'analyses statistiques d'origine universitaire et en accès libre existe. « The R Project for Statistical Computing », hébergé par le Vienna University of Economics and Business. Ce langage-logiciel est organisé en une série de modules séparés et téléchargeables sur Internet en fonction des besoins. L'interface est nettement moins conviviale que cellel des logiciels commerciaux, mais la diversité des modules permet également davantage de possibilités. La courbe d'apprentissage est plus longue, car il faut apprendre à parler le « R », mais des manuels et des tutoriels sont disponibles en ligne. Il peut être plus pertinent budgétairement de faire déplacer un formateur « R » que l'on rémunère pour former les analystes de l'observatoire plutôt que de payer annuellement des licences pour équiper quelques postes de travail ou de frauder. Le gros avantage de l'intelligence artificielle de « R » est sa capacité à générer des « bots » qui vont automatiser le travail de préparation des données et d'analyse. Ces algorithmes peuvent être sauvegardés dans une bibliothèque d'algorithmes « R » et servir de ressources à tous les analystes pour la standardisation des analyses et d'une bonne partie des livrables.

« Quantum GIS » est un logiciel de cartographie SIG en accès libre qui répondra à la plupart des besoins en matière de cartographie sur SIG.

Pour le choix d'un logiciel en analyse qualitative plusieurs options existent, et participer aux forums de discussion de la communauté scientifique peut être un bon moyen d'identifier les solutions les plus appropriées. Plusieurs logiciels commerciaux de cryptage qui proposent des services de base gratuits peuvent largement répondre aux besoins d'un observatoire. Enfin, des logiciels gratuits comme « Qiqqa » ou « Zotero » permettent d'organiser les ressources bibliographiques et peuvent offrir divers outils d'organisation du travail comme des cartes heuristiques, etc.

L'objectif ici n'est pas d'être exhaustif quant aux solutions existantes, mais de démontrer que des alternatives gratuites et crédibles existent lorsque l'achat et le renouvellement des licences commerciales de logiciels peuvent constituer des menaces pour la pérennité des structures dans les pays à moyen ou faible IDHI. Il est donc de l'intérêt économique de l'observatoire d'effectuer une vigie quant aux outils naissants et disparaissants, des informations d'intérêt à partager au sein de la communauté de pratique de l'observatoire.

3. Les livrables

Dans les observatoires de la violence et des acteurs de la régulation sociale, les clients des observatoires, c'est-à-dire les organisations qui ont besoin de données analysées (services de police et autres), sont également les fournisseurs de l'observatoire en données. C'est un point essentiel du fonctionnement technique des observatoires, mais également de leur gouvernance. Le succès d'un observatoire dépend donc de l'adéquation entre les besoins des partenaires et la production de l'observatoire. S'il y a toujours un intérêt intellectuel générique à produire de la connaissance sur les phénomènes de violence, cela ne constitue cependant pas le meilleur moyen pour un observatoire de se rendre légitime et pérenne, même si cela profite toujours à l'information de la population. L'observatoire doit donc s'inscrire dans une relation client-fournisseur, qui pour autant n'interdit pas à l'observatoire d'aller au-delà du besoin exprimé. En effet, le plus souvent, le besoin exprimé ne représente qu'une partie de la méconnaissance de la diversité des enjeux de sécurité et de la variété des produits qu'un observatoire peut produire. La non-adéquation entre les produits livrés par les observatoires et les besoins des organisations clientes peut même être identifiée comme un critère d'échec des observatoires.

Je distingue ici deux principaux types de produits : le premier en demande et également le premier produit en général est constitué des livrables descriptifs qui tirent leur légitimité du vieil adage « Tu ne peux pas gérer ce que tu ne mesures pas ». Le deuxième exige un travail intellectuel plus important et souvent l'introduction de sources de données plus larges, ce sont les livrables analytiques.

3.1. Les livrables descriptifs

3.1.1. Les indicateurs

Si les indicateurs restent ce qu'il y a de plus demandé, et donc là où la pression s'exerce le plus sur les observatoires, c'est qu'ils contribuent de façon synthétique à comprendre des situations complexes. L'OCDE présente une méthodologie intéressante de conception d'indicateurs composites (aussi appelés indicateurs comparés ou méta-indicateurs) qui peut largement être utilisée pour la production d'indicateurs de sécurité publique[1]. DCAF présente également une méthodologie d'intéressante conception d'indicateurs en matière de gouvernance de la sécurité[2], pour ne citer que ces sources-là. À titre d'aperçu, les indicateurs de l'observatoire du Belize sont disponibles en ligne[3].

3.1.2. Les cartographies

Du fait de la plus grande accessibilité des logiciels de cartographie, ce type de produit est devenu un classique pour les observatoires. Sa facilité de lecture le rend très populaire auprès des partenaires opérationnels et stratégiques, comme le présentent les deux exemples ci-dessous.

a) Cartographier des données primaires

J'ai déjà évoqué le travail fait par l'observatoire de Ouagadougou (OSCO-DVO) en matière de cartographie par points des accidents de mortalité (points rouges) et de morbidité (points bleus). Aussi sommaire soit-elle, la carte permet déjà de considérablement orienter le responsable de la police municipale de Ouagadougou dans la répartition de ses effectifs et dans les efforts de prévention et possiblement d'infrastructures à mener. Par ailleurs, Nikiema, Bonnet, Sidbega et Ridde (2017[4]) proposent dans le cadre d'une

---

[1]Joint Research Centre-European Commission. (2008). *Handbook on Constructing Composite Indicators: Methodology and User Guide*. OECD publishing. https://www.oecd.org/sdd/42495745.pdf (Consulté le 23 juin 2023).

[2]Schroeder, U. C. (2010). *Measuring Security Sector Governance - A Guide to Relevant Indicators*. Geneva Centre for the Democratic Control of Armed Forces (DCAF). https://www.dcaf.ch/sites/default/files/publications/documents/OP_20_SCHROEDER_FORM.pdf (Consulté le 23 juin 2023).

[3]https://bco.gov.bz/crime-statistics/ (Consulté le 23 juin 2023).

[4]Nikiema, A., Bonnet, E., Sidbega, S. et Ridde, V. (2017). Les accidents de la route à Ouagadougou, un révélateur de la gestion urbaine. *Lien social et Politiques*, (78), 89-111. https://www.erudit.org/en/journals/lsp/2017-n78-lsp03015/1039340ar.pdf (Consulté le 2

recherche en santé publique une cartographie plus précise et complète, mais ponctuelle, de l'accidentologie routière à Ouagadougou, en partenariat avec les services de la Police nationale. Sur chaque lieu d'accident et pendant six mois, les policiers nationaux équipés de traceurs GPS arrivant sur les lieux déclenchaient l'enregistrement de la géolocalisation de l'accident. L'avantage principal de ces deux cartographies est que les données sont primaires et que les acteurs de terrain peuvent avoir une relativement bonne maîtrise de leur qualité. Cela illustre ma recommandation pour un observatoire de la violence et des acteurs de la régulation sociale de commencer par traiter les données de sécurité routière.

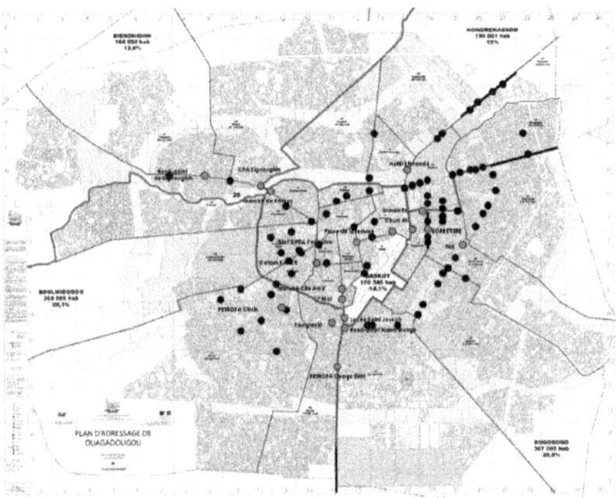

Carte 2 : Cartographie de l'accidentologie routière à Ouagadougou (2011) observatoire de la violence et des acteurs de la régulation sociale de la Commune de Ouagadougou

mai 2024).

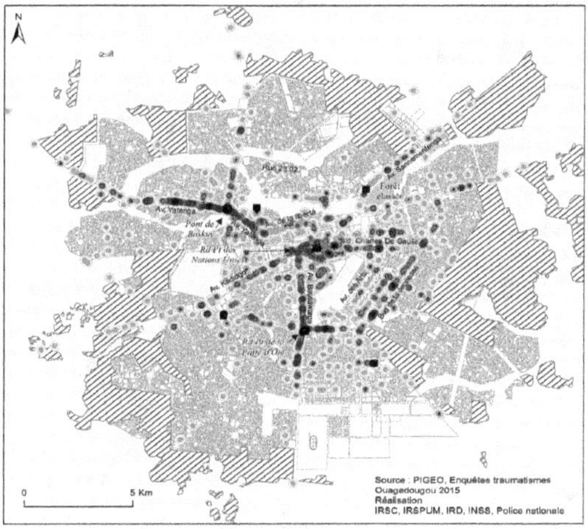

Carte 3 : Cartographie présentée par Nikiema (2017, p. 95) sur la densité des accidents de la route à Ouagadougou en 2015.

b) Cartographier des données secondaires

Les travaux de Bourdin et Bertrand Chancelier (2009[1]) de cartographie de la criminalité à Yaoundé sont intéressants, du fait du peu de travaux de cartographie criminelle dans les pays à faible IDHI comme le Cameroun. Toutefois, les données exploitées par les auteurs proviennent du « recensement des faits criminels et des actes délictueux collectés auprès des autorités compétentes » (p. 157), soit la police et la gendarmerie, entre 2011 et 2013. Et les auteurs reconnaissent eux-mêmes que « les forces de maintien de l'ordre ne reportent pas systématiquement les faits » (p. 159). Se servir des données secondaires, policières en l'occurrence, est sans doute le principal angle mort de leur démarche, du fait d'enjeux de typologie, mais aussi de faible taux de report comme le laissent entendre les résultats des sondages de victimisation. Le travail d'analyse cartographique reste cependant fort intéressant, d'autant que les auteurs croisent les données sociodémographiques et urbanistiques de Yaoundé. Au final, les données rapportent sans doute davantage l'activité des services de police et de gendarmerie que la criminalité et la victimisation réelles à Yaoundé, ce qui en soi constitue des recommandations pertinentes à formuler.

---

[1]Bourdin, S., et Bertrand Chancelier, W. (2019). Les signatures spatiales de la criminalité dans les villes du Sud. L'exemple de la ville de Yaoundé. *Monde en développement*, *47*(4), 149-178. https://www.researchgate.net/profile/Sebastien-Bourdin/publication/338549294_Les_signatures_spatiales_de_la_criminalite_dans_les_villes_du_Sud_L%27exemple_de_la_ville_de_Yaounde/links/5e1c52884585159aa4cbb321/Les-signatures-spatiales-de-la-criminalite-dans-les-villes-du-Sud-Lexemple-de-la-ville-de-Yaounde.pdf (Consulté le 28 juin 2023).

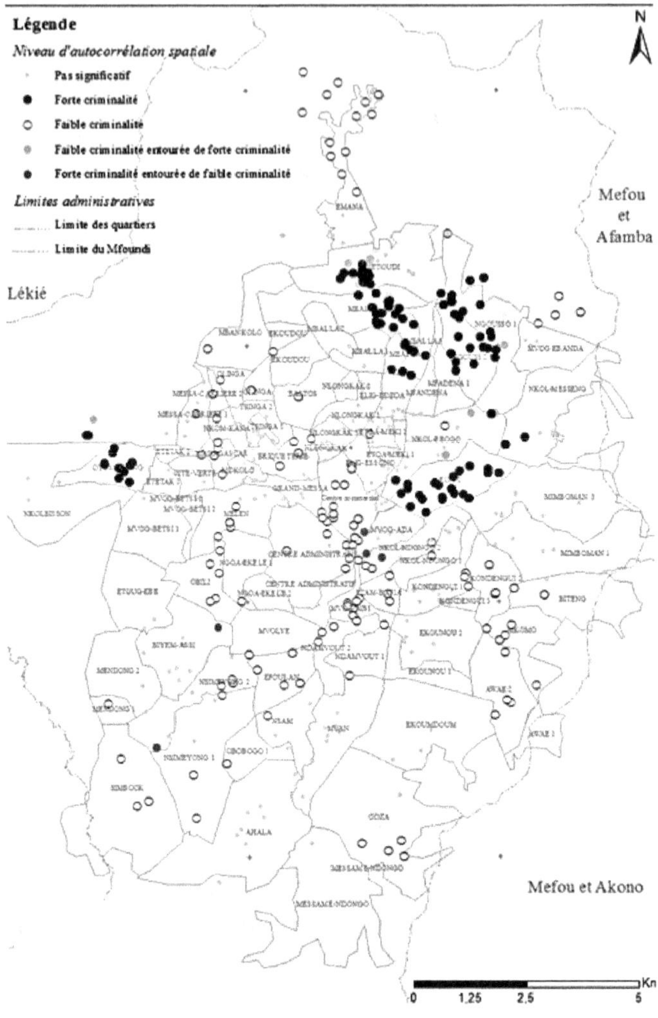

Carte 4 : Cartographie de la criminalité à Yaoundé par Bourdin et collab. (2009) de 2011 à 2013.

Almeida, Haddad et Hewings (2005, p. 6[1]) avaient employé la même source de données dans leur analyse géographique du crime dans l'État du Minas Gerais, au sud-est du Brésil. Les auteurs mentionnaient le risque d'un important chiffre noir et utilisaient les homicides et les tentatives d'homicide comme un indicateur significatif du crime en général (p. 7) afin d'établir les cartes choroplèthes des 754 municipalités de l'État.

[1]Almeida, E. S. D., Haddad, E. A. et Hewings, G. J. D. (2005). The Spatial Pattern of Crime in Minas Gerais: An Exploratory Analysis. *Economia Aplicada*, *9*(1), 39-55. Disponible sur https://www.researchgate.net/ (Consulté le 23 juin 2023).

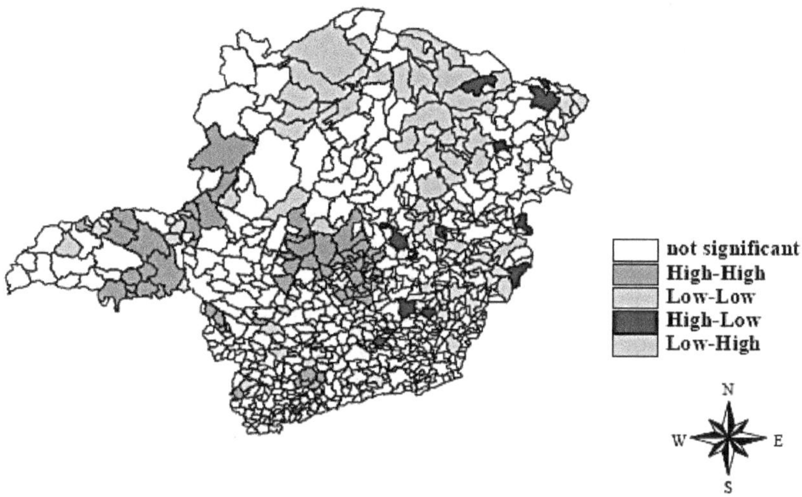

Carte 5 : Cartographie criminelle du Minas Gerais par Almeida et collab. (2005)

Un autre exemple est la cartographie du kidnapping à Port-au-Prince, selon le PNUD (2022, p. 5 [1]). Avec l'Observatoire et dans le cadre de mes enseignements à l'Université d'État, j'avais développé un petit projet d'analyse et de cartographie du kidnapping à Port-au-Prince en 2012[2] avec un des étudiants. La méthodologie reposait sur la codification quantitative des plaintes des victimes et des auditions des suspects de kidnapping de la Police Nationale d'Haïti entre 2005 et 2011. Cent vingt rapports de police avaient été analysés pour l'agglomération de Port-au-Prince et plus de 70 variables caractérisant le kidnapping avaient pu être extraites. Sur 49 victimes au destin identifié, 27 avaient été libérées après avoir payé une rançon, 12 avaient été libérées par la police, 7 s'étaient échappées ou avaient été libérées sans rançon et 3 étaient décédées ou disparues. Les kidnappings avaient essentiellement lieu au domicile ou sur les trajets habituels, le week-end et aux heures de plus grande circulation. Les jeunes enfants et les femmes étaient tout particulièrement ciblées du fait d'une moindre résistance à la contrainte

[1]PNUD (2022) Programme conjoint d'appui à la police nationale d'Haïti. Document projet. https://www.undp.org/sites/g/files/zskgke326/files/2023-04/PNUD%20DOCUMENT%20POLICE%205.pdf (Consulté le 4 juillet 2023).

[2]Quéro YC., Corasmé F. (2012). Le kidnapping dans l'agglomération de Port-au-Prince. Présentation à l'Association internationale des criminologues de langue française. 13 au 15 mai 2012. https://www.researchgate.net/publication/315678547_Le_kidnapping_dans_l''agglomeration_de_Port-au-Prince#fullTextFileContent (Consulté le 23 juin 2023).

physique; et des crimes connexes comme le vol, les voies de fait et les agressions sexuelles accompagnaient le kidnapping pendant la séquestration. Les chances de survie semblaient diminuer considérablement après trois jours de séquestration. Il apparaissait également une grande proximité entre les victimes et les auteurs qui connaissent bien leurs habitudes (domesticité, membres de la famille, etc.). Afin de cartographier les données, le collaborateur de l'observatoire connaissant bien l'agglomération identifiait à l'aide des détails contenus dans les différents documents policiers les emplacements vraisemblables des kidnappings. Sur 56 cas, 41 ont pu être géolocalisés en coordonnées GPS. Bien que la méthode de localisation ait été approximative, il est cependant apparu six localisations géographiques où se concentrait la majorité des kidnappings, ce qui a permis de produire la carte présentée[1]. Les résultats préliminaires ont été présentés au colloque de l'Association internationale des criminologues de langue française en mai 2012, mais le projet a dû être abandonné faute de financement.

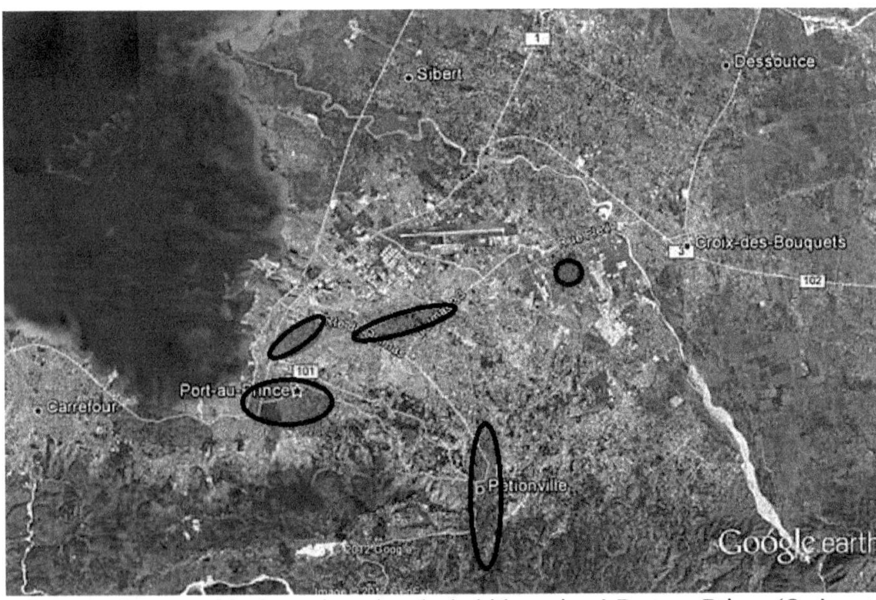

Carte 6 : Cartographie des points chauds du kidnapping à Port-au-Prince (Quéro et Corasmé 2012).

Bien que la pratique se généralise, la production de cartes pour un observatoire n'est pas sans défis. Si la qualité de la carte dépend de données préférablement primaires de bonne qualité, cela dépend aussi de la capacité à

[1]La carte a été réalisée en utilisant le logiciel MapRevelation de la Compagnie SuretéGlobale qui permettait de sur-imprimer les données sur des fonds de carte Google Earth.

localiser chaque événement; la généralisation des téléphones intelligents permettant d'enregistrer la localisation GPS est fort utile (ce que fait le réseau de l'ONG INSEC au Népal). D'expérience, on prendra soin d'enregistrer les données GPS sur les lieux des événements et non par exemple une fois rentré au poste de police pour remplir les rapports, au risque d'obtenir une concentration exceptionnelle de crimes commis au poste. Après quoi les enjeux restent ceux de la disponibilité de la compétence technique au sein de l'observatoire ou du réseau de partenaires, ainsi que des outils informatiques. Par ailleurs, j'ai découvert à l'occasion de mes déplacements que la manière de se représenter mentalement l'espace est tout à fait liée à la culture et à l'éducation. Avant donc de produire des cartes, il est pertinent de se demander comment les partenaires vont se les approprier.

Enfin, une mention particulière pour le travail de diagnostic local de sécurité réalisé par Wisler et Tshinyama de l'ONG suisse Coginta [1] en République démocratique du Congo à Bunia[2], à Mbandaka[3] et à Tshikapa[4], avec le soutien de l'Union européenne. Le travail en matière de cartographie est tout à fait intéressant puisqu'il contribue à créer des cartes ou à les mettre à jour en cartographiant souvent pour la première fois les principaux services publics, cours d'eau, voies de circulation, etc.

3.1.3. Les tableaux de bord opérationnels

Dès lors que les indicateurs et les cartographies existent, il est usuel que les utilisateurs demandent un outil intégré, mis à jour sur une base régulière et sur un support facile d'accès, qui leur permet de les recevoir. Un tableau de bord qui regroupe les principales catégories de crimes et de délits contre les personnes et les biens, les accidents de circulation, les manifestations publiques à venir ainsi que le résumé des principaux faits criminels cartographiés de la dernière période aidera le commandant d'unité, d'un point de vue tactique et opérationnel. De nombreux logiciels payants offrent ce type de tableaux de bord, mais un observatoire peut très bien, sur la base des données et des informations disponibles, se proposer pour développer et alimenter un tel outil, ce qui lui conférera une position stratégique certaine au sein du réseau.

---

[1] https://coginta.org/ (Consulté le 28 juin 2023).

[2] Wisler D., et Tshinyama, K. I. (2023) La sécurité urbaine à Bunia. Diagnostic local de sécurité, commune de Mbunya. Coginta. Genève.

[3] Wisler D., et Tshinyama, K. I. (2023) La sécurité urbaine à Mbandaka. Diagnostic local de sécurité de Wangata, Province de l'Équateur. Coginta. Genève.

[4] Wisler D., et Tshinyama, K. I. (2023) La sécurité urbaine à Tshikapa. Diagnostic local de sécurité, commune de Mabondo. Coginta. Genève.

3.2. Les livrables d'analyse

Il s'agit des livrables qui ne consistent pas qu'à décrire une situation, mais également à en expliquer les causes et les effets. D'un point de vue programmatique, ce sont des livrables qui idéalement permettent de présenter des recommandations sur ce qu'il conviendrait de faire dans la prise en charge d'un phénomène. Aboutir à développer ce type de livrables pour un observatoire dans un pays à moyen ou faible IDHI est une étape supplémentaire de développement qui vient avec de multiples défis.

3.2.1. Les monographies locales

En matière de monographie locale ou de diagnostic local de sécurité, je me réfère aux pratiques qui incluent des données qualitatives en laissant une large place à la consultation de la population, aboutissent à des recommandations stratégiques ou opérationnelles et dont les résultats sont facilement accessibles au public (Marie et Belley, 2009, p. 55-56[1]). De nombreux guides pour réaliser des monographies locales existent, dont l'étude comparée citée précédemment et qui est également disponible en français.

Des initiatives comme le « diagnostic en marchant » ou « marches exploratoires », développées par les Canadiens dans les années 1980 et qui consistent à faire remplir un questionnaire sur le sentiment de sécurité en marchant le long d'un parcours prédéfini restent des outils participatifs intéressant et peu onéreux; plusieurs outils existent en français et en anglais[2].

Parmi les premiers exemples de diagnostics locaux de sécurité dans les pays à faible IDHI, la qualité de ceux réalisés par ONU-Habitat dans les années 2000 (avec les moyens technologiques et d'analyse de l'époque) dans le cadre du programme « Villes plus sûres » reste remarquable. Ils ont entre autres permis de déterminer les zones perçues comme les plus à risque de certains quartiers et ont largement contribué à l'élaboration de plans de rénovation urbaine de qualité, comme j'ai pu le constater à Douala II (Cameroun) en 2012. Ces rénovations urbaines intégraient les principes de la prévention situationnelle, dont on retrouvera l'essence dans les travaux de Koudou (2009[3]) pour la Côte d'Ivoire. On pourra consulter les diagnostics de

---

[1]Marie, M. O. M. R. L. et Belley, B. C. (2009). Safety Diagnosis Tool Kit for Local Communities: Guide to Direct Observation of Community Safety. https://policycommons.net/artifacts/2062685/safety-diagnosis-tool-kit-for-local-communities/2815776/ (Consulté le 26 juin 2023).

[2]https://participatoryplanning.ca/tools/exploratory-walk (Consulté le 26 juin 2023).

[3]Koudou, O. (2009). Insécurité urbaine, analyse criminologique et prévention situationnelle intégrée. *Rivista di criminologia, vittimologia e sicurezza, 3*(2), 68-79. http://eprints.bice.rm.cnr.it/1038/1/articolo_koudou_2009-02.pdf (Consulté le 10 août 2023).

Yaoundé au Cameroun en 2002[1], de Nairobi au Kenya également en 2002[2], de Port Moresby en Papouasie–Nouvelle-Guinée en 2004[3], et ceux des villes d'Arusha, de Dar es-Salaam et de Mtwara en Tanzanie en 2007[4].

En Somalie, l'OCVP avait été créé dans une perspective de meilleure compréhension et prévention des conflits armés, entre autres grâce à la mise en place de diagnostics locaux de sécurité renouvelés à un rythme régulier (Quéro et Widmer, 2011, déjà cités) et permettant le suivi de quelques indicateurs jugés significatifs. Pour la nouvelle génération, les diagnostics du CIPC[5] et de Coginta, déjà cités, peuvent utilement servir de référence.

3.2.2. Les analyses thématiques

Les analyses thématiques restent des produits que l'on trouve assez rarement au niveau strictement local dans les pays à moyen ou faible IDHI. Or le besoin de connaissances et de compréhension des phénomènes de violence est proportionnel à l'absence d'analyses disponibles. Les défis de production sont importants pour les acteurs locaux pour les raisons déjà identifiées. La coopération régionale et internationale joue un rôle important dans l'accompagnement et le développement de ces produits quantitatifs aussi bien que qualitatifs. Toutefois, j'ai rencontré des ONG locales qui font déjà un travail de collecte et d'analyse remarquable dans leur champ d'activité au regard des contraintes contextuelles. Un peu de soutien en méthodologie et en utilisation des outils informatiques leur permettrait de réaliser des analyses contextuelles de grande qualité.

À titre d'exemple local, j'ai eu l'occasion au printemps 2012 de rencontrer la remarquable ONG haïtienne URAMEL (Unité de Recherche et d'Action médico-légale) dont l'activité consiste à prévenir les violences sexuelles faites aux femmes, à les accompagner socialement et à les défendre judiciairement. La documentation produite par URAMEL est d'une qualité notable. Les travaux d'URAMEL ne sont malheureusement pas disponibles sur Internet. À titre d'exemple international, le travail que réalise Small Arms Survey, avec qui j'ai collaboré en 2019 en matière d'utilisation d'armes à feu et de

[1]UN-Habitat (2002) Diagnostic de la délinquance urbaine à Yaoundé.

[2]UN-Habitat (2002) Crime in Nairobi: Results of a City wide Victim Survey. https://unhabitat.org/knowledge/research-and-publications?p%5B0%5D=release_year%3A2002&p%5B1%5D=topic%3A142308 (Consulté le 26 juin 2023).

[3]https://unhabitat.org/sites/default/files/download-manager-files/Diagnosis%20of%20Insecurity%20Report%20in%20Port%20Moresby%2C%20Papua%20New%20Guinea.pdf (Consulté le 26 juin 2023).

[4]UN-Habitat (2007) Victimisation in Tanzania: Surveys of Crime in Arusha, Dar es-Salaam and Mtwara. https://unhabitat.org/knowledge/research-and-publications?p%5B0%5D=release_year%3A2007&p%5B1%5D=topic%3A142308 (Consulté le 26 juin 2023).

[5]https://cipc-icpc.org/rapports-thematiques/ (Consulté le 2 mai 2024).

munitions ainsi que des activités afférentes comme le trafic dans une série de pays et sous-régions, est remarquable. Une visite aux ressources en ligne de l'ONG internationale suffira à convaincre le lecteur[1].

3.2.3. L'identification des phénomènes émergeants

Le *Human Rights Yearbook* de l'ONG *Informal Sector Service Centre for human rights and social justice* (INSEC[2]) avec qui j'ai collaboré au titre du PNUD en 2013 peut constituer une source d'inspiration pour les observatoires. Il s'agit d'une revue systématique par district des violences et des atteintes aux droits humains au Népal et du fonctionnement des organes de régulation sociale. INSEC s'appuie sur un réseau de bénévoles répartis sur l'ensemble du territoire népalais (enseignants, avocats, journalistes, étudiants, etc.) qui collige l'information de terrain à longueur d'année. Ce fonctionnement de collecte en réseau constitue une approche très pertinente de détection des phénomènes émergeants.

---

[1] https://www.smallarmssurvey.org/resources (Consulté le 27 juin 2023).

[2] https://www.insec.org.np/hr-yearbook/ (Consulté le 27 juin 2023).

PARTIE 3 : LES PARTENAIRES ET LA GOUVERNANCE

Chapitre 5 : Les partenaires des services publics

Il est temps à présent d'aborder la question du partenariat. Ce sera l'objet des trois chapitres suivants, celui-ci relatif aux partenaires publics, le suivant relatif aux partenaires de la société civile et le dernier, relatif à la gouvernance de l'ensemble. Ce chapitre et le suivant sont aussi l'occasion pour moi d'illustrer cet ouvrage d'exemples de démarches de collecte et d'analyse insoupçonnées qui m'ont émerveillé, et de rendre hommage à ces partenaires et à leurs travaux; en espérant qu'à votre tour, cela puisse vous inspirer. Dans un premier chapitre, je vous invite à un tour d'horizon qui vous permettra de mieux visualiser l'ensemble de la démarche avant de passer en revue les principaux partenaires publics.

1. Partenaires et données : une synthèse

Après avoir évoqué l'importance des données probantes, d'un point de vue opérationnel aussi bien que stratégique, la question qui suit est de savoir qui collecte les données sur la criminalité, l'environnement sécuritaire, la victimisation et les acteurs de la régulation sociale. La réponse varie selon les contextes locaux, mais le plus souvent, on retrouve les services de police, qui restent les principaux acteurs partout dans le monde, les services de santé publique et les instituts nationaux de la statistique. Mais également certaines organisations de la société civile, les entreprises de sécurité privée et les observatoires, là où ils existent. À des fins de lisibilité, j'énumère dans le tableau ci-dessous les principaux partenaires et les données primaires qu'ils sont susceptibles de détenir; bien que cela ne soit pas systématique ou exclusif.

Acteurs directs ou indirects de la sécurité		Données quantitatives potentiellement disponibles	Données qualitatives potentiellement disponibles
Services publics	Services de police	Faits constatés ou rapportés	
		Appels aux numéros d'urgence	
		Données de fonctionnement	
	Justice	Données de fonctionnement	
	Pénitentiaire	Données de fonctionnement	
	Services de santé publique	Faits constatés ou rapportés	Entrevues individuelles
		Appels aux numéros d'urgence	
		Données de fonctionnement	*Focus group*
	Instituts de la statistique	Données populationnelles Sondages de victimisation	
	Services de l'environnement	Faits constatés ou rapportés	
	Universités	Travaux de recherche Soutien méthodologique	Travaux de recherche Soutien méthodologique
Société civile	ONG locales	Faits constatés ou rapportés	Entrevues individuelles
		Données de fonctionnement	Focus group
		Crowdsourcing / mapsourcing	Diagnostics en marchant
		Collecte en réseau	
		Sondages média sociaux	
	Médias	Faits constatés ou rapportés	Entrevues individuelles
	Acteurs traditionnels et religieux	Faits constatés ou rapportés	Entrevues individuelles

Secteur commercial	Sécurité privée	Faits constatés ou rapportés	
	Assurances et banques	Faits constatés ou rapportés	
		Données de fonctionnement	
	Syndicats professionnels et autres	Faits constatés ou rapportés	
Observatoire de la violence et des acteurs de la régulation sociale		Sondages de victimisation	Entrevues individuelles
		Crowdsourcing / mapsourcing	*Focus group*
		Réseaux d'experts	Diagnostics en marchant
		Collecte en réseau	

Tableau 2 : Synthèse des partenaires et des données quantitatives et qualitatives communément disponibles (proposition de l'auteur).

Les services de police étant les principaux acteurs de la sécurité publique, il est usuellement considéré que leurs données sont des données naturellement légitimes. C'est d'ailleurs à peu près le cas partout dans les pays à fort IDHI, même si les sondages de victimisation britanniques, canadiens ou français restent des sources d'une grande légitimité. D'un point de vue de la qualité des données, celles qui devraient avoir préséance sont celles qui présentent la meilleure qualité et qui couvrent au mieux le spectre recherché. Dans les pays à moyen ou faible IDHI, au regard du contexte local, ce ne sont pas nécessairement les données policières.

Pour autant, d'un point de vue plus politique, le contexte dans lequel l'observatoire évolue reste déterminant. Un observatoire dépendant du ministère chargé de la sécurité publique se verra sans doute imposer les données policières comme données principales et aura possiblement moins de marge de manœuvre pour discuter de leur légitimité au regard d'autres données. J'ai rencontré des fiertés institutionnelles marquées à considérer les données policières comme de bonne qualité alors qu'elles ne l'étaient pas toujours. Il y a alors de la part de l'observatoire tout un travail de diplomatie et de pédagogie à faire en direction des états-majors des services de police, tendant à faire reconnaître la qualité scientifiquement évaluée des données policières, et à accompagner les institutions dans leur amélioration, au besoin. Dans un tel contexte, la gouvernance de l'observatoire et ses bonnes pratiques doivent absolument être mises à profit afin de conserver de bonnes relations avec les autorités. C'est au regard de l'ensemble de ces enjeux que je vais passer en revue dans cette section les principales données dont le secteur public peut disposer, selon les circonstances locales.

2. Les données policières

De tout temps la police a tenu des registres, compilé des données, analysé des tendances avec la volonté de toujours mieux prévenir la commission de crimes, et à défaut, d'y répondre. Ainsi, selon l'historien de la police Aubouin (2005, p. 672[1]), dès la naissance de la police à Paris, un « livre rouge » enregistrant les informations relatives au crime a été mis en place en 1752 et deviendra par la suite un fichier du banditisme et un fichier anthropomorphique. Puis, les données relatives à l'activité criminelle se distinguent des données relatives au fonctionnement des unités. Les premières sont constituées sur la base d'une typologie des crimes, du nombre de crimes commis dans un espace à un certain temps ainsi que des circonstances entourant leur commission (profil de l'auteur présumé, profil de la victime, circonstances de la commission du crime). Viennent s'y ajouter les données d'appel aux numéros d'urgence (le 911 en Amérique du Nord, le 112 en Europe), lorsque les pays disposent de ce type d'équipements et de systèmes d'enregistrement. Les secondes sont liées à l'activité des unités en tant que telle, comme les effectifs et les ressources engagées, le nombre d'interpellations, les données relatives à l'emploi de la force, aux enquêtes ouvertes, aux crimes élucidés, aux dossiers de preuves transmis à la Justice, etc.

L'ensemble de ces données sert également à évaluer le fonctionnement et la performance des services de police, comme le rappelle ONUDC (2022, p. 5[2]) dans son guide pour la production de statistiques policières. Le développement technologique et surtout l'informatisation des dernières décennies ont permis le développement fulgurant des données policières à un moment où l'*Intelligence-led Policing* (ILP) s'imposait de plus en plus dans les corps de police (Ratcliffe, 2008, déjà cité).

2.1. Qualité de données policières : à chaque pays ses enjeux

J'ai déjà présenté la cartographie des pays disposant de données sur les homicides qu'ONUDC (2019, déjà cité) évalue comme bonnes, moyennes, mauvaises, ainsi que ceux n'en disposant pas du tout. Globalement, la question de la nécessité d'améliorer les données policières ne se pose pas, c'est une évidence comme l'affirme la communauté internationale depuis une vingtaine d'années. Pour ONUDC (2022, p. 5, déjà cité), c'est une question de management public, de planification des opérations, d'analyse criminelle et

[1]Aubouin, M., Teyssier, A. et Tulard, J. (2005). *Histoire et dictionnaire de la police du Moyen Âge à nos jours*. Robert Laffont.

[2]UNODC (2022) Guidelines for the production of stastitical data by the police. Vienna. https://www.unodc.org/documents/data-and-analysis/statistics/Statistical_guideline_Police_Forces.pdf (Consulté le 7 juillet 2023).

de recherche et enfin, de reddition de comptes. C'est affaire de bon fonctionnement des services, de suivi des questions criminelles et de confiance de la population. Il est cependant temps de présenter les principaux défis rencontrés par les services de police dans la mission relative à la collecte des données, le plus souvent issues des plaintes déposées par les victimes.

2.1.1. Les pays avec des données de bonne et moyenne qualité

Les pays qui disposent d'une bonne ou moyenne qualité de données sont des pays où les services de police disposent en général d'unités sur l'ensemble du territoire et où le système d'enregistrement des plaintes et d'appels aux numéros d'urgence est organisé (agents formés, systèmes informatiques fonctionnels, procédures efficaces), même si une fois encore chaque pays est particulier.

Sur l'une des îles-État des Caraïbes où j'ai travaillé en 2017, le dispositif de collecte de données était assez développé. Cela du fait principalement d'un programme de coopération internationale en 2008 et en 2009 dont l'objet était d'installer à l'échelle de l'île un logiciel sécurisé permettant l'enregistrement des plaintes et d'en assurer le suivi. Tous les postes de police étaient équipés du logiciel sur du matériel informatique fonctionnel et disposaient d'agents formés, ce qui faisait que la collecte de données en tant que telle était bien organisée et globalement fiable. Le système s'apparentait à une base de données dans laquelle figurait un nombre appréciable de variables en matière de désagrégation, dont les données géographiques des événements, et où la qualité des données était vérifiée (gestion existante même si non totalement exhaustive des doublons, des données manquantes, etc.). Tout cela concourait à faire de ces données, des données qui pouvaient être jugées probantes. Si le logiciel permettait d'extraire des statistiques à partir des plaintes, il n'était toutefois pas capable de générer des rapports automatisés ou des analyses, ce qui contraignait les services à extraire les données et à faire les analyses à l'unité, cela ne facilitant pas l'exploitation des données par les unités opérationnelles. Le plus handicapant cependant était extérieur à l'organisation policière puisque c'étaient les coupures d'électricité et l'absence de sources alternatives d'électricité, dans certaines parties de l'île, qui empêchaient l'utilisation permanente du logiciel; réalité qui reste encore assez fréquente dans certains pays à moyen IDHI. Même si le logiciel développé faisait du pays l'un des plus avancés de l'arc caraïbe, on pouvait quand même regretter l'absence de passerelle avec les données des services de justice et pénitentiaires, ce qui est, hélas, encore un classique, même dans les pays à fort IDHI.

2.1.2. Pays sans données ou avec des données de mauvaise qualité

Au Tchad, où ONUDC (2019, p. i1) considérait les données sur les homicides comme inexistantes, la police nationale dispose d'une Direction de la Panification et des Statistiques chargée de « [...] collecter et centraliser toutes les données statistiques des différents services de police en vue de leur exploitation; coopérer avec les partenaires en matière de sécurité publique [...] »[2]. Mais lors de la mission d'évaluation de faisabilité de la création de l'observatoire, cette mission de la direction ne semblait pas mise en œuvre. En revanche, au sein de la Direction générale de la Police nationale (DGPN), trois policiers étaient chargés de rédiger une « synthèse » quotidienne des faits saillants. Ils avaient donc pour fonction de collecter l'information relative aux faits constatés par chaque commissariat de police du territoire, la veille, et d'en faire une synthèse destinée à la hiérarchie de la DGPN. La compétence du service était nationale; ainsi, pour ce qui concerne N'Djamena, les rapports de police des différents commissariats de la capitale, relatifs aux faits de la veille, convergeaient au matin au service de la synthèse pour être traités. Pour ce qui concerne les commissariats de province, les faits étaient rapportés par entretien téléphonique par les différentes régions du pays. Une synthèse d'une à deux pages, selon l'activité de la veille, condensait alors les faits saillants avec la production de notes mensuelles et annuelles. C'était là le seul traitement systématique des données qui existait, plus à des fins politiques et communicationnelles que réellement à des fins d'analyse stratégique ou opérationnelle. De l'aveu même des fonctionnaires, la majorité des faits n'étaient soit pas colligés sur le terrain, soit pas rapportés lors de la communication quotidienne, car jugés trop peu importants.

Tous les corps de police au monde connaissent des défis relatifs à la qualité des données policières. Il y a évidemment un lien entre la capacité des pays quant au soutien aux services publics et la qualité des données, même si, comme nous l'avons vu, chaque pays mérite une évaluation au cas par cas. Il apparaît que certaines contraintes qui impactent la qualité des données policières sont d'ordre plus structurel, alors que d'autres sont davantage d'ordre culturel.

2.2. Qualité des données policières : des défis structurels

Dans les pays à moyen ou faible IDHI, certains défis structurels apparaissent insurmontables, en tout cas, à court ou moyen terme. En tout état de cause, il est important de garder en mémoire que les défis rencontrés ne

[1]UNODC (2019) Methodological Annex to The Global Study on Homicide 2019. https://www.unodc.org/documents/data-and-analysis/gsh/Meth_Annex_GHS.pdf (Consulté le 30 juin 2023).

[2]Décret 856/PR/PM/MJDH/2014.

sont pas homogènes sur l'ensemble du territoire d'un même pays; la priorité de ressources donnée aux centres urbains peut faire une différence, y compris en matière de données.

2.2.1. Des territoires mal couverts, des postes sans policiers

Un point récurant de la difficulté policière dans les pays à moyen ou faible IDHI reste la couverture du territoire par les services de police. C'est une difficulté que j'ai rencontrée en Haïti et dans la petite dizaine de pays d'Afrique que j'ai fréquentés. Le plus souvent, les effectifs sont trop étriqués au regard de la superficie des territoires à couvrir. Même en Haïti, où le territoire est plus petit, la Police nationale haïtienne était chroniquement en sous-effectif. Je me souviens que pendant mes séjours, la ville de près de 150 000 habitants de Saint-Michel-de-l'Attalaye, dans la partie montagneuse de l'Artibonite, était réputée disposer de moins de cinq policiers. Très souvent, les enjeux locaux de sécurité publique et de stabilité des régimes requièrent de concentrer les forces de police dans les zones ayant la plus forte démographie, au détriment des régions plus éloignées. Plus vous vous éloignez des grands centres urbains, plus il devient difficile de trouver une poste de police. Là où il n'y a pas de police, il n'y a pas de données policières. Évidemment, l'immensité des territoires, comme au Tchad, est un facteur rendant le défi encore plus insurmontable. Même si en l'occurrence, pour pallier cette réalité géographique, le pays a développé une Garde nationale et nomade qui sillonne les grandes étendues désertiques de l'est et du nord du pays; mais toujours pas de données.

En 2012 et en 2014 en Afghanistan (1391 et 1393 selon le calendrier local), l'enjeu principal dans les zones non urbaines était l'inexistence même de postes de police. Ainsi il n'était pas rare que la présence policière la plus proche soit à quelques jours de marche; et c'était souvent un check-point à la croisée de routes ou dans des zones où la présence de talibans était connue. En 2012, la police afghane avait près de 300 policiers blessés ou tués tous les mois (Quéro et Ladouceur, 2014, vol. 1, p. 28, déjà cité). Du fait du conflit armé, la mission des « gris-bleus », comme les appelait la population, n'était pas d'accueillir celle-ci et encore moins de prendre ses plaintes, tâche pour laquelle ils n'étaient pas formés puisqu'au moins 70 % des policiers étaient illettrés (Quéro et Ladouceur, 2014, vol. 1, p. 29, déjà cité). L'enjeu des autorités était bien plus de parvenir à recruter et de faire en sorte que la police tienne militairement le territoire. Évoquer de colliger des données policières était hors de propos; et pourtant, le manque de données constituait un véritable handicap opérationnel et stratégique. Le développement de la « *police e mardume* » à vocation communautaire, entre 2013 et 2021, dans les huit provinces relativement pacifiées, devait permettre le développement de services à la population; services le plus souvent accaparés par les autorités civiles et religieuses locales.

Qu'il y ait des postes de police est une excellente chose, encore faut-il qu'il y ait des policiers présents et disponibles pour accueillir la population ou à tout le moins qu'il y ait la possibilité connue de la population de contacter un policier. De ce point de vue, la grande disponibilité des téléphones cellulaires dans les pays à faible IDHI a révolutionné la pratique. Cependant, à l'occasion d'entrevues lors d'une mission anticorruption en Afrique de l'Ouest en 2017, il m'avait été rapporté que les policiers avaient un double emploi. Ils venaient prendre leur quart de travail le matin en s'alignant devant leur poste de police en civil, en attendant que des entrepreneurs locaux viennent les recruter comme main-d'œuvre sur les chantiers pour la journée. Depuis combien de temps n'avaient-ils pas été payés pour leurs fonctions policières ? Mais cela laissait peu de place à l'accueil du public et à l'écoute des victimes.

2.2.2. Le défaut de formation et de matériel

Dans les pays où la situation sécuritaire et policière est davantage consolidée, le défaut de formation et de matériel adéquat constitue souvent la limite suivante. La formation continue des policiers est centrale dans le processus. Alors qu'elle est déjà si difficile à imposer dans les pays à fort IDHI, elle n'existe pour ainsi dire pas sur les terrains auxquels je fais référence. Et quand des programmes de formation sont développés, assez souvent à l'initiative de la coopération, cela ne concerne quasiment jamais la collecte et le traitement des données criminelles et de fonctionnement des services.

J'ai vu beaucoup de matériel informatique livré en 10 ans de missions internationales. En dépit des bilans mirifiques de certains programmes qui considéraient la tâche de développement en sécurité publique achevée une fois les ordinateurs livrés, je n'en ai pas vu la moitié fonctionner. Soit qu'il n'y avait pas d'électricité, soit que l'absence de régulateurs de tension les avait rapidement condamnés, soit que le personnel n'avait jamais été convenablement formé pour les utiliser. Les enjeux de développement des données passent par le renforcement des services de police en effectif, en logistique et en formation. Les acteurs de la coopération devraient systématiquement adjoindre un volet relatif aux données policières aux programmes de développement des services de police.

2.2.3. La difficile cohérence typologique

La mise à jour des procédures d'enregistrement des plaintes et de collecte de données (y compris les appels aux numéros d'urgence quand le service est disponible) conformément au Code pénal constitue un autre obstacle. Les données sont en principe enregistrées en fonction de catégories issues de la hiérarchisation et de l'énumération des crimes prévus au Code pénal, pour ne parler que de la loi pénale. Cela suppose que ce Code pénal soit à jour d'un point de vue législatif et que la collecte de données se fasse en conformité avec la version à jour de celui-ci. Si cela fonctionne, bien qu'avec des réalités très variables dans les pays à moyen IDHI, cela fonctionne rarement dans les pays à faible IDHI. Voire même dans de nombreuses anciennes colonies, le Code pénal national est souvent issu (quand il n'est pas un copié-collé d'une vieille version) du Code pénal du pays anciennement colonisateur. Cela ne manque pas d'en rendre l'usage local encore plus complexe, parfois même absurde.

Dans leur effort de cartographier la criminalité à Yaoundé, Bourdin et Bertrand Chancelier (2019, déjà cité) ont fait face à la réalité d'un code criminel qui ne catégorise pas efficacement tous les faits criminels. La classification dont se servent les auteurs se partage en deux catégories. La « criminalité de sang » semble comprendre les « agressions », les « agressions dans un taxi », les « braquages de domiciles ou de commerces », les « braquages de véhicules », les « enlèvements de mineurs », les « viols » et les « vols aggravés ». Tandis que la « criminalité acquisitive » comprend les « vols simples », les « vols de motos » et les « vols de véhicules ».

ONUDC et UNICRI travaillent depuis plusieurs décennies à développer des procédures standardisées en matière de données criminelles, ce qui a conduit les Nations unies à entériner une nomenclature standardisée des crimes en 2015 : l'*International Classification of Crime for Statistical Purposes* (ICCS, p. 21[1]). La nomenclature onusienne donne une définition internationalement acceptée des différents crimes tout en les classant selon une typologie à quatre degrés de ramification[2]. Le guide de l'ICCS explique également l'importance de désagréger les données (caractéristiques de l'auteur, de la victime, etc.) et comment y parvenir, le tout dans une perspective de comparabilité internationale des données. Je recommande que ce guide devienne un des éléments de référence lors de la création de tout observatoire travaillant avec des données policières et d'évaluer sa pertinence au regard de la qualité de la classification criminelle sans pour autant créer de double standard, l'un au regard du droit national et l'autre au regard de la nomenclature internationale. Par ailleurs, le guide de procédures d'ONUDC (2002, p. 46 et suivantes, déjà cité) a pour objet la collecte et l'organisation des données relatives à la violence; il est suffisamment complet tant d'un point

[1]UNODC (2015) International Classification of Crime for Statistical Purposes. Vienna. https://www.unodc.org/documents/data-and-analysis/statistics/crime/ICCS/ICCS_English_2016_web.pdf (Consulté le 7 juillet 2023).

[2]L'ICCS identifie 11 types de crimes : 1- Actes entraînant ou visant à entraîner la mort; 2- Actes portant atteinte ou visant à porter atteinte à la personne; 3- Actes préjudiciables à caractère sexuel; 4- Actes visant des biens avec violence ou menaces contre une personne; 5- Actes visant uniquement des biens; 6- Actes faisant intervenir des drogues contrôlées ou d'autres substances psychoactives; 7- Actes relevant de la fraude, de la tromperie ou de la corruption; 8- Atteintes à l'ordre public, à l'autorité et aux dispositions juridiques de l'État; 9- Atteintes à la sécurité publique et à la sûreté de l'État; 10- Atteintes au milieu naturel; 11- Autres actes illégaux.

de vue du volet administratif et logistique que d'un point de vue du volet statistique pour être également fortement recommandé.

2.3. Qualité des données policières : des défis culturels

Mais si les données sont inexistantes ou de mauvaise qualité, il y a là aussi des enjeux culturels. Il serait faux de dire qu'il n'y a pas de culture de la donnée dans les pays à moyen ou faible IDHI. Il y a une énorme attente de certains acteurs policiers en matière de données probantes, le plus souvent les plus éduqués, bien que cela ne soit pas une règle absolue. Il m'est en effet arrivé d'avoir des conversations passionnantes avec des policiers très mobilisés d'un point de vue opérationnel et qui avaient un solide bon sens en matière de besoin de données. Mais si la culture en matière de données n'est pas davantage généralisée, c'est du fait de la pauvreté de la formation en la matière et du défaut de moyens permettant de générer des pratiques inspirantes durables au niveau local. La faiblesse relative d'intérêt pour les données probantes tient le plus souvent à la difficulté de présenter des exemples locaux qui génèrent l'appétit des gestionnaires opérationnels et des décideurs stratégiques. D'où l'opportunité systématique que devraient représenter les programmes de coopération, au-delà de ce qui peut être perçu par les acteurs locaux en tout état comme impossible au regard des ressources disponibles. Je souhaite toutefois apporter ici deux exemples de défis culturels en matière de données policières sans aucunement chercher à être exhaustif.

2.3.1. L'ascendance de la régulation coutumière sur le légalisme

Je me souviens d'entrevues en anticorruption en Afrique de l'Ouest où il m'était expliqué qu'appeler le policier, c'était d'abord s'engager à payer l'essence de sa moto (personnelle le plus souvent) afin qu'il puisse se déplacer jusque chez le plaignant ou sur le lieu du crime ou de l'incident. Par la suite, le plus souvent, il fallait de nouveau rétribuer le policier pour qu'il accepte d'entendre la plainte et la traiter. Après quoi, le policier pouvait aller négocier avec la partie adverse afin de trouver une solution amiable à ce qui devenait davantage un conflit à gérer dans une perspective de dédommagement qu'un crime à résoudre. D'autres parties socialement influentes pouvaient alors intervenir chacune en défense des intérêts de l'un ou l'autre des protagonistes. Avant donc de signaler un incident à la police, en fonction de l'appartenance à la famille élargie, au village ou au clan, il valait mieux estimer les coûts à engager tant d'un point de vue financier que sur le plan des équilibres sociaux, le tout étant assez dissuasif. Et en tout état de cause, la prise en charge de la situation ne conduisant évidemment en aucun cas, pour de multiples raisons, à la collecte de la moindre information. Si les modes traditionnels de régulation des conflits doivent avoir leur place au sein même de l'état de droit, que reste-t-il dans un contexte criminel par exemple d'une quelconque procédure d'enregistrement et de traitement de plaintes et de données ?

2.3.2. Des corps de police homogènes et peu attentifs à la diversité

Les faibles taux de report proviennent essentiellement des populations les plus vulnérables qui ne voient pas dans la police un recours sécuritaire et efficace pour la prise en charge de leur victimisation. L'accueil des femmes, des personnes de religion ou d'ethnie différente, des mineurs, des personnes LGBTQQIA2S+, des personnes ayant un handicap, des personnes albinos en Afrique australe par exemple, etc., reste un enjeu considérable dans la plupart des services de police, y compris dans les pays à fort IDHI. Un poste de police qui par choix idéologique ou culturel maltraite, refuse de servir, offre un service dégradé à tout être humain au titre de sa différence viole gravement les droits humains et trahit sa mission. Je vous renvoie aux travaux de Broqua (2012[1]) et d'Awondo et collab. (2013[2]) sur l'instrumentalisation politico-religieuse de la question LGBTQQIA2S+ en Afrique et la manière dont les services de police peuvent malheureusement devenir le bras armé d'une culture majoritaire ainsi que du pouvoir local.

J'ai rabâché à temps et à contretemps ces 25 dernières années à mes partenaires policiers que les services de police en démocratie ont comme premier devoir évident de garantir l'exercice individuel et collectif des droits humains et des libertés fondamentales, et de manière équitable pour toutes et tous. La réception générale de cet axiome s'est toujours située entre l'amusement satisfait et l'incrédulité polie, y compris dans les pays à fort IDHI. Comme *inside-outsider*, j'apporte visiblement une perception de ce qu'est la police qui diverge en général assez fortement de la sous-culture ambiante.

Diversifier la police doit alors devenir un objectif contribuant à un meilleur accueil, à un contexte plus culturellement sécuritaire où les populations portent moins plainte. C'est difficile dans les pays où le recrutement policier est essentiellement clanique. Le premier défi de diversité réside dans la civilianisation des corps de police. Si celle-ci évolue relativement bien en Amérique du Nord et plus lentement en Europe, semble-t-il, elle est malheureusement très peu prise en considération dans les programmes de coopération visant au renforcement des corps de police. Dans leur revue de littérature, den Heyer et collab. (2019, p. 7-9[3]) présentent la civilianisation des

---

[1]Broqua, C. (2012). L'émergence des minorités sexuelles dans l'espace public en Afrique. Politique africaine, (2), 5-23. https://www.cairn.info/revue-politique-africaine-2012-2-page-5.htm (Consulté le 9 juillet 2023).

[2]Awondo, P., Geschiere, P., Reid, G., Jaunait, A., Le Renard, A. et Marteu, É. (2013). Une Afrique homophobe ? Sur quelques trajectoires de politisation de l'homosexualité: Cameroun, Ouganda, Sénégal et Afrique du Sud 1. Raisons politiques, (1), 95-118. https://www.cairn.info/revue-raisons-politiques-2013-1-page-95.htm (Consulté le 9 juillet 2023).

[3]den Heyer, G., et Mendel, J. (2019). Shaping the police workforce: a state-of-the-art literature review. *Policing: An International Journal*, *42*(2), 165-178. https://discovery.dundee.ac.uk/ws/files/20711647/Author_Accepted_Manuscript.pdf

corps de police aux États-Unis depuis 2008 comme une réponse à la crise budgétaire, les civils coûtant moins cher que les policiers en salaire et en équipements en Amérique du Nord (ce qui n'est peut-être pas le cas en Europe). Mais la littérature identifie également que la civilianisation accroît la qualité du service délivré, les civils spécialisés offrant une valeur ajoutée à l'organisation là où les policiers sont largement formés pour être généralistes. Du fait de leur formation universitaire, les civils peuvent devenir un appui technique dans les rôles de support (dont la gestion et l'analyse des données font partie), tandis que cela permet aux services de réorienter les effectifs policiers vers les missions opérationnelles. D'un point de vue général, bien que l'impact de la présence de civils dans les services de police semble étonnamment faire l'objet de peu d'évaluations, mon expérience me laisse comprendre qu'elle est fortement positive. Dans nombre de pays à moyen ou faible IDHI en revanche, et au regard de la faible rémunération des policiers, le recrutement de civils diplômés peut représenter un investissement budgétaire. Malheureusement, en 10 ans de missions internationales, je n'ai jamais vu la question de la civilianisation de la police prise en considération dans les programmes de modernisation des services de police, outre au sein des observatoires de la violence et des acteurs de la régulation sociale, en dépit de l'avantage technique et culturel qu'elle peut apporter.

Féminiser la police offre un double avantage : d'une part améliorer le statut de la femme en revendiquant une place pour les femmes dans les emplois historiquement masculins, bien qu'il n'existe pas intrinsèquement de métiers d'hommes, comme il n'existe pas intrinsèquement de métiers de femmes. Et d'autre part, améliorer le service offert au public sur le plan de la diversité, dont les services publics offerts aux femmes elles-mêmes. J'ai déjà cité les travaux de Palermo, Bleck et Peterman (2014, déjà cité) dans 24 pays « en voie de développement » quant aux difficultés pour les femmes victimes de violences conjugales de considérer la police comme une voie de recours. Or, l'influence des femmes policières sur la sous-culture policière est démontrée; on pourra lire à ce titre les synthèses de littérature de Westmarland (2008, p. 253-281[1]) pour la Grande-Bretagne ou encore ceux de Silvestri (2017[2]) qui incluent également les États-Unis, pour ne citer qu'eux. De nombreux guides de procédures existent au sein de la communauté internationale afin d'accompagner les services de police dans la féminisation de leurs effectifs et la prise en charge des femmes victimes. On peut se référer, sans être exhaustif,

(Consulté le 7 juillet 2023).

[1]Westmarland, L. (2008). Police cultures. *Handbook of policing*, *2*, 253-281. https://static1.squarespace.com/static/5b7ea2794cde7a79e7c00582/t/632d9bcc133e185bbb0f350a/1663933391323/handbook-of-policing-.pdf#page=282 (Consulté le 7 juillet 2023).

[2]Silvestri, M. (2017). Police Culture and Gender: Revisiting the 'Cult of Masculinity'. *Policing: A Journal of Policy and Practice*, *11*(3), 289-300. https://kar.kent.ac.uk/65679/1/Silvestri-M-37039-AAM.pdf (Consulté le 7 juillet 2023).

au manuel sur les services de police sensibles au sexe pour les femmes et les filles victimes de violence d'ONU-femmes (2021 [1]), au guide *Gender-Sensitive Police Reform in Post-Conflict Societies* (ONU-femmes, 2012[2]), aux quatre volumes du *Gender and Security Sector Reform Toolkit* de DCAF (2008 [3]). Et sur la féminisation des opérations de paix où les retours d'expériences sont intéressants pour la féminisation des corps de police, on peut se référer au *United Nations Police Gender Toolkit* de DPKO (2015[4]) et au rapport 2021 du *Elsie Initiative Fund for Uniformed Women in Peace* Operations (2021[5]).

Ce qui est vrai pour les femmes l'est également pour certaines minorités déjà évoquées et pour lesquelles des guides de procédures existent également. On peut citer celui de Dignitem (2021[6]) qui traite des relations entre personnes handicapées et services de police, ainsi que le guide développé par le *National Resource Center for Reaching Victims* américain et FORGE en 2020[7] à l'égard des communautés LGBTQQIA2+.

3. Les données des services de santé

Dans leur analyse des données issues des victimes d'agressions en Galles du Sud (Grande-Bretagne), Sutherland et collab. (2002[8]) démontrent qu'en six

[1]Women, U. N. (2021). Handbook on Gender-responsive Police Services for Women and Girls Subject to Violence. https://www.unwomen.org/sites/default/files/Headquarters/Attachments/Sections/Library/Publications/2021/Handbook-on-gender-responsive-police-services-en.pdf (Consulté le 7 juillet 2023).

[2]UN-Women (2012) Gender-Sensitive Police Reform in Post-Conflict Societies. https://www.unwomen.org/sites/default/files/Headquarters/Attachments/Sections/Library/Publications/2012/10/WPSsourcebook-04B-GenderSensitivePoliceReform-en.pdf (Consulté le 7 juillet 2023).

[3]Bastick, M., et Valasek, K. (2010). *Gender and Security Sector Reform Toolkit*. ODIHR. https://www.dcaf.ch/gender-and-security-toolkit (Consulté le 7 juillet 2023).

[4]DPKO (2015) The United Nations Police Gender Toolkit. https://police.un.org/sites/default/files/united_nations_police_gender_toolkit_handbook1.pdf (Consulté le 7 juillet 2023).

[5] The Elsie Initiative Fund (2021) Annual Report 2021: Diversity. Inclusion. Transformation. file:///C:/Users/ycque/Downloads/2021%20Annual%20Narrative%20and%20Financial%20Report_Elsie%20Fund.pdf (Consulté le 7 juillet 2023).

[6]Dignitem Foundation (2021) For inclusive quality police services for persons with disabilities, 10 areas of action. https://www.un.org/development/desa/disabilities/wp-content/uploads/sites/15/2021/08/Guidelines-For-Inclusive-Police-Services-PwD-ENG.pdf (Consulté le 4 juillet 2023).

[7]National Resource Center for Reaching Victims and FORGE (2020) Improving Relations with LGBTQ+ Communities : A Guide for Law Enforcement. https://forge-forward.org/wp-content/uploads/2020/11/LawEnforcementGuide-FINAL.pdf (Consulté le 10 juillet 2023).

[8]Sutherland, I., Sivarajasingam, V. et Shepherd, J. P. (2002). Recording of community violence by medical and police services. Injury Prevention, 8(3), 246-247.

mois, 67,3 % des 1513 agressions colligées n'avaient été enregistrées que par les services d'urgences hospitalières, 23,6 % que par les services de police et seulement 10,8 % par les deux. Et dans son *World Homicide Survey*, Ouimet (2016, p. 29[1]) identifie une quarantaine de pays où les données d'ONUDC divergent notablement de celles de l'OMS en matière d'homicides. Au-delà des questions intrinsèquement liées aux institutions, comme l'écrivaient Skogan en 1984[2] et Carach en 1997[3], ce faible taux de report s'explique par une diversité de facteurs. Citons la faible gravité des conséquences, la possibilité d'être pris en charge par des assurances privées, la faible confiance à l'égard des services de police, une plurivictimisation ou encore la nature de la relation entre la victime et l'agresseur. Les travaux de Sutherland et collab. (2002, déjà cité) confirment l'importance de collecter et d'analyser les données hospitalières, et illustrent également la nécessité de diversifier les sources de données, ce qui est au cœur de la pratique des observatoires. On pourra sur ce sujet lire les travaux tropicalisés de Hayden (2020[4]) sur le traitement de la criminalité à Mexico.

3.1. Les données des structures de santé

Les données hospitalières pertinentes pour les observatoires sont d'abord celles issues des unités d'urgence et des morgues, puisque c'est le point d'entrée des personnes blessées ou décédées à la suite de violences. Selon les pays, les personnes décédées hors institutions de santé (dont les victimes d'homicides et d'accidents mortels de la circulation) peuvent être emmenées directement à la morgue sans passer par les services hospitaliers de soins. De ce fait, ces personnes peuvent ne pas figurer dans les registres hospitaliers,

---

https://injuryprevention.bmj.com/content/injuryprev/8/3/246.full.pdf (Consulté le 13 juillet 2023).

[1]Ouimet, M. (2016). World homicide survey global research report. *International Center for Comparative Criminology. Canada. https://depot.erudit.org/bitstream/004059dd/1/rapport_recherche_m_ouimet.pdf* (Consulté le 9 août 2023).

[2]Skogan, W. G. (1984). Reporting crimes to the police: The status of world research. *Journal of research in crime and delinquency*, *21*(2), 113-137. http://www.skogan.org/files/Reporting_Crime_to_Police-Status_of_World_Research.C_D_1984.pdf (Consulté le 13 juillet 2023).

[3]Carcach, C. (1997). *Reporting crime to the police* (Vol. 68). Canberra: Australian Institute of Criminology. https://www.aic.gov.au/sites/default/files/2020-05/tandi068.pdf (Consulté le 13 juillet 2023).

[4]Hayden, T. B. (2020). Criminalization through Complicity:(Not) Reporting Crime in Mexico City. *PoLAR: Political and Legal Anthropology Review*, *43*(2), 211-227. https://www.researchgate.net/profile/Tiana-Hayden/publication/345942830_Tiana_Bakic_Hayden_Criminalization_through_Complicity_Not_Reporting_Crime_in_Mexico_City/links/5fb2843b299bf10c3683ed2f/Tiana-Bakic-Hayden-Criminalization-through-Complicity-Not-Reporting-Crime-in-Mexico-City.pdf (Consulté le 13 juillet 2023).

d'autant plus dans le cas de morgues non hospitalières. De plus, les informations pertinentes pour un observatoire peuvent être éparpillées dans plusieurs services hospitaliers et bases de données, tels que le service des admissions d'un côté et le dossier patient aux urgences de l'autre. Méthodologiquement, si certaines informations peuvent être directement numériquement intégrées aux bases de données hospitalières (comme l'âge, le sexe, etc.) d'autres, plus circonstancielles (comme la nature des blessures, l'arme utilisée, etc.), requièrent une analyse de contenu des dossiers des patients, ce qui est bien plus demandant en ressources. Ce sont ces bases de données anonymisées hospitalières que les observatoires vont chercher à obtenir sur une base régulière afin de les croiser avec les autres sources de faits constatés et rapportés.

3.1.1. L'OMS et le renforcement des capacités

Ce que recommande l'OMS en 2007[1] est la création dans chaque ministère de la santé d'un point de convergence des données sur la violence ayant pour fonction de coordonner un « système de surveillance épidémiologique des blessures ». « Le rôle de ce point focal est de coordonner les efforts de gestion et de prévention au sein du ministère ainsi qu'entre le ministère et d'autres institutions, tant nationales qu'internationales, et de veiller à ce que ces efforts se concrétisent. » (p. 9; traduction libre de l'auteur). Mais avant même de créer un système de données spécifique, l'OMS recommande l'exploitation de plusieurs sources médicales ou paramédicales telles que les rapports d'autopsie ou de pathologie, les dossiers des services des urgences, les dossiers des patients hospitalisés, les registres des traumatismes, les dossiers d'ambulance, les centres de réadaptation et les régimes nationaux d'assurance (p. 15). Ces points de convergence, qui peuvent accéder à des sources parfois inconnues des observatoires de la violence et des acteurs de la régulation sociale, constituent des interlocuteurs de choix.

En conformité avec les recommandations de l'OMS, l'Afrique du Sud, qui est un pays à moyen IDHI où les taux de blessures volontaires dépassent ceux de blessures involontaires (Jabar et Matzopoulos, 2017, p. 48[2]), a développé en 1999 le *National Injury Mortality Surveillance System* (NIMSS). D'après l'*University of South Africa*, partenaire au projet, la base de données du NIMSS comprend plus de 350 000 cas de violences fatales[3] et sert de base

---

[1] World Health Organization. (2007). Preventing injuries and violence: a guide for ministries of health. https://apps.who.int/iris/bitstream/handle/10665/43628/9789241595254_chi.pdf (Consulté le 14 juillet 2023).

[2] Jabar, A., et Matzopoulos, R. (2017). Violence and injury observatories: Reducing the burden of injury in high-risk communities. *South African crime quarterly*, *59*, 47-57. file:///C:/Users/ycque/Downloads/ajol-file-journals_509_articles_155016_submission_proof_155016-6013-405024-1-10-20170419.pdf (Consulté le 14 juillet 2023).

[3] University of South Africa (unknown) Injury Information, Monitoring and Evaluation

d'information dans une perspective de développement de programmes de prévention et de politiques publiques. En 2005, Matzopoulos[1] a publié un état de situation du NIMSS et de ses données. Celles-ci viennent principalement des registres des morgues, des rapports de la police et de ceux des médecins légistes. Les données sont enregistrées selon la classification internationale des maladies de l'OMS, elles sont horodatées et géolocalisées, et enrichies des données toxicologiques produites en laboratoire. Les données descriptives présentées par Matzopoulos (2005) en matière d'homicides laissent entendre que celles-ci sont de qualité satisfaisante, au moins pour les quatre principaux centres urbains du pays que sont Johannesburg, Durban, Cape Town et Pretoria-Tshwane. Ces conclusions corroborent l'analyse de la qualité des données sur les homicides réalisée par ONUDC en Afrique du Sud en 2019[2].

3.1.2. La Classification internationale des maladies (CIM)

Si les services de police disposent d'une classification internationale standardisée en matière de crimes, les services de santé disposent de la Classification internationale des maladies (CIM). La CIM est le système international standardisé de classification épidémiologique repris par l'OMS depuis 1945, élaboré sur la base des travaux de Bertillon à la fin du XIXe siècle. La dernière version, la CIM-11[3], date de 2022 et se présente sous forme d'une typologie constituée de 22 catégories pathologiques au sein desquelles les données sont désagrégées. Le chapitre 23, « causes externes de morbidité et de mortalité », codifie de façon très détaillée les accidents de transport, les lésions auto-infligées, les agressions, l'intervention de la force publique, les faits de guerre, l'alcoolémie, etc. À la différence des services de police dont les classifications peuvent correspondre au code criminel national, toute organisation de santé, plus particulièrement tout établissement hospitalier qui répond aux exigences de l'OMS en matière d'enregistrement des données épidémiologiques, dispose de ces informations standardisées.

Systems Strand. https://www.unisa.ac.za/static/corporate_web/Content/Colleges/CGS/schools,%20institutes%20&%20research%20chairs/institutes/stri/ishs/vipru/181135_Surveillance%20Systems%20poster_Print.pdf (Consulté le 14 juillet 2023).

[1]Matzopoulos, R. (2005). Violent deaths in SA: The 2003 National Injury Mortality Surveillance System. South African Crime Quarterly, (13). file:///C:/Users/ycque/Downloads/assafspu,+Journal+manager,+CQ13MATZOPOULOS.pdf (Consulté le 14 juillet 2023).

[2]UNODC (2019) Methodological Annex to The Global Study on Homicide 2019. https://www.unodc.org/documents/data-and-analysis/gsh/Meth_Annex_GHS.pdf (consulté le 30 juin 2023).

[3]https://icd.who.int/en (Consulté le 14 juillet 2023).

3.2. Données hospitalières dans les pays à faible ou moyen IDHI

3.2.1. La qualité des données hospitalières au Liberia

Si les données hospitalières présentent des avantages certains, les unités de soins font face aux mêmes défis que les services de police quant aux ressources et aux compétences disponibles dans les pays à moyen et surtout à faible IDHI. *Small Arms Survey* (Collinson, 2016[1]) a conduit un travail tout à fait intéressant au Liberia en 2011 et en 2012 en évaluant la qualité des données hospitalières puis en les comparant avec les autres sources de données dont disposait le LAVO (*Liberia Armed Violence Observatory,* présenté précédemment). En 2012, le LAVO (2012, p. 2 et p. 4[2]) recevait ses données à 63 % des services de police nationale et à 22 % des entités onusiennes, des services de santé publique pour 11 % et de différents médias pour 4 %. D'autres acteurs étaient parties prenantes (Justice, Défense, ONG, etc.), mais ne semblaient pas participer au processus de centralisation des données. Pour des raisons inconnues des évaluateurs, le LAVO ne recevait des données de santé publique que de trois hôpitaux (deux à Monrovia, mais à l'exclusion de l'hôpital de référence de la capitale, et un seul en région, de taille modeste) (Collinson, 2016, p. 25). Cela générait immanquablement des « trous dans la carte » et rendait impossible une agrégation globale des données sanitaires au niveau national. Rappelons aussi que lorsque seuls les hôpitaux publics participent à la démarche, cela prive les autorités de santé publique d'une partie des données nationales; d'autant que toute donnée de santé, qu'elle soit traitée par un établissement public ou privé, reste une donnée de santé publique.

Il est apparu dans les travaux de *Small Arms Suvrey* que les données n'étaient pas colligées de façon permanente et constante dans les deux hôpitaux de la capitale, certains dossiers de patients pourtant très riches d'information n'étant même parfois non pris en considération. Ainsi la mission d'évaluation a multiplié par deux le nombre de victimes de blessures causées par autrui recensées dans un hôpital et par cinq dans l'autre, pour la durée concernée. Les typologies utilisées étaient différentes, ici les victimisations à caractère sexuel n'étaient pas prises en compte et là, c'était le profil des auteurs ou les caractéristiques des armes employées, pourtant des informations précieuses. En matière de désagrégation des données, la nature des informations collectées divergeait également, et de nombreuses données

---

[1]Collinson, L. (2016). Value of Hospital Data: Understanding and Preventing Intentional Injury in Liberia. Small Arms Survey, Geneva. https://www.smallarmssurvey.org/sites/default/files/resources/SAS-WP22-Liberia.pdf (Consulté le 13 juillet 2023).

[2]Lavo (2012) Second report. Monrovia. https://lavotest.files.wordpress.com/2012/07/lavo-report-july-2012.pdf (Consulté le 13 juillet 2023).

manquantes altéraient la capacité à les exploiter. Enfin, l'absence de standardisation dans le processus d'enregistrement des données entre les deux hôpitaux rendait l'agrégation impossible (enjeu d'interopérabilité). Bien que les données policières restaient les premières données de l'observatoire en volume, il manquait des informations essentielles comme celles en matière de violences d'origine interpersonnelle, d'arme utilisée ou de profil d'auteur. Il est apparu que les données hospitalières présentaient bien plus de potentiel aussi bien en quantité qu'en qualité.

Les travaux de *Samll Arms Survey* approfondissent les conclusions de Zavala et collab. (2007 [1]) qui avaient évalué la qualité des données hospitalières d'unités d'urgence au Kenya, au Nigeria, en Ouganda, en République démocratique du Congo et en Zambie entre 2006 et 2007. Bien que l'échantillon soit faible (71,4 cas en moyenne par hôpital et par pays), il était clairement apparu que des données de base comme la date des faits ou la nature et la localisation des blessures étaient loin d'être renseignées de façon systématique.

Rappelons qu'il peut faire partie de la mission des observatoires d'accompagner tout type d'organisation, qu'elle soit de santé, de sécurité ou autre, dans le renforcement de leurs capacités de collecte, de conservation, voire de traitement de leurs données. Mais la question des ressources, des compétences et des procédures reste, comme en matière de sécurité publique, au cœur des enjeux de qualité des données en santé publique dans les pays à moyen et surtout à faible IDHI.

3.2.2. Le projet CariSecure de l'arc caraïbe

J'ai déjà évoqué le projet CariSecure de la CARICOM au titre des observatoires régionaux, dont l'objet est d'assurer la disponibilité de données « de qualité, comparables et fiables » (CariSecure, 2016[2]) dans une démarche d'*Evidence-based policing*. Le projet initial, dans sa phase 2014-2020 de 14 millions de dollars américains, était orienté vers la prévention des violences et plus particulièrement celles faites aux jeunes. Le projet semble se développer opérationnellement dans sa phase CariSecure 2.0, planifiée de 2022 à 2026[3]. Le plus significatif du programme CariSecure est que « la logique d'intervention du projet est basée sur une approche de santé publique

---

[1]Zavala, D. E., Bokongo, S., John, I. A., Mpanga, S. I., Mtonga, R. E., Aminu, Z. M. et Olupot-Olupot, P. (2007). A multinational injury surveillance system pilot project in Africa. Journal of Public Health Policy, 28, 432-441. https://nru.uncst.go.ug/xmlui/bitstream/handle/123456789/1570/Special%20Section%20A%20Multinational%20Injury.pdf?sequence=1&isAllowed=y (Consulté le 13 juillet 2023).

[2]UNDP (2016) CariSecure Project Document. https://info.undp.org/docs/pdc/Documents/R46/Final%20CARISECURE%20Project%20Document%20-%20signed.pdf (Consulté le 6 juin 2023).

[3]https://www.undp.org/barbados/projects/carisecure-20 (Consulté le 13 juillet 2023).

de la prévention de la violence », et non comme on en a le plus souvent l'habitude, sur une approche police-justice. Cette approche épidémiologique appliquée à la prévention et à la lutte contre la violence, avec une orientation forte en matière de protection de la jeunesse, se déclinait en quatre étapes : 1) identifier les problèmes, 2) identifier les risques et les facteurs de protection, 3) développer et tester des stratégies de prévention et 4) assurer l'adoption généralisée de ces stratégies.

De toutes les institutions rencontrées dans le cadre de ma mission d'audit, les services publics de santé disposaient des données les plus complètes et de meilleure qualité. Et parmi celles-ci, les données de l'hôpital reine Elisabeth de Bridgetown (Barbade), que j'ai déjà mentionné, se démarquaient par leur remarquable qualité, et plutôt à des fins de priorisation interne des ressources. Les données étaient systématiques du fait d'un enregistrement administratif rigoureux et informatisé des patients entrant et sortant du système hospitalier. Elles étaient standardisées du fait de l'application d'un pays à l'autre de la classification internationale des maladies (CIM) développée par l'OMS, ce qui les rendait comparables à l'échelle de la région et dans le temps. Elles étaient minimalement désagrégées par sexe et âge et présentaient des informations sur la nature des blessures pour chaque patient. Malheureusement, le défaut de personnel ne permettait pas une analyse plus avancée des données qui finalement n'étaient que trop peu exploitées par les institutions de santé publique elles-mêmes.

J'espère être parvenu à établir la nécessité d'avoir accès aux données hospitalières comme source indispensable de données sur la violence pour un observatoire, en dépit des défis que le traitement de ces données peut poser dans les pays à moyen et faible IDHI. Mais il ne faut cependant pas oublier que les hôpitaux ne colligent que les atteintes criminelles contre les personnes, ou d'accidentologie routière qui conduisent les victimes à recevoir des soins de santé; ce qui exclut les victimes non blessées. Cela exclut également tous les crimes n'atteignant pas les personnes, dont ceux contre les biens.

4. Les données judiciaires et pénitentiaires

Selon les pays, les institutions judiciaires et pénitentiaires dépendent du même ministère ou sont des institutions publiques séparées. Il peut donc y avoir deux sources de données différentes et d'ailleurs pas toujours interopérables.

4.1. Les données judiciaires

Les données judiciaires comprennent en général le nombre d'affaires soumis aux tribunaux administratifs, civils, criminels, etc., les décisions prises et les peines prononcées le cas échéant. Dans les pays à moyen ou faible IDHI, les données des tribunaux pénaux ne sont pas toujours accessibles, soit du fait d'un défaut d'enregistrement et de centralisation systématique, soit du fait de la non-collaboration de l'administration judiciaire. Les données relatives aux atteintes aux biens restant toujours plus compliquées à obtenir.

ONUDC a développé pour les services de police et de justice un logiciel de gestion intégrée de dossiers criminels : « *Investigation and Intelligence Case Management System* » appelé aussi goCASE[1]. goCASE se propose de stocker l'ensemble des informations collectées, de faciliter les analyses de données criminelles, de produire les documents requis en matière de procédures et de preuves, et fait le lien avec la poursuite judiciaire qui est souvent le maillon défaillant du fait des protocoles et systèmes différents entre police et justice.

Cependant, il reste quasiment impossible d'obtenir des données significatives quant aux peines d'amendes pour lesquelles il y a dans les pays à faible IDHI par exemple, très peu, voire aucune procédure de traçabilité effective; cela n'étant pas indifférent aux enjeux de « petite corruption quotidienne » comme l'appellent Blundi et Olivier de Sardan (2001[2]) dans leurs travaux sur le Bénin, le Niger et le Sénégal.

Deux autres types de données sont intéressantes à collecter. D'une part, les données relatives aux sanctions des mineurs, lesquels doivent bénéficier de par les conventions internationales d'un traitement indépendant du processus de justice pour adultes[3], et qui constitue un enjeu de respect des droits humains. D'autre part, les données relatives aux solutions de rechange à l'incarcération, dispositifs historiquement développés par les nations autochtones millénaires (Tauri, 2016[4]) et qui donnent un aperçu de l'orientation du corridor pénal ainsi que des processus de réconciliation.

De nombreuses initiatives locales de justice réparatrice ont vu le jour ces dernières décennies dans les pays à moyen ou faible IDHI, à l'image du programme Zwelethemba en Afrique du Sud (Shearing et Froestad, 2010[5]). J'ai rencontré beaucoup d'activités de médiation héritées de passés séculaires au fil de mes déplacements, mais en général sans que celles-ci fassent partie d'un programme structuré par l'État, ce qui serait en mesure d'assurer

---

[1]http://gocase.unodc.org/ (Consulté le 28 août 2023).

[2]Blundo, G., et De Sardan, J. P. O. (2001). La corruption quotidienne en Afrique de l'Ouest. *Politique africaine*, (3), 8-37. https://www.cairn.info/revue-politique-africaine-2001-3-page-8.htm (Consulté le 11 juillet 2023).

[3]https://www.ohchr.org/fr/instruments-mechanisms/instruments/united-nations-standard-minimum-rules-administration-juvenile (Consulté le 11 juillet 2023).

[4]Tauri, J. M. (2016). Indigenous Peoples and the Globalization of Restorative Justice. *Social Justice*, 46-67.

[5]Shearing, C., et Froestad, J. (2010). Nodal governance and the Zwelethemba Model. https://www.researchgate.net/profile/Clifford-Shearing/publication/258028638_Nodal_Governance_and_the_Zwelethemba_Model/links/56fe46b908aee995dde7290d/Nodal-Governance-and-the-Zwelethemba-Model.pdf (Consulté le 8 septembre 2023).

simultanément reconnaissance institutionnelle et respect des normes de droit. Ces activités, tissées au cœur des cultures locales, restent malheureusement en général très peu documentées.

4.2. Les données pénitentiaires

Les données pénitentiaires que j'ai pu observer sont des données de fonctionnement administratif; il s'agit le plus souvent de décompter quotidiennement le nombre d'entrants et de sortants au sein des différents centres de détention ainsi que les incidents qui surviennent. Généralement, des synthèses sont établies mensuellement et annuellement pour l'administration centrale à des fins de gestion et de planification. Les informations disciplinaires sont également enregistrées pour le suivi des détenus, mais assez rarement extraites des dossiers et colligées. En général, la désagrégation des données répond à un besoin opérationnel, comme le sexe et l'âge, pour que la personne condamnée soit détenue dans un centre approprié au regard des conventions internationales. Cependant, il m'est arrivé d'observer dans certains pays des Caraïbes des données relatives au profil socio-économique des détenus dans une perspective de réhabilitation. Tous les pays que j'ai visités disposaient de statistiques judiciaires, mais parmi les données judiciaires, les plus durablement et fiablement renseignées restaient les données pénitentiaires.

> « Georgetown, 14 juin 2017. Avec ma collègue fixeure, directrice d'une ONG locale, nous nous présentons devant la haute palissade rouge et verte de la prison de Georgetown. L'immense édifice en bois occupe tout le quadrilatère et par-dessus les barbelés, on aperçoit les étages supérieurs des blocs cellulaires et des bâtiments administratifs. Après les contrôles d'usage, c'est dans l'un d'eux que je suis reçu. Quelques volées de marches et j'entre dans une pièce d'une quinzaine de mètres carrés. Les murs de bois peints en jaune sont ajourés d'une rangée de fenêtres à guillotine flanquées d'encadrements peints en vert et qui ouvrent sur l'enceinte de la prison. Des rideaux roses filtrent une lumière ardente tandis qu'un ventilateur asthmatique tente en vain de donner un peu de fraîcheur aux deux fonctionnaires présentes. Un vieux classeur métallique des années soixante trône fièrement à côté du nouvel écran plat, tandis que de grands livres aux couvertures cartonnées noires et écornées s'amoncellent ici et là. C'est le journal des entrées que l'on m'ouvre, toujours complété à la main et avec un soin visible. Dégoulinant de sueur, je me plonge aussitôt avec régal dans les données scrupuleusement compilées depuis des années, des décennies... dans la mémoire de l'administration pénitentiaire.

Georgetown, 18 juillet 2017. Seconde visite où je retrouve mon amie fixeure; elle me ramène à la prison et nous stationnons devant la grande enceinte de ferraille rouge et verte. Mais cette fois, il n'y a plus de contrôle à l'entrée, plus d'entrée, plus de blocs cellulaires, plus d'archives, plus de mémoire pénitentiaire, plus de prison… Dix jours plus tôt un incendie a ravagé la prison de bois[1]. Une émeute de prisonniers comme celle, sept mois auparavant qui avait déjà coûté la vie à 18 personnes. Je suis là, incrédule, sur le seuil de ce qui fut un des sites les plus sécurisés de Georgetown, devenu un terrain vague et boueux au fond duquel trônent des monticules de débris amassés par les bulldozers. À la mémoire de l'officier Odinga Wickham, décédé en devoir d'une balle au thorax en ce 9 juillet 2017. » Quéro YC. (à paraître). Carnets de voyage d'un coopérant international.

4.3. Collaborations judiciaires et pénitentiaires

Le principal avantage des institutions judiciaires et pénitentiaires est que les données sont, sans mauvais jeu de mots, captives des institutions, à la différence par exemple des données de victimisation qu'il faut aller chercher sur le terrain. Considérant qu'il s'agit de données de fonctionnement, les protocoles d'enregistrement, de centralisation et d'analyses sont théoriquement plus faciles à développer que dans les institutions qui requièrent des données secondaires.

Or, l'intérêt de disposer et d'analyser les données judiciaires et pénitentiaires est multiple pour un observatoire. D'une part, dans la grande majorité des pays à moyen et faible IDHI que je connais, ces données sont très peu analysées par leurs administrations et quand elles le sont, c'est à des fins immédiates de gestion administrative. Il y a pour les observatoires une vraie pertinence à offrir un service d'analyse de la réponse pénale aux institutions intéressées, à l'image de ce que faisait l'observatoire français.

D'autre part, les données relatives à la chaîne pénale sont rares et en général sous-évaluées, même dans les pays à IDHI élevé. Les administrations judiciaire et pénitentiaire sont des composantes essentielles de la chaîne pénale, et il est toujours pertinent de reconstituer la chaîne pénale de la commission des actes jusqu'à la fin de la sanction afin de mesurer la réalité du traitement des crimes. Cela permet de mettre en perspective l'efficacité de la chaîne pénale, d'analyser en quoi elle répond aux attentes sociétales ainsi que de tracer les effets des différentes politiques pénales. Toutefois, la reconstitution de la chaîne pénale reste complexe à réaliser, les données policières, judiciaires et pénitentiaires étant la plupart du temps, y compris

[1] https://guyaneseonline.net/2017/07/09/breaking-news-jail-break-and-fire-at-georgetown-prison/ (Consulté le 7 juin 2023).

dans les pays à fort IDHI, non interopérables. C'est là que la position transversale d'un observatoire peut-être un atout. La reconstitution au cas par cas du cheminement d'un échantillon d'affaires criminelles au travers des différentes étapes policières et judiciaires reste le plus souvent le seul moyen d'illustrer le fonctionnement de cette chaîne pénale.

Toutefois, la collaboration avec la Justice n'est pas un long fleuve tranquille. J'ai souvent fait face au protectionnisme de l'institution judiciaire, ironiquement le plus souvent afin de préserver une pudique confidentialité quant à l'état d'archaïsme bureaucratique de l'institution. Mais parfois également du fait de la non-application partielle ou totale des normes internationales en matière d'accès à la Justice et de respect des droits humains des personnes détenues (comme pour les mineurs), ce qui ne manque pas de générer certaines sensibilités politico-administratives. Je ressens souvent une forme d'embarras des partenaires locaux quand les Nations unies par exemple viennent évaluer la manière dont ils fonctionnent afin de développer programmatiquement les structures, alors que la volonté d'appliquer les normes judiciaires internationales n'est pas toujours très apparente. Enfin, dans la collaboration, c'est assez souvent que j'ai été confronté à une certaine forme de protectionnisme, voire de condescendance de la magistrature à l'égard des services de police. Si la reddition de comptes — on ne parlera pas de transparence — n'est pas le point fort des services de police, que dire alors de certaines institutions judiciaires que j'ai pu rencontrer.

5. Les instituts de la statistique

Certains pays font le choix de confier la gestion de leurs données policières à leur institut de la statistique. Considérant que ces mêmes instituts de la statistique réalisent les enquêtes de victimisation quand elles existent, ils deviennent les principaux acteurs de données en matière de sécurité publique, même si chaque corps de police dispose de ses propres données et développe ses propres analyses. Dans le développement de projets d'observatoire, j'ai dû à plusieurs reprises expliquer de façon comparée les avantages et les limites de confier les statistiques criminelles et policières à un institut de la statistique versus à un observatoire.

5.1. Instituts de la statistique ou observatoires ?

Les instituts de la statistique dépendent le plus souvent des ministères de l'Économie ou du Plan et disposent de statisticiens formés qui opèrent dans les différents champs d'activité publics et économiques. Avec le temps, les instituts de la statistique m'apparaissent les principaux concurrents des observatoires dans la sphère publique quand vient le temps de développer la collecte et l'analyse des données sur la criminalité. L'argument budgétaire est généralement favorable aux instituts de la statistique puisque les structures existent déjà de façon opérationnelle. Avant de faire un comparatif des principaux atouts des deux solutions, je propose de présenter le fonctionnement de Statistique Canada qui dispose d'un monopole sur les données policières au Canada.

5.1.1. La mission de Statistique Canada

Le Canada a fait le choix de confier ses statistiques criminelles à son institut de la statistique. « En vertu de la Loi sur la statistique[1], Statistique Canada doit recueillir, compiler, analyser, dépouiller et publier des renseignements statistiques portant sur les activités commerciales, industrielles, financières, sociales, économiques et générales de la population et sur l'état de celle-ci ». L'organisation a deux objectifs principaux : « fournir des renseignements et des analyses statistiques sur la structure économique et sociale du Canada [et] promouvoir l'utilisation de pratiques et de normes statistiques »[2]. C'est à ce titre que « Stat Can » est compétent dans le domaine « crime et justice », et décline données et analyses en matière de crimes et infractions, de victimisation, de tribunaux et de services correctionnels.

Les sources de données de Stat Can sont multiples. 1) Stat Can a le pouvoir, dans un cadre prévu par la loi, d'exiger d'organisations du secteur public et privé que lui soient remises sur une base régulière des données caractéristiques de leurs activités. C'est à ce titre que les services de police du Canada transmettent les données relatives à la criminalité selon le format standardisé de la Déclaration uniforme de la criminalité. 2) Stat Can développe également régulièrement des sondages auprès de tout ou partie de la population, à commencer tous les cinq ans par le recensement démographique. C'est à ce titre que tous les cinq ans également, Stat Can déploie son sondage de victimisation. 3) Que ce soit de façon manuelle ou automatisée, Stat Can collecte également et contrôle la qualité des données ouvertes disponibles sur Internet, c'est-à-dire des données volontairement mises en ligne par des organisations qui, par souci de partage, de transparence ou de reddition de comptes, les mettent à la disposition du public. 4) Stat Can a développé une communauté de pratique au fil du temps, faisant « appel à une grande communauté d'utilisateurs pour recueillir des renseignements. Elle repose sur le principe selon lequel chaque citoyen est un expert dans son milieu ». Ainsi, préalablement à la légalisation du cannabis récréatif, Stat Can avait développé une plateforme Internet invitant les consommateurs de cannabis illicite à déclarer anonymement le prix auquel ils achetaient la substance afin d'effectuer une veille de l'état du marché. 5) Enfin, fort de toutes ces sources, Stat Can pratique le « couplage de microdonnées », c'est-à-dire que Stat Can croise les données compatibles afin de recréer de nouvelles séries de données

[1]https://laws.justice.gc.ca/eng/acts/s-19/FullText.html (Consulté le 21 juin 2023).
[2]https://www.statcan.gc.ca/en/about/mandate (Consulté le 21 juin 2023).

qui prennent à leur tour, sur des sujets spécifiques, le statut de données sources (ce que l'on appelle les données tertiaires). Comme tout bon établissement public canadien, une quantité significative de données et d'analyses sont gratuitement disponibles au public sur Internet. Toutefois, l'accès à la plupart des données brutes est payant.

5.1.2. Les instituts de la statistique, pays à moyen ou faible IDHI

La situation dans les pays à moyen IDHI est très variable et, à ma connaissance, peu de pays ont demandé à leur institut de la statistique de développer de véritables collectes et analyses en matière de sécurité. Le plus gros bailleur de fonds des instituts de la statistique dans les pays à moyen ou faible IDHI reste la Banque mondiale, ce qui tend à la priorisation des études relatives au développement économique. Toutefois, certains instituts interviennent largement au-delà des seules questions économiques, au titre d'une mission complémentaire et plus ou moins proactive d'entrepôt de données, comme à la Barbade. Ils jouent alors un rôle consistant à colliger et à centraliser les données quantitatives de tous les ministères, y compris en matière de sécurité publique.

Ma mission dans les États des Caraïbes a montré que les services de police étaient de façon générale peu enclins à partager leurs données avec les instituts nationaux de la statistique, car ils considéraient ces derniers comme étant associés au monopole de la sécurité publique. Dans les cas où les données étaient partagées, celles-ci arrivaient souvent de façon trimestrielle ou annuelle et sous forme de tableaux de synthèse peu lisibles. Les données étaient en général non désagrégées, et les définitions des données et les méthodes de collecte non partagées, parfois simplement parce que ces documents n'ont jamais existé ou ont été perdus au sein des services faisant la collecte.

Dans les pays à faible IDHI, les instituts de la statistique ont également pour mission de réaliser les recensements de la population, sous forme de sondages. La question du rattachement de l'observatoire à l'institut de la statistique s'est toujours posée. La vie de ces structures, les moyens de fonctionnement et le recrutement de compétences représentent des défis de fonctionnement quotidien autant pour ces institutions que pour les observatoires.

5.1.3. Bref comparatif entre observatoires et instituts de la statistique

Dans ce tableau succinct, les deux options sont mises en perspective. Si les instituts de la statistique ont une compétence avérée en matière quantitative en général, il peut se présenter deux limites principales : 1) la capacité pour un institut de la statistique de développer une réelle expertise en sécurité publique et pas seulement en statistique et 2) le fait que les instituts de la statistique n'ont pas pour mandat ni compétence de déployer des collectes de données qualitatives. Le choix de créer un observatoire tout en développant un partenariat étroit avec l'institut national de la statistique a toujours été retenu. Mais il faut rester conscient que la rationalisation budgétaire conduit plutôt vers le développement des instituts de la statistique, bien que dans aucun des projets auxquels j'ai collaboré ça n'a été le choix final.

Principaux enjeux	Observatoires	Instituts de la statistique
Indépendance	Dépend de la nature de l'autorité de tutelle. Plus elle est proche des services de police, plus l'indépendance peut être contestée.	Du fait qu'ils relèvent de l'Économie ou du Plan, les instituts de la statistique sont censés être plus indépendants quant aux questions de sécurité, ce qui dépend de la nature de leurs relations avec le pouvoir central.
Scientificité	La scientificité des observatoires est toujours à démontrer, elle ne s'acquiert qu'avec le temps au regard de la qualité des livrables.	La scientificité des instituts de la statistique est acquise du fait de la formation des analystes et du soutien des organisations internationales comme la Banque mondiale.
Compétence territoriale	Peut être implantée au niveau régional, national ou local et peut opérer à tous les échelons territoriaux inclus dans sa compétence d'implantation.	Structure étatique qui intervient sur l'ensemble du territoire national.
Accès aux données	Les observatoires restent soumis à la transmission négociée des données par les services partenaires; un observatoire d'État peut potentiellement disposer plus facilement des données policières.	Le statut relevant de l'État peut faciliter l'accès aux données policières.
Diversité méthodologique	Dispose d'une liberté de diversifier ses méthodologies de collecte et	Dispose d'une expertise en matière de statistiques. Ne développe pas de

	d'analyse quantitatives et qualitatives.	compétences en matière de données qualitatives.
Expertise et pluridisciplinarité	Aspire à disposer de diplômés aux compétences diversifiées afin d'analyser les phénomènes de sécurité publique sous une diversité d'angles.	Dispose principalement de statisticiens et d'experts en méthodologie quantitative, voire en géomatique.
Structure de rattachement	Variable selon le statut de l'observatoire et le contexte de sa création.	Ministère de l'Économie, des Finances ou du Plan. Cela a une incidence sur la pérennité de la structure qui, à la différence de beaucoup d'observatoires, ne disparaîtra pas.
Aspects budgétaires	Coût additionnel de création et de fonctionnement de la structure.	Évite le dédoublement des structures, l'ajout de nouvelles missions en sécurité publique ayant un faible impact budgétaire. Permet un lancement rapide de la production du fait de la maturité de la structure.

Tableau 3 : Tableau de synthèse comparatif des principaux enjeux rencontrés par les observatoires et les instituts de la statistique (proposition de l'auteur).

5.2. Les données populationnelles des instituts de la statistique

Même lorsque les instituts de la statistique ne collectent pas les données criminelles, ils restent des acteurs essentiels : d'une part parce qu'ils disposent en général de nombreuses données populationnelles (comme les recensements) et d'autre part parce qu'ils peuvent être les partenaires idéaux dans le cadre de réalisation de sondages de victimisation.

5.2.1. Les données démographiques et économiques

Par exemple, le Tchad, qui reste un pays de grande précarité économique, dispose d'un institut de la statistique, l'Institut National de la Statistique, des Études Économiques et Démographiques (INSEED), qui présente des données très pertinentes pour un observatoire. Outre les recensements démographiques qui sont indispensables aux analyses réalisées par les observatoires, les données disponibles en ligne couvrent la plupart des secteurs d'activité du pays. J'ai trouvé, en me faisant inviter sur place, quelques pépites telles que les données sur les flux migratoires, travaux soutenus en 2022 par l'Organisation internationale pour les migrations. L'ensemble de ces données permettent aux observatoires d'élever leur capacité d'analyse et d'aller au-delà de la présentation de résultats strictement descriptifs.

5.2.2. Les sondages de victimisation

Les sondages de victimisation se sont développés depuis les années 1970 dans les pays à l'IDHI le plus élevé, à commencer historiquement par la Grande-Bretagne. Mais leur utilisation s'est largement répandue depuis 20 ans dans les pays à moyen et faible IDHI sous l'impulsion des grandes agences internationales de coopération comme celles des Nations unies ou de l'Union européenne. Les sondages de victimisation constituent un outil d'autant plus important que les données policières sont peu fiables ou inexistantes, comme c'était le cas lors de mes missions en Afghanistan, en Haïti et en Somalie. Il s'agit typiquement du type de collecte de données que l'observatoire peut organiser, seul ou en collaboration avec des partenaires spécialistes des sondages, comme les instituts de la statistique ou certains départements universitaires (le plus souvent en économie). Je recommande pour des raisons d'autonomie que l'observatoire acquiert la compétence méthodologique et pratique de conception et d'organisation de terrain de sondages; à cette fin, la présence d'un statisticien représentera toujours une valeur ajoutée pour un observatoire. C'est cependant aussi l'occasion de développer des partenariats vertueux et de mutualiser les expertises avec les instituts de la statistique ou les universités locales.

a) Des sondages pour évaluer la victimisation, le sentiment d'insécurité et l'efficacité des acteurs

En analysant la victimisation, il s'agit d'aller au-delà des faits rapportés principalement sur la base des plaintes et des appels aux numéros d'urgence, par les services de police. Les sondages de victimisation vont permettre d'obtenir un portrait de ce dont les populations locales se déclarent victimes, ce qui constitue un moyen pertinent de contourner les faibles taux de report de certains crimes. Pour autant, cela ne garantit pas que le sondage de victimisation capte l'ensemble de la victimisation réellement subie, entre autres du fait de la persistance de certains tabous en matière de victimisation conjugale ou sexuelle, dans certains contextes culturels et religieux par exemple.

Mais les sondages de victimisation sont aussi l'occasion de poser des questions sur le sentiment d'insécurité, dont c'est le principal outil de mesure. Rappelons ici deux éléments relatifs au sentiment d'insécurité et qui sont à mesurer. Ainsi, le sondage de victimisation permet d'évaluer la sensation ressentie en matière de sécurité dans les différentes activités quotidiennes, ce qui constitue un indicateur important du bien-être de la population. L'idéal est de décliner l'information en fonction des lieux, des activités et des moments de la journée. Le sondage de victimisation permet aussi de mesurer les changements d'habitudes liés à l'insécurité ressentie, cette mesure étant la conséquence de la précédente. Il peut s'agir de ne pas envoyer les enfants seuls à l'école à pied, d'éviter certains secteurs connus comme à risque en matière de vol, d'éviter de sortir de chez soi à la nuit tombée, etc. Ces données sont importantes puisqu'elles vont permettre d'évaluer la désappropriation sociale de certains espaces publics à certaines heures par la population habitante, cette désappropriation facilitant l'installation d'autres appropriations pouvant mener à des zones de délinquance (Wilson et Kelling, 1982[1]). Pour une évaluation de terrain au niveau du quartier, je renvoie les observatoires à l'organisation de marches exploratoires.

Les sondages de victimisation servent enfin à évaluer le rôle des régulateurs sociaux formels et informels, et la manière dont ils sont perçus par la population, sur la base de la trilogie accessibilité, légitimité, efficacité. Il s'agit en premier lieu des services de police et de justice, mais aussi des autorités civiles locales, des autorités religieuses, des acteurs régionaux et internationaux (y compris les groupes terroristes ou de crime organisé, les forces armées régionales ou les Casques bleus). C'est là une bonne occasion de questionner la population sur les enjeux de corruption, d'arbitraire et d'abus de pouvoir des autorités, en fonction du véritable degré d'indépendance de l'observatoire.

b) Repères méthodologiques

D'un point de vue méthodologique, de nombreux guides existent qui proposent aussi bien de réaliser des questionnaires, de définir des échantillons que de gérer le terrain ou de réaliser des analyses. Le guide développé par ONUDC et UNECE (2010[2]), et auquel plusieurs instituts de la statistique ont participé, reste un document de référence.

Rappelons que le croisement entre données policières et données issues des sondages de victimisation est possible, mais constitue un travail méthodologique d'importance. Parmi les défis rencontrés, citons simplement le décalage qu'il ne manque pas d'y avoir entre la définition des données reflétant la loi pénale et celle issue de la compréhension de l'habitant qui répond à un questionnaire destiné à la population. J'ai déjà évoqué ce point auquel peuvent être confrontés services de police et ONG dans leur collaboration.

---

[1]Wilson, J. Q., et Kelling, G. L. (1982). Broken Windows. *Atlantic monthly*, *249*(3), 29-38. https://urbanpolicy.net/wp-content/uploads/2012/11/Kelling+Wilson_1982_BrokenWindows_policing.pdf (Consulté le 10 août 2023).

[2]UNODC, UNECE (2010) Manual on Victimization Surveys. Geneva. https://www.unodc.org/documents/data-and-analysis/Crime-statistics/Manual_on_Victimization_surveys_2009_web.pdf (Consulté le 10 août 2023).

Rappelons également que les résultats des sondages de victimisation ne peuvent pas, en général, être comparés entre des territoires différents ou des temps différents, à moins que strictement la même méthodologie et le même questionnaire ne soient employés. Il existe deux exceptions que sont l'*International Crime Victims Survey* (ICVS) et son corollaire européen (EUICS, 2005[1]). L'ICVS a été déployé à méthodologie constante près de 150 fois, dans 80 pays différents, entre 1989 et 2010 (Dijk et collab. 2007[2]). Les résultats comparés restent tout à fait pertinents et on ne peut que regretter que cette initiative n'ait pas perduré.

c) Les sondages de victimisation à l'épreuve de la sécurité

Dans les pays à faible IDHI, les difficultés tiennent en général moins aux enjeux de méthodologie, surtout si l'institut local de statistique peut apporter son soutien à un observatoire moins expérimenté ou qui ne dispose pas de la compétence, qu'aux défis que pose le terrain de collecte. La sécurité des énumérateurs, des répondants et de leur environnement ainsi que des données doit rester une priorité absolue. Que le risque soit d'ordre climatique, sécuritaire ou autre, l'ensemble de ces facteurs doit être pris en considération avant la collecte de données, dans une approche éthique irréprochable. J'ai déjà cité l'exemple du district 16 à Kaboul en discutant des enjeux d'éthique; les contraintes étaient similaires en Somalie. Par exemple, le fait de s'assurer du respect de l'intégrité physique et sexuelle des énumérateurs et des énumératrices alors qu'ils et elles peuvent intervenir lors du porte-à-porte à l'intérieur des domiciles doit être très sérieusement pris en considération.

La sécurité des répondants est essentielle également, c'est un enjeu d'éthique prioritaire. Le fait même de participer à une enquête diligentée par une quelconque autorité peut constituer en soi un risque pour la sécurité des participants et participantes, d'autant dans les pays où les femmes peuvent ne pas être libres de s'adresser seules à des inconnues. Les contraintes liées à la sécurité des participants peuvent avoir une influence sur le choix des questions et leur formulation. C'est pourquoi la participation de collègues nationaux est indispensable afin de s'assurer de l'adéquation culturelle de la démarche. Plusieurs SOPs sont disponibles sur le sujet (UN-Women, 2022[3]; Lalonde et

---

[1]EUICS Consortium. (2005). Methodology of the European Crime and Safety Survey. EU ICS working paper series. Brussels. https://www2.unil.ch/icvs/files/2012/11/WP_methodology.pdf (Consulté le 3 mai 2024).

[2]Dijk, J. V., Kesteren, J. V. et Smit, P. (2007). Criminal Victimisation in International Perspective. https://web.archive.org/web/20080625184952/http://rechten.uvt.nl/icvs/pdffiles/ICVS2004_05.pdf (Consulté le 10 août 2023).

[3]UN-Women, (2022). Safe Consultations with Survivors of Violence Against Women and Girls. https://www.unwomen.org/sites/default/files/2022-12/Safe-consultations-with-survivors-of-violence-against-women-and-girls-en.pdf (Consulté le 3 mai 2024).

collab., 2020[1]; WHO, 2016[2]; Lambrick M. et Traver K., 2008[3]). J'ai précédemment évoqué les avantages et les inconvénients liés à l'utilisation d'outils technologiques, comme les tablettes.

d) Limites budgétaires et perspectives pour les sondages de victimisation

Le coût de ces sondages reste très élevé considérant la logistique qui est requise, dans la mesure où cela requiert des énumérateurs afin de poser les questions aux habitants constituant l'échantillon, mais également pour remplir, nettoyer et préparer la base de données pour analyse. La taille de l'échantillon détermine la marge d'erreur des résultats, donc le degré de fiabilité du sondage, ce qui entraîne inévitablement la mise en place d'équipes de terrain potentiellement importantes. À titre d'exemple, à Kaboul, en bénéficiant du faible coût relatif d'une main-d'œuvre pourtant qualifiée, j'avais évalué un coût entre 5,5 et 6 dollars américains par répondant. J'avais également anticipé un taux de réponse prévisionnel de 70 % et trois jours de formation pour les énumérateurs. Le sondage avait été planifié dans 15 districts différents parmi les huit provinces où le programme de police e-mardumi était déployé.

Par ailleurs, l'enjeu n'est pas tant de faire une enquête de victimisation, mais de la reproduire à intervalles réguliers afin de saisir les évolutions sécuritaires et sociétales, comme le pratiquait l'OCVP en Somalie. Une répétition tous les cinq ans semble une fréquence raisonnable. En deçà de cinq ans, il est difficile de justifier la dépense et de trouver le financement du fait du peu de changements sociétaux significatifs. Au-delà de cinq ans, les organisations prennent le risque de ne pas saisir à temps certains changements en matière de violence. Il s'agit donc de négocier en permanence entre pertinence technique et disponibilité budgétaire. Les organisations internationales sont en général assez volontaires à investir dans ce type d'outils, d'autant plus facilement que les pays ne disposent pas de données policières fiables. Cependant, il reste compliqué de justifier d'investir avec régularité pour répéter les sondages dans le temps. Le sondage initial sert en général à des fins de plan d'action pour le programme, mais l'intérêt d'une évaluation continue des phénomènes sécuritaires intéresse moins. Même dans

---

[1]Lalonde, D., Baker, L., Nonomura, R. et Tabibi, J. (2020). Trauma-and violence-informed interview strategies in work with survivors of gender-based violence. Learning Network Issue, 32, 1-9. https://gbvlearningnetwork.ca/our-work/issuebased_newsletters/issue-32/Newsletter_Issue_32.pdf (Consulté le 3 mai 2024).

[2]WHO. (2016). Ethical and safety recommendations for intervention research on violence against women: Building on lessons from the WHO publication *Putting women first: ethical and safety recommendations for research on domestic violence against women.* file:///C:/Users/ycque/Downloads/9789241510189-eng.pdf (Consulté le 3 mai 2024).

[3]Lambrick M., et Traver K. (2008). Women's Safety Audits: What Works and Where? Women in Cities International and UN-Habitat. Nairobi, Kenya. https://unhabitat.org/sites/default/files/download-manager-files/1404462831wpdm_Women%27s%20Safety%20Audit.pdf (Consulté le 3 mai 2024).

les pays à IDHI élevé, le maintien des fréquences de réalisation des sondages de victimisation est un combat permanent; malheureusement, je ne le gagne pas toujours.

La réduction des coûts inhérents aux sondages de victimisation passe dans la pratique par trois stratégies qui peuvent être complémentaires : la réduction du questionnaire à la levée d'indicateurs ciblés, l'élargissement du sondage à des partenaires qui paient pour leur participation à l'outil et enfin l'intégration des nouvelles technologies. 1) Au titre de la première stratégie, le premier sondage est en général exploratoire et s'étend largement, avec un nombre de questions dont la limite est le plus souvent la contrainte de temps de remplissage du questionnaire sur le terrain. L'idée qui avait été développée par le chef d'équipe du PNUD en Afghanistan était de sélectionner les indicateurs dont le besoin était certain et de ne déployer le sondage qu'avec les questions strictement pertinentes. Si cela constitue une économie de temps et d'argent appréciée des donateurs, l'outil perd beaucoup de son utilité comme détecteur de tendances en matière de violence et de régulation sociale. 2) La deuxième stratégie, trop peu utilisée, consiste à louer une partie des questions à des partenaires en santé, en alimentation, en éducation, etc. Des partenaires nationaux ou internationaux qui n'auraient pas les moyens techniques, économiques ou logistiques de développer leur propre sondage, mais qui trouvent leur intérêt à pouvoir lever quelques données de terrain, moyennant participation financière. Bien entendu, un cadre de cohérence technique et éthique doit faciliter le partenariat. 3) La troisième stratégie devient peu à peu un standard, c'est l'introduction des technologies comme l'utilisation de tablettes, déjà évoquée. Les questionnaires sur support papier nécessitent un transport à la cellule de centralisation et un enregistrement manuel des données ainsi qu'une équipe de vérification et de correction de celles-ci. Le processus prend du temps, des espaces de bureau, du matériel informatique et du personnel formé, le tout étant assez coûteux. De plus, les erreurs commises sur le terrain avec les questionnaires papier ne sont pas toujours corrigibles et certaines données sont alors perdues. Nous avons même perdu un paquet de questionnaires anonymisés en Somalie. L'utilisation de tablettes permet de gagner du temps dans le remplissage des questionnaires et lors du nettoyage d'une base de données qui comporte moins d'erreurs; cela permet aussi, comme évoqué, de sécuriser une transmission plus rapide. De plus, d'un point de vue du renforcement des compétences des énumérateurs, la formation à l'utilisation de ces outils technologiques peut constituer une valeur ajoutée supplémentaire. J'ai toujours fait en sorte que des attestations de formation soient remises aux énumérateurs à la fin de leur session de formation afin qu'ils puissent potentiellement tirer un avantage professionnel de l'expérience. De ce point de vue, je rejoins tout à fait la préoccupation des Inuit et des Premières nations du Québec lorsqu'ils déclarent à propos des travaux de recherche réalisés dans leurs communautés : « quant aux jeunes générations, leur participation à la recherche doit être favorisée puisqu'elle leur permettra de renforcer leurs compétences et, partant, d'apporter une contribution significative au développement de leur communauté » (Asselin et Basile, 2012, p. 6[1]). Comme l'analyse la Banque mondiale (2016[2]), la tendance en matière de possession de téléphones cellulaires est exponentielle depuis les années 2000, au point que cela devient un moyen très commode de faire des sondages de consistance variable. Cela peut aller du court sondage par texto (dont l'envoi de réponses peut être préfinancé auprès des opérateurs), jusqu'au questionnaire traditionnel traité par conversation téléphonique. L'utilisation des réseaux de téléphonie mobile par Internet permet d'alléger considérablement les coûts de communication pour de tels sondages.

e) « Ce ne sont pas que des données »

J'ai souvent répété ce mantra au cours de ces 10 années de terrain à l'international. Les données quantitatives sont une représentation intellectuelle d'une réalité humaine. En ce sens, elles ne sont pas que des données. Entre les chiffres et les corrélations, elles racontent des histoires d'hommes et de femmes, de villages et de tribus, de territoires et de populations.

> « En croisant les données de l'enquête de victimisation en Somalie, j'étais à la recherche du profil des victimes d'homicides. Quelle était la prévalence de femmes victimes ? Quelles étaient les tranches d'âge les plus représentées ? Quels étaient les types d'armes utilisées, etc. ? Et elle était là. Elle s'était imposée à moi à travers mes écrans, mes tableaux, mes colonnes de chiffres et mes lignes de pourcentages. Elle était morte à cinq ans. Elle était de Mogadiscio, et un éclat de mortier avait scellé son sort. En croisant les données, je découvrais l'essentiel de sa vie, ses parents. Je me suis tu, seul devant mes écrans, et en pensée j'ai commémoré la mémoire de cette enfant tuée par la bêtise et la brutalité des hommes. Puis j'ai pensé à ses parents, à leur indicible douleur. Il y a eu d'autres fillettes de cinq ans, d'autres histoires de mortiers, beaucoup d'autres données, mais cette fillette vivra dans mon cœur jusqu'à ma mort. Depuis, j'ai souvent eu l'occasion de rappeler que ce ne sont pas que des

---

[1]Asselin, H., et Basile, S. (2012). Éthique de la recherche avec les peuples autochtones. Qu'en pensent les principaux intéressés ?. *Éthique publique. Revue internationale d'éthique sociétale et gouvernementale*, *14*(1). https://journals.openedition.org/ethiquepublique/959 (Consulté le 29 août 2023).

[2]World Bank Group. (2016). *World Development Report 2016: Digital dividends*. World Bank Publications. https://documents1.worldbank.org/curated/en/961621467994698644/pdf/102724-WDR-WDR2016Overview-ENGLISH-WebResBox-394840B-OUO-9.pdf (Consulté le 10 août 2023). Pour les données à jour : https://data.worldbank.org/indicator/IT.CEL.SETS.P2

données. » Quéro YC. (à paraître). Carnets de voyage d'un coopérant international.

6. Les données des autres services publics

Beaucoup d'autres données sont disponibles, et beaucoup d'autres organisations publiques collectent des données, parfois de façon tout à fait insoupçonnée. Sortir des registres habituels de la police, voire de la santé, offre parfois de belles rencontres et de nouvelles perspectives.

6.1. Universités et réseaux d'experts : le *World Homicide Survey*

Un exemple significatif de réseau d'experts auquel j'ai collaboré est celui qu'avait développé Ouimet de l'Université de Montréal (Canada), dans le cadre du *World Homicide Survey.* Afin de recenser les homicides dans le monde dans une approche comparative désagrégée et contextualisée, Ouimet (2016[1]) avait développé un réseau de partenaires experts dans le monde entier, ce qui inclut un grand nombre de pays à moyen ou faible IDHI. Ouimet définit comme experts (p. 3) les universitaires enseignants et chercheurs (58 % des participants), les acteurs judiciaires et correctionnels (11,3 %), les gradés de la police (10,7 %), les acteurs gouvernementaux (4,3 %), les journalistes (3,8 %) ainsi que d'autres acteurs jugés pertinents au regard du contexte local (11,8 %). Les experts étaient invités à remplir un questionnaire uniforme disponible en ligne et traduit en cinq langues; plusieurs experts par pays avaient été recrutés, ce qui permettait de comparer leurs réponses et d'assurer un contrôle qualité (p. 9). Plus de 1200 questionnaires exploitables ont été remplis, couvrant 149 pays, soit près de 94 % des pays dans le monde (p. 7). La masse d'information colligée contribuait largement à la connaissance de l'homicide dans les pays à moyen ou faible IDHI; la technique de réseau d'experts reste selon moi une source techniquement intéressante et valorisante de l'expertise locale lorsque des données fiables ne sont pas accessibles.

[1]Ouimet, M. (2016). World Homicide Survey – Global Research Report. *International Center for Comparative Criminology. Canada.* *https://depot.erudit.org/bitstream/004059dd/1/rapport_recherche_m_ouimet.pdf* (Consulté le 9 août 2023).

6.2. Les données des villes

La contribution des villes aux données de sécurité n'est pas si courante dans les pays à moyen ou faible IDHI. Et il y a là un enjeu si l'on considère que selon ONU-Habitat (2022, p. XV[1]), 56 % de la population mondiale devait être urbaine en 2021 et 68 % d'ici 2050, et que les villes concentrent les faits de violence. Le fait que les données soient trop rarement désagrégées pour les grandes agglomérations urbaines limite l'analyse. Toutefois, les villes sont aussi des ressources précieuses de données contextuelles : démographie, économie locale, santé et éducation, environnement, etc. À l'instar de plus en plus d'organismes publics (instituts de la statistique, ministères) et de la société civile, les villes donnent de plus en plus librement accès à leurs données dans le cadre du développement de leurs stratégies de gouvernance, sous forme de « données ouvertes ». Ces données peuvent constituer des mines d'or pour les analystes, lorsque celles-ci sont intelligiblement présentées. De nombreuses cartographies peuvent être disponibles parmi les données ouvertes. En 2016, la ville de Cape Town en Afrique du Sud a entériné la décision de mettre en ligne une quantité significative de données, même si la quantité de données de sécurité publique reste mineure2. Dans sa politique publique, la ville juge que les données ouvertes représentent un accès légitime des citoyens à l'information. On peut également citer la ville de Bogotá en Colombie qui dispose de données ouvertes, y compris de cartographies relatives à la sécurité publique3.

6.3. Les services de l'environnement : le cas du Tchad

La Direction de la conservation de la biodiversité, des parcs nationaux et de la chasse (DCBPNC) au Tchad dépend du ministère de l'Agriculture et de l'Environnement; ils ont été associés dès les travaux préliminaires à la création de l'observatoire au Tchad. Dans le cadre d'un programme international de suivi, cette direction collecte systématiquement les informations relatives au braconnage des éléphants et des girafes dans un objectif fondamental de préservation de la biodiversité. C'est dans ce contexte que MIKE [4] (*Monitoring the Illegal Killing of Elephants*) se concentre sur la protection des éléphants en Afrique et en Asie, ayant été développé dans le cadre de la Convention sur le commerce international des espèces de faune et de flore

[1]UN-Habitat (2022) World Cities Report 2022. Envisaging the Future of Cities. United Nations Human Settlements Programme. Nairobi. https://unhabitat.org/sites/default/files/2022/06/wcr_2022.pdf (Consulté le 10 février 2024).

[2]https://www.capetown.gov.za/City-Connect/All-City-online-services/open-data-portal/ (Consulté le 28 août 2023).

[3]https://datosabiertos.bogota.gov.co/ (Consulté le 28 août 2023).

[4]https://citesmike.org/ (Consulté le 9 août 2023).

sauvages menacées d'extinction (CITES). La DCBPNC collecte les informations relatives aux faits de braconnage (espèces des bêtes abattues, lieux avec coordonnées GPS des carcasses, méthodes d'abatage, photos, etc.) ainsi qu'aux auteurs lorsque ceux-ci sont interpellés. Selon les données partagées par la DCBPNC de 2003 à 2014, ce sont en moyenne 52 carcasses d'éléphants découvertes tous les ans au Tchad, dont 46 identifiées comme issues du braconnage. La DCBPNC voyait un grand intérêt à participer aux travaux de l'observatoire, aussi bien dans la perspective d'étendre le spectre des données collectées que dans le cadre de la réalisation d'études spécifiques sur l'ensemble des crimes fauniques et des atteintes à l'environnement.

ONUDC (2022[1]) a publié un guide complet sur la prévention et la lutte contre les crimes environnementaux qui décrit les réglementations internationales et les organismes compétents, la gestion du renseignement et des équipes d'enquête, les procédures judiciaires à suivre, et qui présente les conditions de la coopération internationale sur le sujet.

6.4. La diversification des agences autonomes

D'autres services publics peuvent être partie prenante et des partenaires pertinents pour les observatoires. Ce sont le plus souvent les circonstances qui font découvrir telle ou telle unité administrative d'intérêt. Dans une perspective croissante depuis maintenant plus de 20 ans de *New Public Management*[2], de plus en plus d'agences autonomes prennent en charge certains pans de l'activité publique ou parapublique. Ça peut être le cas en matière de droits des femmes, de prévention et de lutte contre la corruption, de contrôle des marchés publics et de contrôle des marchés financiers, etc., autant de partenaires potentiels pour un observatoire.

[1]UNODC (2022) Wildlife and Forest cCime Analytic toolkit. Second edition. Vienna. https://www.unodc.org/documents/Wildlife/Toolkit_e.pdf (Consulté le 28 août 2023).

[2]Osborn, D., Gaebler, T. et Holman, T. R. (1994). Reinventing Government.

Chapitre 6 : Société civile et secteur marchand

Stoker (1998[1]) définit la société civile comme tout ce qui n'est ni public ni commercial. Et les organisations de la société civile et du secteur marchand sont d'autant plus développées que les services publics le sont peu, soit du fait d'un contexte politique néolibéral, soit du fait d'un manque chronique de ressources publiques, voire les deux; l'un pouvant d'ailleurs contribuer à l'autre. Le rôle que jouent ces acteurs formels ou informels non étatiques en sécurité publique est devenu essentiel dans le paysage de l'économie publique de ces dernières décennies. Mais ils le seraient en tout état de cause pour deux autres raisons majeures : d'une part, l'extraordinaire créativité que je vous présente dans ces pages et qui, j'espère, pourra en inspirer certains, et d'autre part, la contribution à une légitimité globale relative aux enjeux de sécurité à laquelle ces acteurs participent de facto, certes dans des proportions variables qui justement requièrent une certaine observation.

1. Laisser les ONG prendre leur place

Le plus souvent, les ONG locales se spécialisent dans des champs d'intervention particuliers et y développent des expertises reconnues : atteintes aux droits humains, prise en charge d'enfants et de femmes victimes de violences, abus de pouvoir et corruption, etc. Le travail de ces ONG est d'autant plus essentiel d'un point de vue de la documentation de ces faits de nature délicate que la police n'en a pas toujours la capacité. J'ai rencontré au cours de mes missions de nombreuses ONG plus méritantes les unes que les autres, se débattant souvent avec des situations tragiques et de bien faibles moyens, et j'ai souvent collaboré avec elles. Le souci que certaines ont, parallèlement à leur action de terrain, d'entretenir une collecte systématique de données probantes afin d'étayer leurs messages destinés au tissu social et aux gouvernements est tout à fait remarquable et mérite toute forme de soutien, et plus particulièrement celui des observatoires.

Des réserves restent cependant à mentionner au regard de certaines situations en matière de démarches de collecte et d'analyse de données. 1) J'ai été assez souvent confronté à certaines limites en matière de systématicité et de qualité des données, simplement liées à la pression de la charge de travail et du fonctionnement quotidien des ONG locales. 2) S'ajoutait souvent un niveau de formation très limité, par le contexte des opérations le plus souvent, quant à la manière de collecter et de conserver des données. 3) Au-delà de la

[1] Stoker, G. (1998). Governance as theory: five propositions. *International social science journal*, *50*(155), 17-28.

gestion des données, certaines questions de respect du droit et des principes d'éthique pouvaient passer à l'arrière-plan, surtout à l'égard des auteurs présumés d'actes de violence. 4) J'ai régulièrement rencontré des lacunes quant à l'anonymisation des données nominatives et à la protection des informations personnelles. On m'a quasi systématiquement transmis des bases de données complètes remplies d'informations personnelles, ce que je n'étais pas censé avoir en ma possession. 5) Je n'ai en revanche jamais constaté d'actes irresponsables quant au partage des données avec des tiers, mais le manque de sensibilisation et de formation quant à ces enjeux est significatif.

Il n'en demeure pas moins qu'en général les bases de données contiennent beaucoup d'informations personnelles non indispensables, que les données ne sont en général pas anonymisées ni chiffrées (cryptées) et qu'elles restent le plus souvent assez facilement accessibles physiquement. En général, ces enjeux ne sont pas assez pris au sérieux par les institutions et ONG internationales qui les accompagnent. Il est vrai que pour les ONG, la continuité des travaux sur les données constitue un défi permanent lié le plus souvent à la permanence des financements et à la rétention des employés ressources. Tout cela amène au rôle que peuvent jouer les observatoires dans le cadre de la communauté de pratique en soutien aux organisations qui le souhaitent, dans une perspective de développement progressif de leurs capacités.

Je vais présenter à présent certains exemples des ONG qui m'ont le plus marqué par l'aspect remarquable de leur mission en sécurité publique ou du fait de l'incroyable ressource que représentent leurs données. C'est aussi une manière de les saluer et de leur rendre hommage.

1.1. Help & Shelter : données quantitatives d'entrevues qualitatives (Guyana)

Help & Shelter[1] est une ONG créée en 1995 qui accueille une vingtaine de victimes de violences physiques et sexuelles par mois, essentiellement des femmes adultes, mais aussi des mineurs. À ma connaissance, l'ONG constitue la plus importante ressource en Guyana quant aux violences faites aux femmes et aux enfants, et dispose de refuges à Georgetown en partie financés par l'État. En 2011, l'ONG a d'ailleurs reçu les félicitations de l'État pour ses services.

Les victimes sont d'abord reçues en entrevue afin que leurs besoins soient identifiés et que la prise en charge soit adaptée. Ces entrevues qualitatives me sont apparues très rigoureuses, et font l'objet de prises de notes précises. L'information collectée alimente une base de données où celles-ci sont désagrégées[2]. De fait, l'ONG est devenue la première source de services et de

[1]https://www.hands.org.gy/ (Consulté le 9 août 2023).

[2]Les variables collectées sont : le statut mineur-adulte, le sexe, la tranche d'âge, l'appartenance ethnique, la région de résidence, le statut d'emploi, le niveau d'éducation,

données au pays au sujet des violences faites aux femmes et aux enfants. Les données sont consolidées mensuellement et annuellement, mais ne font malheureusement pas l'objet d'une analyse croisée quantitative et qualitative et ne servent qu'à des fins strictement opérationnelles. Une partie des données anonymisées est d'ailleurs accessible sur Internet depuis janvier 2011.

1.2. INSEC : la collecte en réseau (Népal)

J'ai déjà évoqué l'ONG népalaise INSEC1, qui travaille dans le contexte post-guerre civile au Népal; guerre civile de 1996 à 2006 où 13 000 personnes ont péri et de 100 000 à 150 000 ont été déplacées. Dans un tel contexte, INSEC a développé une méthodologie de collecte d'information qui n'est pas basée sur les institutions, mais sur le volontariat de citoyennes et de citoyens organisés en réseau.

Dans chacun des 75 districts administratifs que compte le territoire népalais, INSEC dispose d'un représentant, une personne en général instruite, comme un universitaire, un avocat ou un journaliste. Ces coordonnateurs ont la responsabilité de développer au niveau de leur district leur propre réseau territorial de sources, des partenaires locaux qui peuvent être enseignants, journalistes, policiers, magistrats, comptables, gestionnaires, religieux, etc.

La mission du coordonnateur de district est d'être informé par son propre réseau territorial aussi systématiquement que possible de la survenance de tout incident, d'en vérifier l'existence réelle et de le documenter. La tâche de vérification des faits et de documentation implique plusieurs démarches complémentaires : d'une part, les victimes, leurs proches, les témoins et leurs voisins sont invités à témoigner lors d'entrevues; d'autre part, une visite est faite au poste de police local ainsi qu'à l'hôpital afin de consulter les registres disponibles à des fins de recherche d'informations complémentaires; enfin, des rencontres avec les autorités locales et les médias locaux peuvent être organisées afin de partager l'information et de sensibiliser les autorités et la population.

Les coordonnateurs de districts disposent d'un questionnaire électronique détaillé établi par le siège d'INSEC à Katmandou qu'ils doivent remplir pour chaque incident. Ils transmettent les questionnaires au siège tous les mois ou trois mois, selon l'activité. Le siège centralise l'ensemble des données et met sa base de données à jour au fur et à mesure. Les données sont désagrégées par sexe, groupe d'âge, nature d'incident, degré de gravité pour les victimes, causes supposées, etc., et cartographiées par district. Les coordonnateurs de districts sont formés régulièrement à la collecte et à la compilation des données, à la sécurisation électronique des données ainsi qu'aux enjeux d'éthique, élément qui faisait alors partie de mon mandat auprès d'INSEC.

---

le type de victimisation et le lien entre l'agresseur et la victime.

[1]https://www.insec.org.np/ (Consulté le 11 août 2023).

Le *Violence Monitoring Report* d'INSEC se veut une photographie des actes de violence recensés pendant l'année civile, selon une structure définie. En 2013, INSEC (p. 18 et 191) a rapporté 3389 incidents de violence commis contre les personnes et a inscrit 3846 victimes décédées ou ayant nécessité une assistance médicale.

Le coordonnateur de district est en veille constante. Si cela présente l'avantage de renforcer la systématicité de la détection des incidents, cela présente aussi la limite d'une hypersensibilité à tous les événements et le risque de surinterprétation de ceux-ci. Le mieux peut parfois devenir l'ennemi du bien. La constance de la procédure lisse en partie les effets du biais, les données étant collectées toujours de la même manière au sein d'un district. Le croisement de données collectées par plusieurs sources sur un même incident, à la manière des travaux de Ouimet (2016, déjà cité), permet d'avoir une lecture plus distanciée des événements et de lisser ce biais. Mais cela augmente considérablement la charge de travail des volontaires.

Cette méthode peut permettre, dans des régions peu accessibles parce que reculées ou présentant des poches de conflits actifs, d'obtenir des données sur une base régulière, permettant de suivre l'évolution de la nature, de l'intensité (incluant l'usage d'armes) et de la géolocalisation des incidents de violence. Cette approche méthodologique basée sur une collecte par questionnaire en réseau peut ainsi permettre la détection des changements de situation. Bien qu'imparfaite, elle reste d'intérêt pour les observatoires cherchant à développer des outils du type *early warning*.

1.3. Uramel et la médecine légale au service des femmes (Haïti)

L'Unité de Recherche et d'Action médico-légale (Uramel) est une ONG haïtienne implantée à Port-au-Prince et dont la vocation globale est de promouvoir la médecine légale et le droit de la santé en Haïti[2]. Plus précisément, Uramel reçoit les femmes et les enfants victimes de violences physiques et sexuelles et les accompagne sur le plan médical, psychosocial, mais également juridique, dans le cadre des recours possibles. Uramel fait un travail exceptionnel de médecine légale que je n'ai rencontré nulle part ailleurs, et qui représente une source de données incomparable.

---

[1]INSEC (2013) Violence Monitoring Report. Katmandou. https://www.insec.org.np/wp-content/uploads/2017/12/Violence-Monitoring-Report-2013.pdf (Consulté le 11 août 2023).

[2]https://www.facebook.com/Uramel99/about/?ref=page_internal (Consulté le 11 août 2023).

1.4. I Paid a Bribe : crowdsourcing et crowdmapping

En 2010, le site anticorruption indien « *I Paid a Bribe* »[1] rend publics des données et des témoignages en matière de corruption et les cartographie en ligne par État. L'ONG « *Janaagraha Centre for Citizenship and Democracy* »[2], qui est derrière le site Internet, transmet ainsi les informations en temps réel à la population et sur une base régulière aux autorités politiques et aux médias dans une perspective de lutte contre la corruption. Les données sont collectées de façon anonyme par *crowdsourcing* (ou « production participative ») qui, comme l'écrit Aitamurto (2012, p. 53; traduction libre de l'auteur), « couvre un large éventail d'outils qui utilisent le pouvoir et les connaissances des foules rassemblées via Internet ». Depuis sa création, à en croire le site, près de 200 000 dénonciations auraient été enregistrées pour un préjudice financier dépassant 360 millions de dollars américains. Fort de son succès, le site a été répliqué en 2017 dans 14 pays différents (Ryvkin et collab., 2017, p. 3[4]). Les informations qui peuvent être transmises sur le site par les victimes ou témoins sont relatives au contexte de l'incident, à sa fréquence, à sa nature, à sa localisation et à la somme d'argent exigée. Il est aussi possible de transmettre de brefs narratifs (qualitatifs) décrivant les événements. Je consacre ici quelques lignes afin d'expliquer le principe du *crowdsourcing* (et du *crowdmapping*) et ses enjeux, considérant qu'il s'agit d'une approche encore en développement.

Au-delà de sa grande diversité et des enjeux de définition qu'elle pose (Estellés-Arolas et González-Ladrón-de-Guevara, 2012[5] ; Ryvkin et collab., 2017, déjà cité), je considère ici comme *crowdsourcing* une approche méthodologique par laquelle la population transfère volontairement de l'information sur des faits dont elle est l'objet ou qu'elle observe vers des plateformes Internet de centralisation où les données sont enregistrées et

---

[1]http://www.ipaidabribe.com/#gsc.tab=0 (Consulté le 16 août 2023).

[2]https://www.janaagraha.org/home/ (Consulté le 16 août 2023).

[3]Aitamurto, T. (2012). Crowdsourcing for democracy: A new era in policy-making. *Crowdsourcing for Democracy: A New Era In Policy-Making. Publications of the Committee for the Future, Parliament of Finland, 1.* file:///C:/Users/ycque/Downloads/SSRN-id2716771.pdf (Consulté le 23 juin 2023).

[4]Ryvkin, D., Serra, D. et Tremewan, J. (2017). I paid a bribe: An experiment on information sharing and extortionary corruption. European Economic Review, 94, 1-22. https://diginole.lib.fsu.edu/islandora/object/fsu:545091/datastream/PDF/view (Consulté le 16 août 2023).

[5]Estellés-Arolas, E., et González-Ladrón-de-Guevara, F. (2012). Towards an integrated crowdsourcing definition. Journal of Information science, 38(2), 189-200. https://riunet.upv.es/bitstream/handle/10251/56904/towards%20an%20integrating%20crowdsourcing%20definition%20-%20enrique%20estell%C3%A9s%20%20fernando%20gonz%C3%A1lez_.pdf?sequence=3 (Consulté le 16 août 2023).

traitées. L'approche s'est largement développée depuis les années 2000 dans le secteur de la sécurité et de la gestion de crises dans les pays à moyen et faible IDHI grâce à la large diffusion et évolution technologique d'Internet et des téléphones cellulaires (Banque mondiale, 2016, déjà cité), dont la géolocalisation. Inspiré de pratiques marketing de consultation de la clientèle (Cvijikj et collab., 2015[1]), le *crowdsourcing* est devenu une méthode *bottom-up* alternative de report de faits violents qui prend d'autant plus d'importance que les services de police peuvent être défaillants ou inexistants. Cependant, si la démarche présente plusieurs avantages, dont ceux, essentiels, de mobiliser la population au regard de sa sécurité et d'obtenir une information que l'on peut supposer plus authentique, elle présente aussi de nombreuses questions ou limites.

Le principe du *crowdsourcing* est de faire intervenir « la population », terminologie englobante qui recouvre selon Estellés-Arolas et González-Ladrón-de-Guevara (2012, p. 7) une grande diversité de réalités. Cela pose de fait la question de l'absence d'échantillonnage représentatif de la population cible, ce qu'il est légitime de considérer comme une limite méthodologique quant à la représentativité sociodémographique des résultats. Par exemple, dans l'évaluation que Cvijikj et collab. (2015, p. 5) font de l'utilisation de leur application de report des incidents de cambriolage, on peut noter que l'application est utilisée par des hommes à 69,3 %, que 44,6 % des utilisateurs ont entre 41 et 55 ans et que 84,2 % des participants ou un membre proche de la famille ont déjà été personnellement victime. Il ne s'agit donc pas de la « population » au sens statistique, mais, selon Estellés-Arolas et González-Ladrón-de-Guevara, d'un « groupe d'individus dont les caractéristiques en matière de nombre, d'hétérogénéité et de connaissances seront déterminées par les exigences de l'initiative de *crowdsourcing* » (2012, p. 8 ; traduction libre de l'auteur).

La question de la motivation à participer est également intéressante à poser, car elle définit pour beaucoup l'échantillon. Dans leur évaluation, Cvijikj et collab. (2015, p. 5) démontrent que leur application était largement utilisée pour évaluer le risque de cambriolage avant de déménager dans un quartier. Mais la principale motivation était d'informer la communauté de ses expériences de cambriolage avec l'espoir de participer ainsi à sa propre sécurité. Je ne serais pas surpris que ce soit le principal moteur de motivation pour transmettre des informations à « I Paid a Bribe », le citoyen devenant davantage acteur que consommateur de sécurité.

La démarche autodéclaratoire et l'anonymat posent la question de l'authenticité des informations transmises. Le risque, selon les modèles, est

[1]Cvijikj, I. P., Kadar, C., Ivan, B. et Te, Y. F. (2015, September). Towards a crowdsourcing approach for crime prevention. In *Adjunct Proceedings of the 2015 ACM International Joint Conference on Pervasive and Ubiquitous Computing and Proceedings of the 2015 ACM International Symposium on Wearable Computers* (pp. 1367-1372).

que les informations qui alimentent la base de données ne soient pas systématiquement vérifiées avant d'être rendues publiques. Citons Ushaidi et sa plateforme de dénonciation des crimes haineux au Kenya en 2007 et en 2008, où les données entrantes étaient vérifiées par prise de contact direct; lorsque ce n'était pas possible, mais que l'information semblait crédible, une note mentionnait que celle-ci n'était pas vérifiée (Okolloh, 2009, p. 66[1]). Mais les protocoles de vérification restent assez complexes et donc onéreux, même s'ils existent et tendent à se développer (Naroditskiy et collab., 2012[2] ; Zhang et collab., 2014[3]). Le risque est d'autant plus présent que le fait de rendre publiques rapidement les informations participe grandement à la mobilisation de la population et au succès des plateformes, ce qui peut contribuer à la tentation de moins contrôler l'authenticité de celles-ci. Ryvkin et collab. (2017, p. 18 et suivantes) se sont livrés à une expérimentation tout à fait intéressante en créant un laboratoire reproduisant les conditions de paiement de pots-de-vin pour des demandes de documents administratifs. Ils se sont malheureusement aperçus que les sites Internet du type *I Paid a Brib*e, en dépit de leur vertu, n'avaient pas d'impact significatif sur la diminution de la corruption, à moins de mettre à disposition des citoyens suffisamment d'information technique et géographique pour que ceux-ci puissent choisir l'emplacement le moins coûteux pour obtenir le document administratif souhaité; un mécanisme de régulation du marché lucide, mais assez déprimant quant à moi. Ils ont aussi découvert que les gens mentaient relativement peu dans leurs déclarations. Plus les informations sur le bureau administratif étaient précises, plus les informations étaient destinées à n'être partagées qu'entre citoyens, et plus la proportion de fausses déclarations diminuait, et ce, jusqu'à un seuil plancher de 6 %. Des options de déclaration plus restrictives en information ou davantage partagées avec tous les acteurs, dont les fonctionnaires ciblés, faisaient s'élever le taux de fausses déclarations à 12,2 %. Comme dit Okolloh (2009, p. 67), *« La "vérité" n'est pas garantie, ma*is l'idée derrière le *crowdsourcing* est qu'avec un volume suffisant, une "vérité" émerge, réduisant ainsi les faux rapports » (traduction libre de l'auteur).

[1]Okolloh, O. (2009). Ushahidi, or 'testimony': Web 2.0 tools for crowdsourcing crisis information. *Participatory learning and action, 59*(1), 65-70. https://www.iied.org/sites/default/files/pdfs/migrate/14563IIED.pdf?#page=67 (Consulté le 17 août 2023).

[2]Naroditskiy, V., Rahwan, I., Cebrian, M. et Jennings, N. R. (2012). Verification in referral-based crowdsourcing https://journals.plos.org/plosone/article?id=10.1371/journal.pone.0045924 (Consulté le 16 août 2023).

[3]Zhang, X., Xue, G., Yu, R., Yang, D. et Tang, J. (2014, December). You better be honest: Discouraging free-riding and false-reporting in mobile crowdsourcing. In *2014 IEEE Global Communications Conference* (p. 4971-4976). IEEE. https://s2aas.syr.edu/wp-content/uploads/2015/07/MSensing-Globecom14.pdf (Consulté le 16 août 2023).

Outre la corruption, les applications de *crowdsourcing* et de *crowdmapping* peuvent s'appliquer à des sujets variés pour un observatoire, que ce soit à titre propre ou en partenariat : cartographie criminelle (le LAVO au Liberia — déjà cité — a été à ma connaissance le premier observatoire d'Afrique à proposer une cartographie interactive des incidents géolocalisés par la population), harcèlement sexuel (Dykstra-DeVette et Tarin, 2019[1]), recherche de personnes disparues (Gray, Sternberg et Lantz, 2018[2]), déclaration de la criminalité dans les transports (Sternberg et Lantz, 2018[3]), évaluation permanente du sentiment de sécurité (Solymosi et collab., 2020[4]), etc.

1.5. Les *focus groups* (Haïti et Somalie)

En sciences sociales, le *focus group* est utilisé en recherche pour comprendre les positions des différents acteurs et leurs interactions sur des sujets précis, dans une perspective de dits et de non-dits, de convergences et de divergences. Après leur utilisation dans le marketing, c'est dans les années 1980 que l'on commence à utiliser les *focus groups* à grande échelle dans le cadre de collectes systématiques de données sur l'épidémie de VIH/Sida en Afrique (Kitzinger et Barbour, 1999[5]). Depuis, leur utilisation est devenue un moyen rapide et peu coûteux de collecter de l'information en coopération internationale, au risque de devenir parfois une véritable foire aux *focus groups*. Dès lors qu'une nouvelle ONG internationale arrive et qu'un nouveau gestionnaire de programme onusien ou européen est déployé avec la mission de développer un plan d'action, les *focus groups* s'enchaînent. C'est qu'en coopération internationale, il y a peu de place à l'analyse et à la compréhension poussée des phénomènes; le *focus group* devient un outil d'analyse du besoin immédiat des populations. C'est une étape devenue obligatoire qui permet d'ailleurs parfois simplement de justifier auprès des autorités supérieures que l'on a bien consulté la population; la qualité des *focus groups* devient clairement proportionnelle à l'intérêt sincère que l'on y

[1]Dykstra-DeVette, T. A., et Tarin, C. (2019). Isolating Structures of Sexual Harassment in Crowdsourced Data on Higher Education. *Women's Studies in Communication, 42*(3), 371-393.

[2]Gray, G., Sternberg, H. et Lantz, B. (2018). Using crowdsourced data to analyze transport crime. *International Journal of Logistics Research and Applications, 21*(2), 133-147. Benning, B. (2019). Crowdsourcing Criminology: Social Media and Citizen Policing in Missing Person Cases. *Sage open, 9*(4), 2158244019893700.

[3]Sternberg, H., et Lantz, B. (2018). Using crowdsourced data to analyze transport crime. *International Journal of Logistics Research and Applications, 21*(2), 133-147.

[4]Solymosi, R., Buil-Gil, D., Vozmediano, L. et Guedes, I. S. (2020). Towards a Place-Based Measure of Fear of Crime: A Systematic Review of App-based and Crowdsourcing Approaches. *Environment and Behavior*, 0013916520947114.

[5]Kitzinger, J., et Barbour, R. S. (1999). Introduction: the challenge and promise of focus groups. In R. S. Barbour, & J. Kitzinger, Developing Focus Groups. Politics, Theory and Practice (p. 1-20). London: SAGE Publications. Ltd.

porte. Ainsi, la banalisation de ces groupes n'est pas sans poser quelques enjeux d'ordre méthodologique, mais aussi éthique.

a) Le séisme en Haïti et la foire au focus group

Début 2010, à la suite du séisme en Haïti, une pléthore d'ONG internationales avait littéralement saturé le terrain. Chaque organisme et chaque nouveau gestionnaire de programme commençait sa mission en organisant des *focus groups*, générant des consultations à grande échelle et à répétition. D'autant que pendant ce temps, la population attendait que les organismes délivrent, conformément à leurs engagements; et on n'en voyait pas beaucoup revenir auprès de la population pour présenter leurs résultats d'étape ou définitifs. Un sentiment de lassitude s'était installé au point qu'il devenait difficile de trouver des volontaires pour participer à certains travaux d'analyse. Les femmes devaient traverser la ville pour participer à des *focus groups* sans être dédommagées, et pas grand monde se préoccupait pendant ces demi-journées de savoir comment elles s'organisaient pour la garde des enfants.

A contrario, certains acteurs offraient sandwichs et tee-shirts aux participantes. Des gestes qui en temps de crise majeure faisait évidemment une différence, que le geste ait été posé avec sincérité pour remercier et indemniser les participantes ou que cela ait été plus secrètement pour fidéliser leur participation et favoriser l'affichage des organisations par des tee-shirts criards affirmant, en général, qu'à la fin, Dieu allait tous nous sauver. J'ai alors commencé à constater que je voyais toujours les mêmes femmes participer aux *focus groups* d'ONG différentes, parfois clairement en compétition entre elles. En discutant avec les collègues nationaux, je découvrais que pour un repas et un tee-shirt, certaines femmes couraient les *focus groups* de Port-au-Prince. Jusqu'à quel point n'étions-nous pas en train d'assister à une certaine forme de professionnalisation des participantes ? Mes collègues nationaux me confirmaient que l'intégrité des témoignages qu'elles transmettaient se posait clairement. Il y avait en effet un enjeu pour ces femmes à se maintenir dans le circuit des ONG et à participer à leurs *focus groups* pour lesquels elles recevaient quelques maigres compensations. Et elles veillaient dans leurs réponses à bien répondre à ce qu'elles s'imaginaient être les attentes des ONG, leur participation aux *focus groups* devenant une question de survie.

b) Focus group *et complexités insoupçonnées (Somalie)*

Toutefois, en Somalie, les *focus groups* ont permis à l'observatoire de comprendre les trois volets de la violence dont les jeunes femmes étaient victimes au niveau local. Les résultats de l'enquête de victimisation avaient montré un taux exceptionnellement élevé d'agressions sexuelles chez les jeunes femmes. Le PNUD et l'observatoire ont alors décidé d'explorer davantage le phénomène avec des *focus groups*. Le volontarisme des femmes plus âgées à témoigner à propos de la situation avait fait partie des surprenantes bonnes surprises lors du sondage de victimisation réalisé quelques mois plus tôt. Voici le triptyque qui explique la complexité de la situation. 1) Pour se marier en Somalie, cela coûte cher aux hommes qui doivent apporter une dot. L'importante valeur de celle-ci fait que la plupart des hommes ne peuvent se marier qu'à un âge avancé dans leur vie d'adulte. Et homme ou femme, ne pas être marié dans certains contextes politico-religieux, comme en Somalie, a de nombreuses conséquences sur la vie de ces personnes au regard de l'ordre social. 2) Le violeur en Somalie est puni d'une peine de prison assortie de l'obligation d'épouser la victime; c'est une double peine qui entraîne en général de nombreux commentaires légitimes de la part d'interlocuteurs non somaliens, au regard du droit des femmes. Dans le contexte somalien, il y a une quasi-certitude que la femme victime de viol sera rejetée par sa famille et mise au ban de la société, même si en l'occurrence elle est victime. D'un point de vue de la charia, le fait que la victime soit épousée lui garantit un foyer pour elle et pour l'enfant éventuellement à naître, et fait rentrer le tout dans une forme de conformité sociale acceptable. Évidemment, les conditions de vie de ces victimes, mariées de force à leurs violeurs, sont difficilement imaginables. 3) Certains jeunes hommes avaient trouvé l'astuce « brillante », avec l'aide de leurs camarades, d'identifier les jeunes femmes qui leur plaisaient, de leur compter fleurette, de les isoler et de les violer. En se faisant condamner et à la condition de survivre aux geôles somaliennes, cela leur permettait de se retrouver mariés à 20 ans, sans avoir à débourser de dot. Le tout était joué, et le viol se répandait comme une épidémie. *#CeNeSontPasQueDesDonnées*

Voilà un exemple de complexité que seule une démarche qualitative a permis d'appréhender et qui a servi à développer un programme de lutte contre ces violences; les indicateurs de victimisation développés cinq ans plus tard annonçait une baisse de près de 20 % du taux de prévalence du viol dans les principales villes somaliennes.

2. Les médias comme source de données

Les médias constituent une source d'information pertinente pour les observatoires dans la mesure où les phénomènes de violence attirent toujours la scène journalistique. INSEC, au Népal, disposait dans son réseau national de plusieurs journalistes locaux qui jouaient le rôle d'informateurs en documentant les faits violents.

2.1. Les médias écrits : mille homicides en Afrique de l'Ouest

Dans leur ouvrage de 2017, Cusson, Doumbia et Yebouet[1] recensent 1000 cas d'homicides en Afrique de l'Ouest (au Burkina Faso, en Côte d'Ivoire, au Niger et au Sénégal). Si les auteurs ont choisi les médias comme principale source de données, c'est qu'ils ont considéré que les données officielles étaient « inaccessibles, incomplètes, mal colligées. Lorsqu'elles sont de bonne qualité, ces statistiques portent encore sur des données agrégées (type d'infraction, ville d'occurrence, sexe et nationalité des antagonistes) qui ne permettent pas de faire des analyses fines » (p. 21). Les chercheurs ont réalisé une analyse quantitative des contenus trouvés sous forme d'articles dans deux journaux papier au Burkina Faso, deux en Côte d'Ivoire, un au Niger et un au Sénégal. À cela ils ont ajouté un journal en ligne dans chacun de ces pays ainsi que la presse régionale et internationale en ligne, essentiellement en matière de terrorisme. Les 1000 cas d'homicides ont pu être recensés entre 2013 et 2014, complétés par quelques cas de 2012.

La recherche intégrait également différentes sources complémentaires relatives à l'organisation de la sécurité dans les pays concernés et les données des services de santé publique issues du *Global Study on Homicide* de 2013, d'ONUDC. Dans le cadre des travaux de Ouimet (2016, déjà cité), plusieurs questionnaires relatifs à la violence et à l'organisation de la sécurité ont été distribués, dont un auprès d'un réseau de 130 experts couvrant les quatre pays.

Afin de convertir les contenus des articles de presse en base de données quantitative, les chercheurs ont établi une grille de codification complète (p. 335-341) qui permettait de colliger des données sur les victimes (nombre, sexe, âge, profession, ethnie, etc.), les auteurs supposés (nombre, sexe, âge, profession, ethnie, etc.), l'homicide lui-même (le type d'homicide, le lieu, l'heure, l'arme ayant pu être utilisée, les liens entre auteur présumé et victime, circonstances particulières, etc.).

J'invite les lecteurs francophones à prendre connaissance de cet ouvrage tout à fait passionnant qui démontre la pertinence d'utiliser dans certains pays les articles de presse écrite comme source de données consistantes. Toutefois, les biais liés à la source journalistique sont flagrants, et d'ailleurs un des intérêts méthodologiques de l'ouvrage est de démontrer la variabilité de la nature des informations relayées par les journalistes de la presse écrite, d'un pays à l'autre, en fonction du contexte local et national. Cela pousse Cusson, Doumbia et Yebouet à écrire « mille homicides, c'est un gros échantillon, mais ce n'est pas un échantillon représentatif, car il est le résultat de l'activité non systématique de journalistes et de leurs informateurs. Les données recueillies le sont en fonction des représentations journalistiques, qui traduisent les valeurs ambiantes et les craintes de la société » (p. 20). Comme le dit Greer,

---

[1]Cusson, M., Doumbia, N. Y. et Yebouet, H. (2017). *Mille homicides en Afrique de l'Ouest : Burkina Faso, Côte d'Ivoire, Niger et Sénégal*. Les Presses de l'Université de Montréal.

« Les nouvelles d'actualité sont également culturellement spécifiques dans la mesure où elles reflètent le moment historique et social dans lequel elles ont lieu. À mesure que les médias et la société évoluent, les critères qui influencent la sélection et la production d'événements d'information peuvent également évoluer. » (Greer, 2007, p .131; traduction libre de l'auteur).

Les auteurs identifient par exemple qu'en Côte d'Ivoire les journaux mettaient beaucoup l'accent sur les homicides liés à des vols, séquelles probables de la guerre civile (2002-2007) et des peurs liées à la circulation des ALPC. Au Niger, pour des raisons apparemment culturelles, la presse ne rapporte que les faits jugés, ce qui exclut de l'analyse les homicides non élucidés et non transmis à la Justice, ayant pour effet de sous-estimer grandement le volume d'homicides perpétrés. Au Burkina Faso et au Sénégal, les mentions journalistiques semblaient moins teintées par le contexte, les auteurs constatant alors davantage la valorisation que représente un bon article sur un homicide sensationnel.

Pour Greer (2007), l'appétit journalistique pour les événements qui mobilisent l'attention de la population fait que ce sont essentiellement les crimes majeurs qui sont rapportés par les médias, en fonction de critères spécifiques à la profession. Dans la presse écrite, les atteintes aux biens ne sont évoquées le plus souvent que lors de la chute de réseaux organisés de criminels, et de ce point de vue en matière de criminalité générale, la presse ne peut être considérée malgré tout que comme une source très partielle de données.

Pollak et Kubrin (20072), dans une étude comparant la manière dont la télévision et la presse rapportent les crimes aux États-Unis, mettent en exergue que la presse écrite rapporte l'essentiel des crimes majeurs. Mais ils constatent qu'elle ne les rapporte cependant pas tous (voir également Reiner et collab., 20123). C'est une des questions récurrentes des experts internationaux, surtout dans les zones de conflits à haute intensité. Lorsque la quantité d'événements tragiques devient trop importante, la perception est que la presse ne rapporte plus que les décès les plus spectaculaires. Autrement dit, plus l'environnement est violent, moins la presse écrite peut apparaître comme une source fiable d'un point de la systématicité. Pollak et Kubrin (2007, déjà cité) ont également

[1] Greer, C. R. (2007). News Media, Victims and Crime (p. 21-49). London: Sage. https://repository.essex.ac.uk/27474/3/Chapter%202%20Greer%202nd%20October.pdf (Consulté le 14 août 2023).

[2] Pollak, J., et Kubrin, C. (2007). Crime in the News: How Crimes, Offenders and Victims Are Portrayed in the Media. Journal of Criminal Justice and Popular Culture, 14, 59-83. https://static1.squarespace.com/static/5b0ee82df793927c77add8b6/t/5b9068970ebbe849fbdaaaca/1536190617193/5+Pollak+2007.pdf (Consulté le 14 août 2023).

[3] Reiner, R., Livingstone, S. et Allen, J. (2012). Casino culture: media and crime in a winner-loser society. *Crime, Risk and Justice*, 175. https://eprints.lse.ac.uk/10975/1/Casino_culture_%28LSERO_version%29.pdf (Consulté le 14 août 2023).

évalué le degré de désagrégation des données dans la presse écrite. Parmi les 71 crimes retenus dans l'échantillon, la presse rapporte de l'information sur les agresseurs sexuels présumés dans 71,8 % des cas, et dans 77,5 % des cas pour les victimes. L'âge des auteurs présumés est rapporté dans 59,2 % des cas, et dans 56,3 % pour les victimes. Cela rejoint les conclusions de l'étude menée par Cusson, Doumbia et Yebouet quant au volume de données désagrégées. Un dernier point mérite d'être mentionné : Pollak et Kubrin (2007, déjà cité) arrivent à la conclusion que presse et télévision ne rapportent pas systématiquement les mêmes crimes majeurs ni ne les désagrègent de la même manière. Il y aurait certainement une étude comparative à faire entre presse écrite et radio dans les pays où l'illettrisme reste important et où la radio constitue un vecteur essentiel de propagation de l'information.

3. Les acteurs religieux et traditionnels

Je distingue ici les acteurs religieux des acteurs traditionnels. Les acteurs religieux peuvent aussi bien être des personnes physiques, comme les ulémas en Afghanistan, ou des organisations comme les communautés catholiques, évangéliques, hindoues ou bouddhistes, celles que j'ai le plus rencontrées. Je ne discuterai pas ici de religion, mais plus du fait religieux. En l'occurrence du fait que des individus ou des organisations locales portent et représentent des croyances spirituelles jouant un rôle direct ou indirect dans l'organisation de la sécurité. Cela peut être de façon formelle par la collecte de données ou en offrant des services aux victimes de violences par exemple, ou de façon plus informelle par la prédication de règles de comportement.

Les acteurs traditionnels sont le plus souvent des autorités communautaires de type claniques, parfois encore organisées en chefferies ou sous forme de groupes de vigilance souvent bien antérieurs aux périodes coloniales, comme j'ai eu la chance d'en rencontrer au Nord Cameroun.

3.1. Les acteurs religieux et l'ordre social

La France a développé un concept de laïcité sociétale depuis 1905, avec un succès très relatif d'ailleurs au vu de l'actualité contemporaine. Le Québec, quant à lui, a expulsé le catholicisme des foyers dans les années 1960, lors de la Révolution tranquille. Il est certain qu'en tant que franco-canadien, ma perception du fait religieux est extrêmement biaisée et qu'il m'a fallu travailler en vue d'assimiler l'importance du rôle des religions dans l'ordre social des pays à moyen et faible IDHI où elles y sont plus présentes. Même lorsqu'il s'agit dans bon nombre de ces pays d'une appropriation de la religion du colonisateur. Tezcan (2010, p. 165[1]) pose pour autant une question importante

[1]Tezcan, L. (2010). Religion and Control of Violence. In *Control of Violence: Historical and International Perspectives on Violence in Modern Societies* (pp. 165-183). New York, NY:

quant au rôle de la religion à l'égard de la violence : si la religion peut prendre une part active dans le contrôle de la violence, ne peut-elle pas inversement et simultanément être source de la violence ? J'ai rencontré de nombreux acteurs religieux, et tente de présenter leur rôle de régulateurs sociaux et l'intérêt de collaboration qui peut à ce titre émerger pour un observatoire.

a) La Commission épiscopale Justice et Paix (Haïti)

Lors du séminaire en soutien méthodologique organisé en mars et en avril 2012 par le PNUD d'Haïti et l'Observatoire national de la violence et de la criminalité (ONAVC) au profit des ONG travaillant sur les enjeux de violence, j'ai rencontré les représentants de la Commission épiscopale nationale Justice et Paix (CE-JILAP). L'ONG religieuse CE-JILAP se présente comme « une institution de la pastorale sociale de l'Église catholique » disposant d'un comité directeur national et de délégués diocésains. CE-JILAP revendique être présente dans tous les diocèses et plus de 335 paroisses au pays. Parmi les activités prioritaires de l'ONG figurent « la gestion des conflits et l'accompagnement des victimes, la réforme de la justice »[1]. L'ONG dispose de bénévoles dans tout ou partie des paroisses d'Haïti, lesquels inscrivent en détail chaque incident de violence qui leur est rapporté dans le ressort paroissial, sur de grands registres cartonnés. C'est dans l'agglomération de Port-au-Prince que la collecte et l'analyse des données relatives à la violence semblent la plus organisée, et ce, depuis 2002.

En 2019, l'ONG a ainsi publié son « soixante-dixième rapport trimestriel [bilingue] sur l'observation de la violence et la violation des droits humains dans la zone métropolitaine de Port-au-Prince[2] ». Au regard des priorités, ce sont sur les morts violentes que se concentrent les rapports trimestriels de l'ONG qui en fait une analyse contextuelle. Ainsi, pendant le premier trimestre de 2019, l'ONG a comptabilisé 122 décès violents : « 100 personnes tuées par balles, 4 par arme blanche, 10 dans les accidents de la circulation routière, 1 suicide et 6 autres cas de morts dont les causes sont inconnues ». Toutefois, l'ONG reconnaît elle-même qu'il « n'est pas facile [de] trouver des informations fiables en ce qui concerne les cas de mort violente, parce que les criminels disposent de certaines méthodes pour faire disparaître les cadavres des personnes assassinées ».

Springer New York.

[1]http://www.justicepaixhaiti.org.ht/site/pages/view/1 (Consulté le 15 août 2023).

[2]Komisyon Episkopal Nasyonal Jistis ak Lapè (2019) Vyolans nan lari zòn metwopolitèn nan. Pòtoprens. http://www.justicepaixhaiti.org.ht/files/OBS%2070%20(Derniere%20version)-EE-pdf.pdf (Consulté le 15 août 2023).

b) Crimes haineux et radicalisation homophobe d'origine religieuse (Ouganda)

Stanislas (2016[1]) décrit très bien la situation en Ouganda et en Jamaïque. Comme le présente l'auteur, les connaissances anthropologiques en matière d'homosexualité en Afrique subsaharienne précoloniale sont avérées. « *Same-sex relation has been an accepted practice in a wide number of African cultures at all levels of society* » (p. 169). Et cela, même si la masculinité reproductive reste largement valorisée comme moyen de développement des communautés. Assez ironiquement, aujourd'hui, parce que l'Ouganda a connu relativement tardivement le christianisme (p. 170), les pratiques homosexuelles précoloniales y sont les plus documentées en Afrique. Selon Stanislas, et c'est un discours que j'ai souvent entendu en Afrique subsaharienne, ce n'est pas tant les pratiques homosexuelles qui ont radicalisé les positions en Ouganda que la perspective de la reconnaissance qu'en font les occidentaux (p. 178). Selon moi, cela est un discours trop indulgent dans la mesure où dans bien des pays du continent, la persécution des personnes LGBTQQIA2+ n'a pas attendu cette perspective.

Le vote en 2009 du « Anti-Homosexual Bill », qui prévoyait la peine de mort pour les homosexuels dans certaines circonstances, a été largement influencé par la présence de certains pasteurs homophobes de la droite radicale états-unienne; homophobie soutenue par une partie de la presse écrite ougandaise dans un contexte de discrimination virulente à l'égard des personnes ayant le VIH-Sida (Stanislas, 2016, p. 178). Le texte, finalement rejeté par la Cour constitutionnelle en 2014 (Jjuuko, 2013[2]), a été représenté, une peine de 20 ans d'incarcération ayant été substituée à la peine capitale. Le texte a été finalement adopté en 2023 et fait de la législation ougandaise une des plus répressives au monde. L'assassinat de l'activiste LGBTQQIA2+ David Kato Kisule en 2011 a été reconnu par la Justice ougandaise comme une conséquence directe de la radicalisation d'une partie de la presse écrite faisant la promotion de l'homophobie religieuse ayant conduit au vote du « Anti-homosexual Bill » (Stanislas, 2016, p. 180). « Le projet de faire de l'Ouganda un bastion de la vertu chrétienne exigeait de transformer le pays en un État totalitaire et d'abandonner l'attitude traditionnellement bienveillante à l'égard des relations homosexuelles. Cela impliquait de construire un

[1]Stanislas, P. (2016). Challenges of Late Modernity, Religion, Homophobia and Crime: Police and Criminal Justice Reform in Jamaica and Uganda. *Religion, faith and crime: Theories, Identities and Issues*, 167-190. http://ndl.ethernet.edu.et/bitstream/123456789/58932/1/Kim%20Sadique.pdf#page=183 (Consulté le 15 août 2023).

[2]Jjuuko, A. (2013). The incremental approach: Uganda's struggle for the decriminalisation of homosexuality. *Human Rights, Sexual Orientation and Gender Identity in The Commonwealth: Struggles for Decriminalisation and Change*, 381-408. https://library.oapen.org/bitstream/handle/20.500.12657/39385/1/9781912250134.pdf#page=401 (Consulté le 15 août 2023).

Ouganda qui n'avait jamais existé. » (Stanislas, 2016, p. 178; traduction libre de l'auteur).

3.2. Les acteurs traditionnels sont eux-mêmes une donnée

J'ai déjà évoqué le rôle et l'importance des acteurs traditionnels. Ce ne sont pas des acteurs qui disposent de données colligées en général, mais ils constituent des sources d'information contextuelles extrêmement intéressantes, d'histoire, de mécanismes sociaux, etc. Je pourrais sans doute vous le dire de mille manières intellectuelles, mais en voici une bien, simple. Présentez-vous à eux, asseyez-vous et écoutez-les, parce que c'est d'abord une expérience humaine et spirituelle.

> « Nous arrêtons la voiture devant le palais, situé au fond d'une impasse sableuse. Des arbres sans eau longent les maisonnettes de terre et de tôle. La lourde façade de la forteresse aux murs aveugles nous rappelle qui nous sommes. Un homme long, vieux et maigre sort d'un dédale d'allées étroites et nous regarde avec surprise. J'explique que je viens demander audience à Son Altesse. Le secrétaire me scrute de ses yeux perçants, dont la couleur s'en est allée par un jour de vent de sable. Ses mains veineuses faites de doigts infiniment longs appuient avec rythme toute l'audace qu'il trouve à ma démarche. Le secrétaire m'informe alors qu'il va transmettre ma requête au sultan et me demande de patienter, avant de disparaître par la porte antique qui perce la forteresse.
>
> Les enfants du quartier sont sortis de nulle part et se sont attroupés autour du Blanc, et c'est maintenant une petite foule de petites têtes crépues de tous âges qui me regarde avec curiosité et crainte. Je suis scruté, détaillé avec une extrême attention, mais les petits rires prennent le dessus, et rapidement, le chahut aussi... Le temps que le temps passe, passe et repasse encore. Je dégouline de sueur.
>
> Le secrétaire ressort de la forteresse et m'invite à le suivre. Alors que je franchis la porte antique de la forteresse, polie depuis des siècles par les sables du désert, je bascule dans l'obscurité totale [...]. » Quéro YC. (à paraître). Carnets de voyage d'un coopérant international.

4. Les données du secteur commercial

Le secteur commercial dispose de données d'intérêt en matière de sécurité, en général orientées vers le bon fonctionnement des affaires. Il s'agit principalement des données issues de la sécurité privée ou de secteurs particuliers comme les banques et les assurances, mais une bonne connaissance du terrain peut garder de belles surprises.

4.1. La sécurité privée et ses données

Je n'ai pas eu l'occasion de travailler avec les données de sécurité privée dans les pays à moyen ou faible IDHI; je ne peux donc pas avoir d'avis éprouvé sur leur pertinence ou leur qualité. Toutefois, la sécurité privée est devenue un acteur incontournable de la sécurité, y compris publique, dans les pays à moyen ou faible IDHI.

Au tournant des années 2000, le Fonds monétaire international (Ward, 1998[1]) a analysé quantitativement la croissance de la sécurité privée dans les pays à moyen ou faible IDHI. La sécurité privée y est présentée comme un moyen de sécuriser les investissements et le développement des affaires dans des environnements où les services publics sont peu présents ou peu efficaces, empreints de corruption et aux droits civils incertains (1998, p. 4-8). L'analyse démontre que les investissements privés dépendent largement du risque terroriste et du risque d'expropriation ainsi que du degré de liberté civile et de la qualité des services publics. Si la sécurité privée ne répond pas à tous les enjeux cités, elle couvre une partie des risques et bénéficie largement au profit du développement des affaires (1998, p. 18). Baker (2008[2]), qui a analysé 10 ans plus tard la gouvernance de la sécurité dans plusieurs pays d'Afrique (dont l'Afrique du Sud, l'Ouganda et la Sierra Leone), reconnaît dans celle-ci un acteur de sécurité incontournable. Valente et Crane (2010[3]) estiment que le secteur privé en général, dans les pays en développement, motivé par le rendement et générateur d'innovation, a fini par mieux faire que le secteur public et à s'imposer peu à peu dans ses domaines de compétence (2010, p. 54). Ce qui n'est pas sans poser des questions d'éthique et de responsabilité, au point qu'aujourd'hui, même en matière de gestion des conflits et de *Security*

---

[1] Ward, M. H. P. (1998). *Economic Security, Private Investment, and Growth in Developing Countries*. International Monetary Fund. https://www.imf.org/external/pubs/ft/wp/wp9804.pdf (Consulté le 16 août 2023).

[2] Baker, B. (2008). *Multi-Choice Policing in Africa*. Nordiska Afrikainstitutet. https://www.diva-portal.org/smash/get/diva2:275037/FULLTEXT01.pdf (Consulté le 16 août 2023).

[3] Valente, M., et Crane, A. (2010). Public Responsibility and Private Enterprise in Developing Countries. *California Management Review*, *52*(3), 52-78. https://www.researchgate.net/profile/Andrew-Crane-2/publication/259729301_Public_Responsibility_and_Private_Enterprise_in_Developing_Countries/links/58c69962a6fdcce648ec800a/Public-Responsibility-and-Private-Enterprise-in-Developing-Countries.pdf (Consulté le 16 août 2023).

Sector Reform, la sécurité privée s'est imposée (Abrahamsen et Williams, 2006[1]; Richards et Smith, 2007[2]).

La sécurité privée regroupe une grande diversité d'activités (gardiennage, surveillance électronique, transport de valeurs, mercenaires, etc.), toutes ces activités ne présentant pas le même intérêt pour un observatoire. Par ailleurs, ces entreprises sont très opérationnelles et ne collectent pas toujours d'informations précises aussi bien sur les incidents de sécurité qui surviennent que sur leurs propres services, surtout dans certains pays en l'absence de cadre légal contraignant et de contrôle. Enfin, des questions de confidentialité commerciale, de compétitivité et d'opacité de l'environnement d'activités peuvent constituer un frein au partage de données avec un observatoire. La sécurité privée peut alors devenir davantage un objet d'observation en tant qu'acteur de sécurité qu'une ressource en matière de données. Rappelons l'existence du *Private Security Governance Observatory*, déjà cité.

4.2. Les entreprises actrices indirectes de la sécurité

4.2.1. Les compagnies d'assurance et les banques

Les compagnies d'assurance sont des partenaires intéressants comme source de données puisqu'elles tiennent à jour les registres d'accidents de la route, registres dans lesquels on peut retrouver les circonstances des accidents. Les compagnies d'assurance ont un intérêt économique à collaborer avec les observatoires, car plus l'accidentologie est analysée, plus les décideurs publics sont sensibilisés et plus la sécurité routière fait l'objet d'investissements publics. Comme le démontrent les travaux de Zein et Navin (2000[3]) en Australie, au Canada et aux États-Unis, cela est plutôt de bon augure pour les assurances. Bien sûr les données ne concerneront que les automobilistes assurés, ce qui dans beaucoup de pays à faible IDHI reste un enjeu.

En matière de fraude, les banques ont le même intérêt que les compagnies d'assurance, sauf que le secteur bancaire semble plus discret sur les fraudes dont les banques sont victimes. Abiola (2009[4]), dans ses travaux au Nigeria,

---

[1]Abrahamsen, R., et Williams, M. C. (2006). Security Sector Reform: Bringing the Private In: Analysis. *Conflict, Security & Development*, *6*(1), 1-23. https://www.researchgate.net/profile/Rita-Abrahamsen-2/publication/255574508_Security_Sector_Reform_Bringing_the_Private_In/links/5ca4a3d8a6fdcc12ee8fc2f9/Security-Sector-Reform-Bringing-the-Private-In.pdf (Consulté le 16 août 2023).

[2]Richards, A., et Smith, H. (2007). Addressing the role of private security companies within security sector reform programmes. *Journal of Security Sector Management*, *5*(1), 1-14. https://www.files.ethz.ch/isn/39540/PSC_report.pdf (Consulté le 16 août 2023).

[3]Zein, S. R., et Navin, F. (2000). Road Safety Engineering: Role for Insurance Companies?. *Transportation research record*, *1734*(1), 7-11.

[4]Abiola, I. (2009). An Assessment of Fraud and its Management in Nigeria Commercial Banks. *European journal of social sciences*, *10*(4), 628-640. Disponible sur

montre les nombreuses lacunes du secteur bancaire en matière de prévention et de prise en charge de la fraude. Il y a donc une confiance à établir et une expertise à coconstruire si l'observatoire est intéressé à développer ce type de services, lesquels, selon les contextes, peuvent être offerts contre rémunération, contribuant ainsi à la pérennité économique de l'observatoire.

4.2.2. Les compagnies de transport de marchandises

Je souhaite ici présenter deux exemples vraiment inspirants d'implications des compagnies de transport de marchandises dans les enjeux de sécurité publique, l'un issu de mon expérience au Tchad, et l'autre d'un travail de recherche en Afghanistan.

a) UNATRANS : syndicat des transporteurs de marchandises (Tchad)

D'autres acteurs privés peuvent présenter un intérêt en matière de collecte de données criminelles, parfois au-delà de ce que l'on imagine spontanément. Ceux-ci par leurs initiatives à caractère économique peuvent apporter un éclairage pertinent sur des phénomènes sensibles pour lesquels on n'aurait pas spontanément de données ou pour lesquels la mise en place de dispositifs de collecte ad hoc serait disproportionnée. Il en est ainsi du brigandage de vol de fret dont les transporteurs routiers sont victimes en Afrique sahélienne.

Selon le ministère des infrastructures et des équipements tchadien (2011, p. 29 [1]), l'Union nationale des transporteurs tchadiens (UNATRANS) regroupait 80 % des sociétés de transport du pays, dont les plus économiquement importantes comme celles qui opèrent au niveau de la sous-région. UNATRANS représentait près de 300 adhérents qui disposaient de près de 40 % du parc national de véhicules de transport de marchandises. UNATRANS et ses adhérents ont décidé de faire de la sécurité des conducteurs, des véhicules et du fret une priorité. Les entreprises déclarent ainsi au syndicat tous les incidents (atteintes aux personnes et aux biens) qui surviennent en déplacement, le syndicat colligeant les informations. Mieux encore, UNATRANS encourage même la géolocalisation des véhicules, permettant ainsi de cartographier les incidents et de suivre les véhicules volés.

Au-delà des vols de poids lourds et de leur fret qui s'accompagnent le plus souvent du passage à tabac des conducteurs, ces données représentent également un intérêt quant à l'état du contrôle des voies d'accès à la mer par la secte islamiste Boko Haram. Depuis 2015, Boko Haram, en plus d'effectuer des raids sanglants sur la rive tchadienne du lac Tchad, en effectue également sur la route commerciale sud du Tchad reliant N'Djamena au port camerounais de Douala et passant par Maroua et Gaoura. Or la route Ouest traversant le

https://www.academia.edu/ (Consulté le 16 août 2023).

[1] Ministère des Infrastructures et Équipements (2011) Réseau des transports en République du Tchad. N'Djamena. https://www.comcec.org/wp-content/uploads/2021/07/Chad.pdf (Consulté le 16 août 2023).

Nigeria et permettant l'accès du Tchad au port de Lagos en passant par Maiduguri est déjà pour ainsi dire impraticable depuis 2009, pour diverses raisons de sécurité, dont la présence de Boko Haram. La coupure relative de la route Sud sur laquelle s'était réorienté le transport de fret a eu pour effet une raréfaction de certains biens de consommation à N'Djamena et une incroyable inflation, qui explique en partie l'engagement militaire du Tchad contre Boko Haram en 2015[1]. Dans un tel contexte, les équipages toujours envoyés sur la route par la nécessité de l'approvisionnement de la capitale tchadienne représentent autant de points de vigie en mesure de rapporter des données sur l'état de la voie commerciale, ce qu'un observatoire ne manquerait pas d'analyser au profit des alliés camerounais et tchadiens. UNATRANS faisait partie des acteurs privés volontaires à participer aux travaux de l'observatoire au Tchad.

b) Documenter les péages illégaux (Afghanistan)

Isaqzadeh et Giustozzi (2013[2]) avaient placé des énumérateurs (présentés comme de seconds conducteurs, pour leur sécurité) à bord des véhicules de transport de marchandises sur les routes d'Afghanistan, avec pour mission de documenter et de géolocaliser les péages illégaux tenus par les policiers (p. 6). Les travaux de recherche impliquaient les transporteurs afghans, lesquels travaillent le plus souvent en très petites entreprises d'un ou deux camions et sillonnent les routes du pays avec leurs marchandises, devenant la proie des policiers corrompus qui érigent des barrages routiers pour se payer. Les camions qui transportaient des marchandises du secteur public avaient été exclus de la recherche afin de ne pas exposer les énumérateurs aux attaques des talibans. Vingt-quatre déplacements avaient été réalisés et 377 péages illégaux documentés. Dans les principaux centres urbains du pays, 149 entrevues qualitatives avaient également été réalisées avec les transporteurs. La participation à cette recherche des petites entreprises de transport qui subissaient un important préjudice financier constitue un autre exemple de pratique intéressante de collaboration entre les entreprises commerciales et un observatoire, idéalement dans le cadre d'une politique nationale de lutte contre la corruption.

4.2.3. Les entreprises d'innovation technologique et sociale

La plus connue des entreprises sans but lucratif intervenant dans le domaine de la sécurité dans les pays à moyen et faible IDHI est sans doute

[1]https://www.france24.com/fr/20150306-reporter-video-tchad-guerre-boko-haram-nigeria-secte-islamiste-niger-cameroun-reportage (Consulté le 16 août 2023).

[2]Isaqzadeh M., et Giustozzi A. (2013). On Afghanistan's Roads: Extortion and Abuse against Drivers. Integrity Watch Afghanistan. Kabul. https://www.baag.org.uk/sites/default/files/resources/attachments/IWA%20On_afghanistans_roads_extortion.pdf (Consulté le 4 avril 2024).

l'entreprise kényane Ushahidi (qui signifie « témoignage » en kiswahili), que j'ai déjà évoquée. Elle a été créée par madame Ory Okolloh (2009[1]) à partir de son blogue lors des violences postélectorales de 2007 au Kenya. La compagnie, qui a développé une application de *crowdmapping*, se donne pour mandat de porter les voix des sans voix dans des contextes de crises, d'atteintes aux droits humains et de suivi des élections, en collectant et en cartographiant de l'information relative aux discours haineux rapportée par les citoyens. L'application a depuis été largement utilisée lors de tremblements de terre, d'élections sensibles, de guerres civiles, etc. Je ne reviendrai pas ici sur les opportunités et les défis du *crowdsourcing* ou du *crowdmapping*, mais mentionnerai seulement qu'Ushahidi s'était implantée à l'est de la République démocratique du Congo (Okolloh, 2009, p. 67-69) et avait collaboré avec le *Liberia Armed Violence Observatory* pour publier ses cartographies interactives (LAVO, 2012[2]).

---

[1]Okolloh, O. (2009). Ushahidi, or 'testimony': Web 2.0 tools for crowdsourcing crisis information. *Participatory learning and action, 59*(1), 65-70. https://www.iied.org/sites/default/files/pdfs/migrate/14563IIED.pdf?#page=67 (Consulté le 17 août 2023).

[2]LAVO (2012) Second Report. July 2012. https://www.aoav.org.uk/wp-content/uploads/2013/06/Second-Progress-Report-on-the-Liberian-Armed-Violence-Observatory-July-2012.pdf (Consulté le 13 juin 2023).

Chapitre 7 : Les observatoires, des projets de gouvernance

Il s'avère que les observatoires sont bien plus que seulement des structures de gestion de données, ce sont aussi des projets de gouvernance. Or le paysage de la gouvernance de la sécurité en général et de la sécurité publique en particulier a fondamentalement changé depuis le milieu des années 1980, aussi bien dans les pays à fort IDHI comme la France (Quéro, 2017[1]), que dans les pays à moyen et faible IDHI (Dupont et collab. 2007[2]; Baker, 2008[3]). Les observatoires, en raison de l'essence même de leur fonctionnement, se retrouvent au cœur de la mutation de la gouvernance de la sécurité. Cela constitue un avantage pour les observatoires dans des pays où il existe un contexte progressiste en matière de sécurité publique et devient un obstacle dans des contextes plus conservateurs de pays attachés à ce que la sécurité publique reste centralisée par l'État.

1. Gouvernance en réseau et mutualisation des ressources

Avant d'aborder les questions techniques relatives à la gouvernance des observatoires, je souhaite replacer les observatoires dans ce contexte d'évolution historique de la gouvernance de la sécurité en général. D'autant qu'il en est de la gouvernance comme d'autres concepts, plus ils gagnent en extension et plus ils perdent en compréhension.

1.1. Observatoires et multilatéralisation de la sécurité

1.1.1. La gouvernance en réseau appliquée aux observatoires

Il n'y a pas de définition communément admise de la gouvernance, y compris dans le champ de la sécurité, et dès que l'on fouille le sujet comme

[1]Quéro, Y. C. (2017). *La gouvernance nodale du réseau de sécurité locale*. Éditions L'Harmattan.

[2]Dupont, B., Grabosky, P., Shearing, C. et Tanner, S. (2007). La gouvernance de la sécurité dans les États faibles et défaillants. Champ pénal/Penal field, 4. https://journals.openedition.org/champpenal/620 (Consulté le 8 septembre 2023).

[3]Baker, B. (2008). *Multi-Choice Policing in Africa.* Nordiska Afrikainstitutet. https://www.diva-portal.org/smash/get/diva2:275037/FULLTEXT01.pdf (Consulté le 31 août 2023).

Rhodes (1996[1]), Stocker (1998[2]) ou Hufty (2007[3]) l'ont fait, on découvre une pluralité de définitions entourant ce paradigme complexe.

La « gouvernance nodale » ou dite « en réseau » m'apparaît être le moyen de gestion qui correspond le mieux au concept d'observatoire tel que présenté dans cet ouvrage, c'est-à-dire un centre de convergence et de traitement de données et de ressources multiples impliquant des partenaires de divers horizons et de natures variables qui sont simultanément fournisseurs (qui donnent des données et ressources) et clients (qui reçoivent des analyses et des services) de la structure. Celle-ci est définie par Bayley, Shearing (1996[4], 2001[5]) et Dupont (2003[6]) et s'oppose à des modes de gestion hiérarchisés, propres aux structures en silo de type pyramidales. Ainsi, peut-on dire que la gouvernance en réseau est un mode de gestion permettant à des entités formelles ou informelles diverses de mutualiser tout ou partie de leurs ressources dans le cadre de relations partenariales, autour d'un objectif partagé, afin de répondre collectivement à des enjeux qui dépassent les capacités par leur complexité et les ressources requises pour les traiter, de chacune des entités considérées séparément (Quéro, 2017, p. 27, déjà cité).

J'espère avoir présenté de façon aussi exhaustive que possible l'ensemble des points qui permet d'aboutir à ce choix : que ce soit la grande diversité des acteurs du secteur public, de la société civile et du secteur commercial et leur variété de fonctions (police, santé, prise en charge de victimes et défense des droits humains, médias, environnement, acteurs traditionnels, entreprises privées, etc.); que ce soit la diversité des données disponibles sur le terrain, lesquelles représentent toutes une facette du même sujet qu'est la sécurité, mais trop vaste pour être embrassé complètement par une seule entité; que ce soit les limites de ces données, le plus souvent du fait des capacités propres aux opérateurs; que ce soit la convergence de tous ces efforts vers un objectif commun explicite ou tacite de sécurité des populations et des territoires; que ce soit enfin l'intérêt croisé à disposer de données aussi sérieuses que possible, puisque tous en collectent déjà pour leur propre fonctionnement.

---

[1]Rhodes, R. A. W. (1996). The New Governance: Governing without Government. *Political studies*, *44*(4), 652-667.

[2]Stoker, G. (1998). Governance as theory: five propositions. *International social science journal*, *50*(155), 17-28.

[3]Hufty, M. (2007). La gouvernance est-elle un concept opérationnel ? Proposition pour un cadre analytique. Fédéralisme Régionalisme. Société civile, globalisation, gouvernance : aux origines d'un nouvel ordre politique ?, 7(2), 1-22.

[4]Bayley, D. H., et Shearing, C. D. (1996). The Future of Policing. *Law and Society Review*, 585-606.

[5]Bayley, D. H. (2001). New Structure of Policing: Description, Conceptualization and Research Agenda.

[6]Dupont, B. (2003). The New Face of Police Governance in Australia. *Journal of Australian Studies*, *27*(78), 15-24.

Cela étant dit, c'est ici que les difficultés commencent. D'une part parce que d'un point de vue général, travailler ensemble avec des profils et des préoccupations si différents condamne les observatoires à évoluer dans des environnements complexes. D'autre part, parce que ces observatoires sont encore souvent l'apanage des services de police ou autres structures d'État, qui, maladroitement administrés, peuvent présenter le risque de brimer leurs exigences idéales de fonctionnement.

1.1.2. Monopole policier et multilatéralisation de la sécurité

a) Quand la sécurité était uniquement publique

L'histoire même de la fondation des deux modèles de la police moderne de culture occidentale, en France à la deuxième moitié du XVIIe siècle (Berlière et Lévy, 2011[1]) et à Londres au cours de la première moitié du XIXe siècle (Emsely, 2012[2]), ancre celle-ci dans le ressort exclusif de la puissance publique. Ainsi, qu'il s'agisse du modèle britannique de police, décentralisé et rattaché au gouvernement local ou a fortiori du modèle État-centré français, la sécurité reste l'affaire de l'autorité publique. Comme le décrit Brodeur (2003[3]), le monopole policier en matière de sécurité va se solidifier à travers la perception que la police et la société ont du monopole de l'emploi de la force, ainsi que par la récurrence de la sous-culture paramilitaire des unités (Lemieux, Dupont, 2005[4]). Le développement de stratégies de police communautaire, dans toute leur diversité, n'a pas changé le fait que la sécurité reste d'abord une affaire publique et policière. Et pour reprendre la tellement pertinente distinction qu'Avery (1981, déjà cité) fait entre « force » de police et « service » de police, dans la plupart des pays à moyen ou faible IDHI où j'ai travaillé, on assume encore tout à fait de confier la sécurité publique à des forces de police plutôt qu'à des services.

Or les modèles français et britannique de sécurité publique se sont largement diffusés dans le monde par la voie de la colonisation comme l'analyse Tankebe (2008[5]) pour le Ghana et l'Ouest africain. Les modèles européens ont peu à peu supplanté les mécanismes autochtones de régulation

---

[1]Berlière, J. M., et Lévy, R. (2011). *Histoire des polices de France : De l'ancien régime à nos jours*. Nouveau monde. Aubouin, M., Teyssier, A. et Tulard, J. (2005). *Histoire et dictionnaire de la police du Moyen Âge à nos jours*. Robert Laffont.

[2]Emsley, C. (2012). The birth and development of the police. In *Handbook of policing* (p. 100-117). Willan et Palmer, S. H. (1988). *Police and Protest in England and Ireland, 1780-1850* (Vol. 19). Cambridge: Cambridge University Press.

[3]Brodeur, J. P. (2003). *Les visages de la police : pratiques et perceptions*. PUM. https://core.ac.uk/download/pdf/59268349.pdf (Consulté le 31 août 2023).

[4]Lemieux, F., et Dupont, B. (2005). La militarisation des appareils policiers. Presses Université Laval.

[5]Tankebe, J. (2008). Colonialism, legitimation, and policing in Ghana. International Journal of Law, Crime and Justice, 36(1), 67-84. (Consulté le 8 septembre 2023).

sociale, à l'image de ce que Jaccoud (1998[1]) décrit au Canada, pour devenir le modèle majoritaire.

b) La diversification des acteurs de sécurité

Pour autant, comme le montrent Bayley et Shearing (1994, 1996, déjà cités), le monde a changé. Sans doute que l'histoire même de la construction de la sécurité urbaine aux États-Unis, décentralisée et plurielle dès l'origine (Monkkonen, 1992[2]), a contribué à la réflexion des deux chercheurs. Bayley et Shearing constatent que depuis la fin de la Seconde Guerre mondiale, les corps de police ont eu tendance à développer un modèle de réponse sur appels rendu toujours plus réactif du fait des développements technologiques (Dupont, 2001[3]) et à recruter toujours plus de policiers pour l'alimenter. Mais dans le même temps, le crime n'a cessé de croître, même après les démarches de mise en œuvre à grande échelle des principes de la police communautaire. C'est ce qui interpelle Bayley et Shearing qui proposent de repenser le modèle de sécurité non plus comme un monopole de la police, mais comme un partage de tâches et de savoir-faire entre une diversité d'acteurs. C'est l'essence de la multilatéralisation de la sécurité et l'exemple le plus frappant est celui du développement exponentiel de la sécurité privée ces dernières décennies (Shearing et Stenning, 1983[4], Bayley, 1994[5]). Comme l'écrit Castells (2011[6]), les sociétés évoluent globalement d'une organisation en territoires définis protégeant des fonctions-monopoles vers des sociétés en réseaux de nature neuronale. Pour autant, cette multi-latéralisation ne vient pas sans défis. Plusieurs auteurs évoquent les limites au principe, dont l'évidement de l'État selon Loader (2000 [7]) ou l'empêchement de développer une police démocratique d'État en Afrique du Sud selon Mark et Goldsmith (2006), et évoquent le développement d'un contexte déchiré entre complémentarité et compétition (Rhodes, 1996[8]; Jones et Newburn, 2006[9]). Comme le présente

[1]Jaccoud, M. (1998). Restoring Justice in Native Communities in Canada. *Restorative Justice for Juveniles: Potentialities, Risks and Problems for Research*, 285-299.

[2]Monkkonen, E. H. (1992). History of Urban Police. *Crime and Justice*, *15*, 547-580.

[3]Dupont, B. (2001). Policing in the information age: technological errors of the past in perspective. *Policing the Lucky Country*, 34-47.

[4]Shearing, C. D., et Stenning, P. C. (1983). Private Security: Implications for Social Control. *Social problems*, *30*(5), 493-506.

[5]Bayley, D. H. (1994). *Police for the Future*. Studies in Crime and Public Policy.

[6]Castells, M. (2011). *The Rise of the Network Society* (Vol. 12). John Wiley & sons.

[7]Loader, I. (2000). Plural Policing and Democratic Governance. *Social & Legal Studies*, *9*(3), 323-345.

[8]Rhodes, R. A. W. (1996). The New Governance: Governing without Government. *Political studies*, *44*(4), 652-667.

[9]Jones, T., et Newburn, T. (Eds.). (2006). *Plural Policing: A Comparative Perspective*. Psychology Press.

Rhodes (1997 [1]), la multilatéralisation est aujourd'hui l'affaire de trois catégories d'acteurs « État – marché – réseau » ou plus justement, selon Stocker (1998[2]), un troisième secteur qui serait celui de la société civile; définition que j'ai retenue dans cet ouvrage pour présenter les différents partenaires.

Les principales raisons pour lesquelles les acteurs de sécurité sont aujourd'hui aussi diversifiés résident pour beaucoup dans la complexité croissante des enjeux qui ne peuvent plus être embrassés que par un acteur unique, comme le montre Ostrom (2010[3]) d'un point de vue général. De plus, le renforcement des perspectives néolibérales en matière de rationalisation des coûts de fonctionnement des services de police a tendu à la concentration des services sur leurs missions répressives et à se détacher de certaines missions (Feldman, 2017[4]). Perspective anachroniquement renforcée aujourd'hui par le mouvement *Defund the police* qui réclame le transfert de tout ou partie des tâches policières et des budgets afférents à la société civile (Jacobs et collab. 2021[5]). Or pour Ostrom (1990[6]), il y a un risque à ne pas travailler en réseau et à laisser chaque acteur se spécialiser dans ses missions jusqu'à obtenir une gestion en silos d'enjeux pourtant transversaux. Cette multilatéralisation n'est pas observée que dans les pays à fort ou moyen IDHI, mais bien à l'échelle de notre monde globalisé. Et de nombreux travaux ont été publiés sur le sujet à propos de l'Afrique entre autres par Baker (2008[7]) et Shearing et ses coauteurs (2004, 2006[8]). Mais des travaux existent également et de façon non exhaustive

---

[1]Rhodes, R. A. (1997). *Understanding Governance: Policy Networks, Governance, Reflexivity and Accountability*. Open University.

[2]Stoker, G. (1998). Governance as theory: five propositions. *International Social Science Journal*, *50*(155), 17-28.

[3]Ostrom, E. (2010). Beyond Markets and States: Polycentric Governance of Complex Economic Systems. *American Economic Review*, *100*(3), 641-672.

[4]Feldman, L. (2017). Neoliberalism and Police Reform. *Rethinking Neoliberalism: Resisting the Disciplinary Regime*, 160-175. http://urban.hunter.cuny.edu/~schram/neoliberalproofuncorrected.pdf#page=190 (Consultée le 8 septembre 2023).

[5]Jacobs, L. A., Kim, M. E., Whitfield, D. L., Gartner, R. E., Panichelli, M., Kattari, S. K., ... et Mountz, S. E. (2021). Defund the Police: Moving Towards an Anti-Carceral Social Work. Journal of Progressive Human Services, 32(1), 37-62. http://d-scholarship.pitt.edu/39769/1/JPHS_Defund%20the%20Police_092520_dscholarship.pdf (Consulté le 8 septembre 2023).

[6]Ostrom, E. (1990). *Governing the Commons: The Evolution of Institutions for Collective Action.* New York: Cambridge University Press.

[7]Baker, B. (2008). Multi-Choice Policing in Africa. Nordiska Afrikainstitutet. https://www.diva-portal.org/smash/get/diva2:275037/FULLTEXT01.pdf (Consultée le 8 septembre 2023).

[8]Marks, M., Shearing, C. et Wood, J. (2009). Who should the police be? Finding a new narrative for community policing in South Africa. *Police Practice and Research: an international journal*, *10*(2), 145-155. Shearing, C., et Marks, M. (2004). Introduction: Diversity in policing: Multi-agency frameworks and strategies in South Africa. *Society in*

sur la Chine (Zhong et Grabosky, 2009[1]), la Corée du Sud (Kim et Jo, 2007[2]), l'Inde (Shah, 2007[3]), Israël (Volinz, 2018[4]) ou le Népal (Widmer, 2023[5]).

c) L'appréhension policière de la perte de contrôle

Mais du côté policier, cette multilatéralisation vient avec un sentiment de perte de contrôle. Ocqueteau (2005, p. 206 [6]) résume très bien cette appréhension à propos des données policières dans le cadre de l'observatoire français : « c'est ainsi que se jouent par exemple la peur pour le producteur de se voir dépossédé de ses propres données et [de] son pouvoir de rétention volontaire pour conserver une zone de maîtrise sur son propre savoir [...] ». Cette appréhension rejoint en partie les critiques faites au modèle de gouvernance en réseau de Loader et Walker (2001[7]) qui jugent que l'on évide l'État dans le cadre d'une ligne d'action néolibérale en partageant la gouvernance de ce qui devrait rester un monopole de sécurité publique. J'imagine que l'on pourrait associer la gouvernance en réseau des observatoires à cette critique. Or pour ce qui est des données criminelles, le monopole des services de police a disparu entre autres le jour où la santé publique a pris la décision unilatérale de collecter et d'analyser ses propres données sur la violence avec parfois des résultats plus probants. Je comprends la critique qui n'est pas fausse, toutefois, je ne crois pas qu'il y ait plus d'agenda néolibéral ici que dans le fait que des ONG d'aide aux victimes collectent et partagent des données relatives à leur activité.

En l'espèce, j'ai dû gérer d'âpres discussions où les ministères et les services de police ressentaient une perte de contrôle si l'observatoire sortait du système hiérarchique de l'État. Ce partage de responsabilités reste extrêmement déstabilisant pour des services de police qui se sont développés dans une culture d'appropriation monopolistique de la sécurité publique,

---

transition, *35*(2), 197-203.

[1]Zhong, L. Y., et Grabosky, P. N. (2009). The pluralization of policing and the rise of private policing in China. *Crime, Law and Social Change*, *52*(5), 433.

[2]Kim, S. K., et Jo, H. B. (2007). A Study on Multilateralization of Policing in Korea. *Korean Security Journal*, (14), 89-108.

[3]Shah, A. (2007). Markets of protection: the Maoist Communist Centre and the state in Jharkhand, India.

[4]Volinz, L. (2018). Governance through pluralization: Jerusalem's modular security provision. *Security Dialogue*, *49*(6), 438-456.

[5]Widmer, M. (2023). Local bosses and shadow players: A network analysis of change in the multi-tiered governance of security in Nepal. University of Sussex; Institute of Development Studies; Ph.D. Thesis. file:///C:/Users/ycque/Downloads/Widmer,%20Mireille.pdf

[6]Ocqueteau, F. (2005). Observer les délinquances. Où, comment et pourquoi ? Sur la genèse de l'Observatoire national de la délinquance. Peurs sur la ville, vers un populisme punitif à la française, Paris : PUF, 188-210

[7] Loader, I., et Walker, N. (2001). Policing as a Public Good: Reconstituting the Connections between Policing and the State. *Theoretical criminology*, *5*(1), 9-35.

culture encore souvent omniprésente dans leurs écoles comme j'ai pu souvent l'observer. Et il est vrai que la nature de la relation entre une institution d'État et un média membre de l'observatoire ou à l'égard d'une ONG de défense des droits humains ou d'un institut de la statistique change du fait même de la mise en place de cette gouvernance. Le modèle de gouvernance en réseau abolit alors les expressions verticales d'autorité à l'égard des autres entités et les préséances institutionnelles formelles, même si celles-ci perdurent fortement au plan symbolique. Face à cette perte de contrôle, chaque observatoire évolue dans un contexte particulier; c'est à chaque pays de trouver sa voie. D'autant que dans la plupart des cas, l'État est ou deviendra un financeur essentiel de l'observatoire, si ce n'est le seul, et qu'il pourrait s'attendre légitimement à en garder la totale maîtrise. Expliquer qu'il y a un intérêt fondamental à ce que le contrôle soit partagé et échappe donc en partie aux ministères ou aux services de police dans des pays à moyen ou faible IDHI qui cherchent au contraire à consolider leurs institutions par la centralisation est souvent apparu anachronique.

Cependant, il m'est parfois arrivé, et de façon assez touchante, de comprendre que la résistance des services de police tenait davantage de la gêne à voir exposée la faiblesse de leurs moyens et de leurs résultats au regard des attentes de la population et souvent d'eux-mêmes. La peur d'être jugés, pour des organisations d'action qui incarnent le monopole et le prestige de l'État, reste un obstacle à prendre en considération avec écoute et respect. Conscience de la faiblesse de leurs données, de leur défaut de robustesse, des limites de leurs moyens d'analyse et de savoir-faire, des difficultés à délivrer sur une base régulière des produits pertinents, etc.; la transparence s'apprend parfois à la dure. Mais cela constitue finalement un atout pour le développement de l'observatoire et de sa multilatéralisation, dans la mesure où cela constitue le meilleur témoignage de l'état du besoin. Il faut donc savoir jusqu'où ne pas aller dans l'imposition d'un modèle de gouvernance qui, de toute façon, s'il choque trop la culture institutionnelle locale, ne survivra pas au-delà de la présence des experts internationaux chargés d'accompagner la création de l'observatoire. Si cela paraît d'une grande sagesse à lire, ne doutez pas que je l'ai appris à l'épreuve du terrain en poussant parfois les autorités nationales au-delà de ce qu'elles étaient prêtes à consentir. Or dans une perspective « bourdieusienne » des relations de pouvoir, j'étais du côté du financeur international, que ce soit les Nations unies ou l'Union européenne, ce qui me donnait une capacité d'influence fortement convaincante, parfois au-delà des aspirations locales. « Colonialiste », dites-vous ? Il y a au travers de ces enjeux d'indépendance des observatoires et de leur gouvernance des questions éthiques qui se posent à l'endroit même des acteurs de la communauté internationale et que je ne peux évoquer que maintenant avec le recul.

Ainsi, l'observatoire qui voit le jour ne dispose pas nécessairement du degré d'indépendance idéal pour assurer totalement la sécurité des données et l'intégrité des analyses, mais une négociation équilibrée doit pouvoir assurer la pérennité de la structure. C'est pourquoi j'ai écrit plus tôt dans cet ouvrage que parfois, le mieux que l'on peut faire en matière de gouvernance et d'indépendance est de localiser l'observatoire au sein de l'école de police. Il appartiendra au temps de faire son œuvre en espérant que les enjeux de gouvernance puissent se développer dans de bonnes conditions.

1.1.3. Vivification démocratique, mais défaut d'imputabilité

a) Une gouvernance qui vivifie la participation démocratique de la société civile

Dans le prolongement de la pensée de Kooiman (2003[1]), la gouvernance en réseau permet de donner à chaque membre constitutif de la société une place et une reconnaissance légitimes. Si cela paraît subsidiaire pour les institutions publiques qui jouissent déjà de leur statut de structure d'État, cela prend un tout autre sens pour les organisations de la société civile et le secteur commercial. Les exemples que j'ai cités d'ONG locales, de transporteurs, etc., toutes ces initiatives qui sont nées loin des sphères du pouvoir se font dire par l'entremise de la gouvernance en réseau « vous comptez pour l'intérêt général ». Je me souviens, au Tchad, combien il était symboliquement fort pour les ONG ou les médias de pouvoir accéder à un statut de reconnaissance institutionnelle en devenant potentiellement membre de l'organe de gouvernance de l'observatoire. Des organisations de la société civile peu visibles, voire peu considérées, et qui avaient parfois des relations complexes avec les pouvoirs en place du fait de leur mission de défense des droits humains ou de leur position de médias indépendants, venaient s'asseoir à la même table que les services de l'État. Il y avait là un renforcement de la participation de la population et de ses organes vivants qui fait référence à ce que Jones, Newburn et Smith (1996, p. 190-197, déjà cité) identifient comme une des composantes du *democratic policing*.

b) Mais un réseau qui affaiblit l'imputabilité

Si Jones, Newburn et Smith (1996) identifient la notion de participation comme un critère fondamental du *democratic policing*, la reddition de comptes et l'imputabilité intègrent aussi cette approche du concept. Or en la matière, la gouvernance en réseau ne facilite pas les choses, et de ce point de vue, Loader (2002[2]) et Walker (2006[3]) ont raison. Dès lors qu'une multiplicité d'acteurs préside au sein de l'organe de gouvernance aux destinées de

---

[1]Kooiman, J. (2003). Governing as Governance. London: Sage Publications. 264 p.

[2]Loader, I. (2002). Policing, securitization and democratization in Europe. *Criminal Justice*, *2*(2), 125-153.

[3]Walker, S. (2006, November). Police Accountability: Current Issues and Research Needs. In *National Institute of Justice (NIJ) Policing Research Workshop: Planning for the Future* (p. 28-29).

l'observatoire, dire que la responsabilité est collective revient quasiment à dire qu'il n'y en a concrètement pas. Il y aura toujours la responsabilité de l'observatoire, dirigé par une direction responsable de la reddition de comptes, etc. Mais comment rendre compte des discussions et des décisions de l'organe de gouvernance qui est, comme nous allons le voir, le véritable décideur de l'observatoire, dans le contexte de la multiplicité de sa composition ? Comment alors le principe d'imputabilité peut-il cascader sur la diversité des parties prenantes et au titre de leurs statuts si variés ? Ce sont des questions auxquelles seuls le temps et l'expérience pourront répondre.

1.2. L'identification des acteurs et de leurs ressources

La mutualisation des ressources va bien au-delà de la seule mutualisation des données que j'évoque depuis le début de cet ouvrage; je vais parler ici plus généralement de mutualisation de l'ensemble des ressources dont les partenaires disposent. C'est cette mutualisation des ressources qui contraint au développement d'une gouvernance. C'est la variété des acteurs disposant tous d'une parcelle de solution du fait de leurs diverses ressources, qui permet la tenue de l'objectif commun : l'analyse des enjeux de sécurité et de la réduction de la violence.

1.2.1. Adaptation au terrain : acteurs majeurs et trésors méconnus

Lors de la mission d'évaluation de faisabilité de création d'un observatoire, je suggère que la toute première étape consiste à identifier les acteurs de la sécurité les plus significatifs sur le territoire et les ressources dont ils disposent. C'est aussi l'occasion d'aller à la recherche de trésors méconnus comme ces ONG, ces services de l'État ou ces partenaires du secteur commercial aux initiatives surprenantes que j'ai présentés précédemment. Cette mission d'identification permettra la création d'un groupe de travail composé d'acteurs des services publics, de la société civile et du secteur commercial qui constituera les bases de ce qui pourra devenir par la suite l'organe de gouvernance de l'observatoire. Mais je recommande fortement de les associer dès le départ dans une démarche participative.

Le moyen qui semble le plus pertinent est de les intégrer à la démarche d'analyse du besoin. Il y a possibilité d'inviter ainsi les acteurs publics, de la société civile et du secteur commercial à venir participer à une série de rencontres sur le besoin de données, d'analyses, de connaissances dans une perspective de mutualisation, en s'assurant que l'effet boule de neige permet de recenser l'ensemble des acteurs. Nous avions organisé au Tchad une grande rencontre durant quelques jours dédiée aux enjeux de données de sécurité; la rencontre avait été annoncée publiquement afin que les acteurs intéressés puissent se faire connaître. Au Népal, le ministère de la Sécurité avait organisé un séminaire de quelques jours où étaient présents l'ensemble des services de police, dont je me souviens nettement de l'émouvante cérémonie d'ouverture.

1.2.2. L'analyse des capitaux : rigueur et diplomatie

La mise en œuvre de l'étape suivante exige de la délicatesse puisqu'elle consiste à visiter chacun de ces acteurs, et, avec leur accord, recenser l'ensemble des ressources dont ils disposent, comme dans le cadre du projet CariSecure et des États de la CARICOM en 2017. Le processus de recensement des ressources doit être exhaustif et précis puisque cela constitue en quelque sorte la cartographie des échanges à venir avec l'observatoire. À cette fin, j'ai utilisé par analogie les travaux de Bourdieu sur les capitaux, que j'avais déjà utilisés pour analyser la gouvernance de la sécurité locale en France (Quéro et Dupont, 2017[1]), à la suite des travaux de Burris, Drahos et Shearing (2005[2]). J'ai décliné ces ressources en capital culturel, en capital politique (décliné du capital social), en capital économique, en capital social et en capital symbolique. L'exercice est réalisé différemment selon que l'observatoire est censé disposer d'un statut d'établissement public autonome ou censé relever d'un service de police ou d'une ONG; le périmètre de départ inclura ou exclura potentiellement certains acteurs. Les ressources des différents partenaires sont destinées à être incorporées au fonctionnement de l'observatoire; la question des capitaux peut donc être analysée aussi bien d'un point de vue de l'apport des partenaires de ce que l'observatoire peut en faire à son tour. Avant de discuter en détail chacun des capitaux évoqués, je propose cette synthèse destinée à être adaptée selon la réalité de chaque contexte :

---

[1]Quéro, Y. C., et Dupont, B. (2019). Nodal governance: toward a better understanding of node relationships in local security governance. *Policing and Society*, *29*(3), 283-301.

[2]Burris, S., Drahos, P. et Shearing, C. (2005). Nodal Governance. *Austl. J. Leg. Phil.*, *30*, 30.

Capitaux ou principales ressources disponibles	Nature des ressources	Principaux apporteurs des ressources
Capital culturel	• Données, bases de données • Compétences méthodologiques et techniques	• Tous les acteurs, dans des proportions différentes à évaluer au cas par cas
Capital politique	• Capacité d'influence politique et décisionnelle	• Institutions publiques, Justice, services de police • Organisations internationales
Capital économique (dont budgétaire)	• Ressources permettant de faire fonctionner l'observatoire économiquement (budgets, locaux, etc.)	• Institutions publiques • Organisations internationales • « Tour de table » des bailleurs de fonds internationaux
Capital social	• Capital en matière de réseaux sociaux	• Médias • Institutions publiques • ONG
Capital symbolique	• Capital de prestige et de réputation	• Médias • Institutions publiques, Justice, services de police • ONG

Tableau 4 : Tableau de synthèse non exhaustif des principales ressources disponibles par type de partenaire (proposition de l'auteur).

a) Le capital culturel

Le capital culturel peut être divisé en deux ressources. Les données qualitatives et les bases de données quantitatives constituent la ressource primaire de toute connaissance en matière de violence. Dans les relations inter-entités au sein de l'observatoire, cette matière brute donne un avantage décisif aux entités qui la possèdent. C'est en général à l'avantage des services de police, mais si l'évaluation des données révèlent que les services de santé ou certaines ONG dans leur champ d'expertise disposent d'excellentes données, les équilibres entre partenaires peuvent varier au-delà des représentations institutionnelles traditionnelles. C'est pourquoi une attention particulière est portée sur ces ressources, leur qualité et leur environnement technologique lors du recensement. Le capital culturel est aussi composé du savoir et du savoir-faire des collaborateurs de chacune des organisations. Ce capital culturel « incorporé » constitue une richesse importante pour l'observatoire puisqu'il est constitué de l'expertise technique et méthodologique des analystes, de leur pluridisciplinarité scientifique, de leur connaissance du bassin socioculturel, des enjeux de sécurité, etc. C'est beaucoup sur le capital culturel que vont se fonder la notoriété et la crédibilité de l'observatoire. Plus cette légitimité se développera et plus le capital culturel aura d'impact sur les porteurs des autres capitaux, dont en matière de capital politique et de capital économique.

b) Le capital politique

Dans l'aventure de l'observatoire français, département d'un établissement public autonome, le capital politique a joué le premier rôle dans la création comme dans l'extinction de l'observatoire. Du capital politique, je n'en ai visiblement pas eu assez lorsqu'un député des Français de l'étranger pour l'Amérique du Nord est venu me consulter sur la fermeture de l'observatoire et que j'ai plaidé pour son maintien. Le capital politique ne s'invite pas dans ces circonstances, il s'impose; et il s'impose d'autant plus que l'observatoire est un organisme public. Droit de gestion du décideur public, me répondrez-vous.

L'enjeu est délicat, car il rejoint celui du principe d'indépendance des observatoires. Les observatoires ont besoin de capital politique pour naître, pour se maintenir, mais simultanément. l'observatoire doit veiller à ce que le capital culturel reste l'essence de l'observatoire et apprendre à se protéger de ce qui pourrait devenir une forme de collusion. Cela est d'autant plus vrai dans certains pays (pas uniquement à moyen ou faible IDHI) où les remparts de l'autonomie institutionnelle de gestion peuvent céder devant la puissance quasi féodale de certains acteurs politiques dominants. Dans les pays à moyen ou faible IDHI et selon les contextes, le risque peut être grand pour l'observatoire de devenir une nouvelle prébende du régime, et dont la direction serait octroyée à quelque serviteur dont le mérite tiendrait davantage de la loyauté que de la compétence.

Le capital politique est aussi celui de la protection et de la pérennité de l'observatoire. Mais plus l'observatoire développe sa légitimité par une production scientifique de qualité qui répond aux besoins des partenaires ainsi que par la robustesse de sa communauté de pratique, et plus les rapports au sein du champ de force entre les porteurs de capitaux s'équilibrent, pour là encore se référer à Bourdieu (1997[1]).

---

[1]Bourdieu, P. (1997). Le champ économique. Actes de la recherche en sciences sociales, 119(1), 48-66. https://www.persee.fr/docAsPDF/arss_0335-5322_1997_num_119_1_3229.pdf (Consulté le 8 septembre 2023).

c) Le capital économique

Le capital économique est d'abord constitué de la capacité budgétaire détenue par les membres du réseau, qui fera vivre la structure, payer les employés, etc. Le plus souvent, un bailleur de fonds (État, organisation internationale, coopération bilatérale) détient le capital économique, et lorsqu'il détient aussi le capital politique, l'indépendance de l'observatoire n'est plus guère qu'intellectuelle. Lorsqu'en Haïti le PNUD s'est retiré financièrement de l'observatoire conformément au plan initial de transfert, l'Université d'État d'Haïti n'a pas été en mesure de faire face à la dépense requise pour rémunérer un coordonnateur de qualité, et l'ONAVC est tombé en sommeil; le transfert a très malheureusement échoué. C'est pourquoi un « tour de table » d'une pluralité de bailleurs de fonds internationaux, mais aussi régionaux et nationaux, peut constituer une solution de pérennisation de l'observatoire tout en prévenant la fusion du capital politique et du capital économique dans une seule main. Cette diversification des bailleurs de fonds fait également partie des recommandations de Page (2021, p. 39, déjà cité) en matière de décolonisation de l'aide internationale. C'est une tâche d'envergure à laquelle l'organe de gouvernance aurait intérêt à s'atteler dès sa prise de fonctions.

Mais le capital économique est aussi représenté par toutes les ressources matérielles dont disposent les partenaires : capacité d'hébergement de l'observatoire, prêts partiels d'analystes, participation à la collecte de données sur le terrain, partage de licences de logiciels, etc. Puis, dès qu'il fonctionne, l'observatoire devient à son tour du capital économique pour les partenaires par la production de livrables qui représentent un coût économique et dont les partenaires devront évaluer l'impact en cas de fin de service. Si celui-ci s'avère nul pour les partenaires, c'est que l'observatoire ne remplissait pas sa mission.

d) Le capital social

Le capital social des partenaires est constitué de l'ensemble des relations et connexions dont dispose chacun d'entre eux, quel que soit leur statut. Plus les partenaires sont d'origines diverses (secteur public, société civile, secteur marchand), et plus le réseau direct et indirect de l'observatoire est vaste, ce qui participe au développement de la communauté de pratique et à la légitimité de la structure par effet boule de neige. C'est en bonne partie ce qu'incarne la communauté de pratique, et le capital social induit devient le retour sur investissement lié à son développement.

Le capital social de l'observatoire tient beaucoup à la cohérence (voire à la cohésion si on est ambitieux) de son organe de gouvernance, régulièrement tiraillé entre collaborations et compétitions dignes des études de Bourdieu sur le champ de force (1997, déjà cité). Il n'en demeure pas moins que cultiver le capital social de l'observatoire est un bon moyen d'en renforcer le capital politique et économique, mais peut-être également le sien.

e) Le capital symbolique

Le capital symbolique est celui de la notoriété, du degré de prestige de chacun des partenaires et de leurs représentants. Les magistrats qui représentaient le ministère de la Justice au Tchad disposaient d'un double capital symbolique, celui de la Justice qui, je dois le dire, en imposait à tous, mais aussi celui d'un participant qui était un magistrat senior à la carrière reconnue et à la stature renommée. Il était alors intéressant de voir les interactions avec les autres acteurs, se positionnant autant dans le respect de l'institution que de la personne, dans une double réalité sociale simultanée[1].

Parmi le réseau de l'observatoire, les services de police et de justice sont les acteurs qui jouissent en général du plus important capital symbolique, du fait de leur puissance institutionnelle ainsi qu'au regard de la nature de leur mission de lutte contre le crime; mais aussi potentiellement comme les plus corrompus. Simultanément, pour certains acteurs plus modestes comme certaines ONG locales ou certains services publics, intégrer l'organe de gouvernance de l'observatoire peut être clairement perçu comme une opportunité en matière de capital symbolique. Cela peut d'ailleurs être considéré, au moins partiellement, comme une contrepartie au fait de fournir des données à l'observatoire. Des stratégies de compétition plus que de collaboration peuvent même voir le jour dans l'interrelation entre certains acteurs et leur influence recherchée au sein de l'observatoire, ce qui doit être strictement géré par la présidence de l'organe de gouvernance et la direction de l'observatoire. À l'inverse, certaines ONG et certains médias peuvent déjà jouir d'un capital symbolique très fort et peuvent venir assez ouvertement concurrencer et confronter les services publics du fait de leur vocation, qui de nature humanitaire, qui en faveur de la défense des droits humains, qui en anticorruption, etc. L'observatoire, quant à lui, va s'attacher à développer son propre capital symbolique en négociant son espace sans entrer en concurrence ouverte avec aucun des acteurs du réseau; l'observatoire est en quelque sorte acteur, mais aussi arbitre du champ de force.

En conclusion de cette section, il revient à l'observatoire d'évaluer les ressources de chacun avec rigueur dans la méthode et diplomatie dans l'approche. L'observatoire est invité à faire prendre conscience à chaque acteur de la diversité et de la valeur de ses ressources, dans la perspective d'une mutualisation par l'observatoire. Et ce, avant que l'audit des ressources à mutualiser soit partagé à l'ensemble des acteurs. Mais il revient aussi à

---

[1]N'oublions pas cependant, et sans jugement en l'espèce, que l'institution judiciaire, selon Buscaglia (1999), reste au demeurant largement corrompue dans les pays à moyen ou faible IDHI. Buscaglia, E. (1999). Judicial Corruption in Developing Countries: Its Causes and Economic Consequences. https://escholarship.org/content/qt48r8474j/qt48r8474j.pdf (Consulté le 8 septembre 2023).

l'observatoire d'en expliquer les limites et ultimement d'exposer en quoi les ressources des autres, dès lors qu'elles sont mutualisées, peuvent représenter des opportunités pour chacun comme pour l'intérêt général. Cette dynamique de mutualisation des ressources, dans un contexte de multilatéralisation, constitue l'essence de la gouvernance.

2. L'organe de gouvernance et la dynamique de réseau

La pertinence d'un organe de gouvernance, quel qu'il soit, tient dans le fait que les fournisseurs de ressources, indépendamment de leur statut, sont également les consommateurs des produits générés par l'observatoire. Il s'agit donc de les faire siéger au sein d'un forum d'où ils peuvent s'assurer de l'utilisation pertinente des ressources qu'ils partagent. Si le désir de participer à l'intérêt général est le plus souvent bien compris, rien n'empêche de le motiver par la satisfaction de quelques intérêts particuliers légitimes.

2.1. L'organe de gouvernance, essence de l'observatoire

2.1.1. Conseil d'administration ou organe de gouvernance ?

a) La possibilité de créer un conseil d'administration

Le statut de l'organe de gouvernance dépend de la nature de la structure de l'observatoire dans le contexte du droit national. Pour un établissement public et une ONG, ce sera un conseil d'administration, quelle que soit sa dénomination. Lorsque l'observatoire constitue le tout ou la partie d'une ONG (nationale, régionale ou internationale), il lui revient de façon indépendante de faire savoir comment la gouvernance de l'observatoire s'organise. Le profil du conseil d'administration dépend de la mission que s'est donnée l'ONG et souvent de la position de lanceur d'alertes (droits humains, anticorruption, etc.) qu'elle souhaite prendre, par exemple à l'égard des services de l'État. Auquel cas, les services de police et de justice peuvent ne pas souhaiter collaborer, et le plus souvent l'observatoire devra se contenter de ses données primaires et des données secondaires rendues publiques par les autorités.

b) Les solutions lorsqu'il est impossible de créer un conseil d'administration

Pour un service central d'État, un institut de la statistique, un service de police, etc., ce sera un conseil de gouvernance dont les statuts devront jongler avec ce que le cadre légal local autorise. La première difficulté est de convaincre les autorités qu'un organe de gouvernance soit mis en place alors que l'observatoire relève d'un service administratif qui dispose de son propre système hiérarchique. La seconde difficulté est de parvenir juridiquement à créer un conseil de gouvernance qui n'a pas qu'une autorité consultative, mais aussi décisionnaire au sein d'un système administratif pyramidal. D'un point de vue de la structure juridique des organisations publiques, cela peut constituer un obstacle légitime autant qu'instrumentalisé. Cela peut constituer un argument aux tenants du monopole, lesquels sont en général réticents à l'idée d'inclure des organisations de la société civile dans la démarche de l'observatoire. À moins d'imaginer une solution dérogatoire, on voit bien l'observatoire se faire absorber dans ce type de contexte par le système hiérarchique ministériel ou policer et s'éloigner de l'idéal d'indépendance et de multilatéralisation.

Pour rappel, dans l'hypothèse où la création d'un organe de gouvernance n'est pas possible, proposer la création d'un conseil scientifique, même à titre consultatif, peut s'avérer pertinent. Celui-ci pourra, d'un point de vue scientifique, effectuer une certaine forme de surveillance de l'intégrité des données, de la probité des analyses, voire de la transparence des livrables. De plus, il pourrait permettre d'intégrer des universitaires nationaux, régionaux ou internationaux, ce qui resterait un moyen de faire participer des tenants proches de la société civile.

Dans le cadre d'un observatoire de nature universitaire, l'indépendance peut sembler davantage garantie du fait de la moindre influence de la sous-culture policière, d'où ce choix qui peut apparaître comme un compromis acceptable par toutes les parties. Mais d'un point de vue de la gouvernance, à l'inverse, une attention particulière doit être apportée aux services de police et de justice qui représenteront vraisemblablement la première source de données de l'observatoire. Il faudra alors leur donner un moyen de contrôle sur leurs données, une voix sur les produits livrables, etc., en veillant à ce que l'université ne s'approprie pas exclusivement l'ensemble.

2.1.2. Les missions de l'organe de gouvernance

Les missions de l'organe de gouvernance sont assez classiques pour ce qui a trait au fonctionnement administratif de l'observatoire; elles le sont moins en matière de gouvernance.

a) Fonctionnement de la structure et production

L'organe de gouvernance est responsable des orientations stratégiques de l'observatoire, entre autres en matière de développement de la structure et des activités ainsi qu'en matière de rayonnement. C'est assez classique que la direction de l'observatoire, qui est choisie par l'organe de gouvernance, mette en œuvre les orientations de celui-ci et lui rende compte, et assume la responsabilité de ses activités et de sa gestion administrative et financière devant lui.

Plus spécifiquement au regard du contexte des observatoires, l'organe de gouvernance décide des grandes orientations et exerce un contrôle en matière de dynamique partenariale et de communauté de pratique, de collecte et d'analyses de données, d'éthique et de sécurité des données, d'adéquation des livrables aux besoins des partenaires, etc. Le tout est consigné au sein d'un règlement de fonctionnement des organes de l'observatoire.

b) Gouvernance et pérennisation de la structure

Les membres de l'organe de gouvernance qui choisissent en leur sein une présidence et qui restent à l'écoute des recommandations du conseil scientifique ont pour principale mission de faire fonctionner le partenariat dans le respect de sa diversité, des agendas et des ressources de chaque entité. Ainsi, l'organe de gouvernance se trouve incarner le champ de force entre partenaires, avec la responsabilité de négocier les divergences, de prévenir les conflits et de conserver la cohérence interne requise au bon fonctionnement de la structure. Dans l'idéal, l'équilibre entre les forces diverses au sein de l'organe de gouvernance pourrait même contribuer à la prévention du trafic d'influence et de la corruption; la présence de médias et d'ONG peut être vertueuse en ce sens. Sans toutefois oublier que la vertu doit toujours se justifier quand le vice n'en fait toujours qu'à sa tête.

2.1.3. Création et composition de l'organe de gouvernance

La trilogie adaptée de Stocker (1998) à laquelle j'ai déjà fait référence mérite sans doute dans le cadre de la création de l'organe de gouvernance d'être adaptée au regard du contexte. Lors des consultations initiales au Tchad, nous avions organisé les entités en trois collèges distincts afin de faciliter l'organisation des échanges, mais aussi dans la perspective de conserver cette organisation en collèges lors de la création du conseil d'administration.

Le collège des institutions d'État regroupait les ministères impliqués, les organes de contrôle de l'administration publique, les acteurs budgétaires de l'État, les universités locales, etc. Un collège était spécifiquement dédié aux services de police et de justice dans la mesure où ils étaient assez nombreux et répondaient à divers commandements (police nationale, gendarmerie nationale, garde nationale et nomade, services de Justice, administration pénitentiaire, etc.). Et un collège était dédié aux organisations de la société civile, composé d'associations de femmes, d'associations de jeunes, de médias, d'organismes religieux, etc. Deux autres collèges peuvent venir s'ajouter au regard de l'importance de leurs ressources selon le contexte, le secteur commercial (compagnies de sécurité privée, syndicats professionnels, assureurs, etc.), et celui regroupant les collectivités locales dans les pays décentralisés.

Les acteurs de la communauté internationale qui financent et soutiennent techniquement en général les projets d'observatoires (agences des Nations unies et Union européenne pour l'essentiel) refusent en général salutairement d'être membres de l'organe de gouvernance, ne souhaitant pas s'ingérer dans le fonctionnement de la structure. Leur proposer un siège d'observateur peut dès lors être pertinent (délégation locale de l'Union européenne, PNUD, ONUDC, ONU-Habitat, ONU-femmes, etc.). Le nombre d'entités représentées doit faire l'objet de discussions lors des consultations. Mais le débat sur le nombre de participants et la souplesse de fonctionnement de la structure ne doit pas faire oublier la priorité que représente la recherche d'un équilibre au sein du champ de force.

2.2. La dynamique de réseau : de l'entité à l'individuel

Une fois que l'on a décrit les conditions d'exercice de l'organe de gouvernance, il reste à le faire fonctionner au quotidien dans le cadre de la mission de l'observatoire. Je vais utiliser les travaux de deux auteurs pour relater mon expérience en la matière : Rhodes, qui définit les conditions d'une bonne collaboration dans un contexte de gouvernance en réseau, et Kooiman, qui décrit le mode ultime de collaboration dans un tel contexte.

2.2.1. Caractéristiques qui sous-tendent les relations de gouvernance

Dans son travail visant à caractériser la bonne collaboration entre les partenaires d'un même réseau, Rhodes (1996, p. 660[1]) énonce quatre éléments indispensables : l'interdépendance des entités, leur auto-organisation dans le cadre de la gouvernance, la continuité des interactions et finalement l'émergence d'une confiance entre partenaires. Ces éléments qui sont présentés par Rhodes comme des critères de succès dans une perspective de gouvernance méritent d'être analysés dans le contexte des observatoires.

a) L'interdépendance des entités

Parfois ma perception était que certains corps de police étaient volontaires à participer à l'observatoire, sans doute parce qu'ils en avaient reçu l'ordre, mais sans doute aussi parce qu'ils y voyaient eux-mêmes un certain intérêt général ou particulier. Mais je pouvais ressentir a contrario une forme de distanciation qui s'expliquait sans doute par ce que j'ai présenté précédemment, la confrontation avec la fin d'un monopole. Ma perception quant aux ONG et aux acteurs moins visibles généralement sur les questions de sécurité était différente. Ils voulaient la parole et participer, semblaient avoir des agendas quant aux sujets à aborder ou aux travaux à réaliser, et étaient très volontaires à partager leurs données en contrepartie d'autres capitaux. Cela illustre le propos de Rhodes, c'est-à-dire la différence entre avoir le bon état d'esprit pour participer, ou le souhait de participer, et la volonté affirmée de participer dans l'acceptation de l'interdépendance, au regard d'un besoin. Tout cela mériterait sans doute de plus amples recherches,

[1]Rhodes, Roderick Arthur William. The New Governance: Governing without Government. *Political Studies* 44.4 (1996): 652-667.

mais me fait conclure que l'interdépendance ne se décide pas, elle tend à s'imposer d'elle-même aux entités participantes et dépend de la réalité du besoin de chacune des entités.

C'est fort de cette conscience d'interdépendance qu'au Tchad le projet de gouvernance de l'observatoire s'est si facilement mis en place. Et lorsque j'ai moi-même témoigné de ma surprise face à un tel assentiment à collaborer avec des acteurs aussi divers, eux-mêmes ont revendiqué la nécessité d'assumer cette interdépendance au nom du bien collectif. Les forces de sécurité intérieure étaient conscientes de ne pas avoir la capacité de tout traiter de manière optimale à la dimension du territoire. Mais elles étaient également soucieuses de leur légitimité et bonne réputation auprès des autres acteurs, en tant que partenaires, même si l'esprit d'un monopole revendiqué restait très vivace. Les autres institutions d'État cherchaient à rendre compte à leurs hiérarchies de l'avancée du projet dans les meilleures conditions possibles, et cette perspective de collaboration entre institutions et organisations de la société civile semblait constituer la meilleure opportunité.

b) « L'auto-organisation »

Rhodes rappelle combien il est important, pour qu'un modèle de gouvernance en réseau fonctionne, que ce soit ses propres membres qui décident de son organisation, et non que celle-ci soit imposée par un acteur externe comme l'État. De ce point de vue, Rhodes témoigne d'une approche assez néolibérale de la gouvernance en réseau que je souhaite pondérer en général, et en particulier dans le cadre d'observatoires pour lesquels les services de police restent des acteurs d'importance. Le point à retenir n'en demeure pas moins celui du développement de règles qui sont élaborées dans le consensus des acteurs de l'organe de gouvernance. C'est un enjeu d'appropriation de l'observatoire par tous les partenaires, mais c'est aussi une manière de veiller aux équilibres au sein du champ de force. La mutualisation n'est pas que sur le plan des capitaux, elle doit aussi se faire ressentir au titre du fonctionnement quotidien de l'observatoire.

c) La continuité des interactions

Toujours selon Rhodes (1996, p. 660), la continuité des interactions est « motivée par le besoin d'échanger des ressources et de négocier des objectifs communs »; il s'agirait donc d'un effet de l'interdépendance. La continuité des interactions entre partenaires au sein des observatoires dépend d'une part des exigences de la production (collecte de données, analyses et livrables), d'autre part de celles liées au fonctionnement de la gouvernance et enfin, de la dynamique relative à la communauté de pratique. La communauté de pratique est un levier qui permet de maintenir une activité d'observatoire, répondant à des besoins d'information, de formation, mais aussi de socialisation entre partenaires. Et c'est en Haïti que j'ai eu le plus conscience de la nécessité pour un observatoire de faire vivre sa propre communauté.

d) Le développement de la confiance

La question de la confiance citée par Rhodes prend encore plus de sens au sein des observatoires du fait de la sensibilité des sujets traités relatifs à la sécurité publique, mais aussi du fait qu'il y a chez les principaux acteurs de sécurité une culture de la confidentialité, voire du secret. Or la question de la confiance est double puisqu'il s'agit de la confiance qui se développe entre acteurs au fil des interactions de gouvernance, mais aussi de la confiance en matière de respect de la confidentialité relative aux informations sensibles partagées.

La relation de confiance au sein de l'organe de gouvernance est d'autant moins spontanée que l'on peut avoir autour de la table des services de police, des médias qui le mois d'avant dénonçaient la violence des mêmes services de police lors de services d'ordre, et des ONG anticorruption qui dénoncent régulièrement elles aussi les agissements policiers. C'est sans doute une des causes pour lesquelles des observatoires exclusivement policiers, peut-être comme celui du Népal, expriment un refus catégorique à ce que des acteurs non policiers participent. À l'occasion de mes différentes expériences, j'ai pu entendre toutes sortes d'arguments pour ne pas inclure les acteurs de la société civile : le manque de responsabilité des acteurs non étatiques, le défaut de capacité de compréhension des enjeux de sécurité publique, le défaut de confidentialité, le risque d'instrumentalisation des données, l'existence d'agendas politiques cachés, etc. Et le vrai se mélange au faux dans un écheveau particulièrement inextricable pour un intervenant international, le tout devant être cependant pris en considération sans toutefois légitimer le retour à un monopole qui, somme toute, s'il ne vit pas les mêmes enjeux, n'est pas à l'abri d'en expérimenter de similaires.

J'ai toutefois constaté au Tchad, où beaucoup de représentants de ces entités ne se connaissaient que de réputation et se rencontraient véritablement pour la première fois, que la première étape de la construction de la confiance devait être la découverte mutuelle dans le respect. Activité qui en soi peut être développée dans le cadre de la communauté de pratique. Dans mes travaux sur la gouvernance de la sécurité locale en France (Quéro, Dupont, 2019, p. 15, déjà cité), j'avais déjà constaté combien les liens de confiance se développaient de façon *intui personnae*. Au-delà de la reconnaissance des individus au titre de leurs mandats organisationnels respectifs, il y avait un moment de bascule souvent dû à la traversée d'épreuves en commun, où la relation interpersonnelle prenait le dessus. Et là, s'établissait une véritable relation de confiance de nature interpersonnelle.

La limite toutefois de cette relation de confiance réside dans la durée du mandat des représentants des partenaires au sein de l'organe de gouvernance, chaque départ obligeant le cycle de la confiance à se régénérer. La régénérescence du cycle de confiance peut cependant devenir une vertu dans le cadre d'une confiance trop installée et qui devient ce que j'ai qualifié dans mes travaux sur la gouvernance de la sécurité locale française, de la « déviance nodale » (2017[1]). En tout état de cause, la transparence des acteurs dans l'échange des données et le partage de leurs agendas, lesquels ne sont pas obligés d'être convergents, constituent le meilleur gage de développement d'une confiance partagée.

Quant à l'argument de la confidentialité, les partenaires usuels de la sécurité m'ont déjà exprimé des inquiétudes quant au respect de la confidentialité des discussions et de certains livrables à l'égard des acteurs de la société civile. Un engagement de confidentialité peut être intégré aux procédures internes de l'observatoire afin que chacun (partenaires membres de l'organe de gouvernance comme employés) puisse s'engager individuellement à préserver la confidentialité requise pour des travaux en confiance. De ce point de vue, il est intéressant de noter que les ONG de prise en charge des victimes sont souvent économiquement soutenues par les autorités judiciaires dont elles deviennent au fil du temps plus ou moins formellement un prolongement opérationnel. Des relations de confiance et de confidentialité existent déjà potentiellement au sein de l'organe de gouvernance et peuvent être valorisées au profit de l'ensemble.

2.2.2. Les rapports individuels au sein de la gouvernance

Kooiman (2003, p .12-22[2]), qui en matière de gouvernance s'intéresse aux relations psychologiques gouvernant les interactions des acteurs du réseau, ce que Rhodes (1996[3]) appelle chez Kooiman la « socio-cybernétique », identifie trois modes de fonctionnement relationnels.

Pour Kooiman, « l'ingérence » est la relation de pouvoir qui caractérise un état de nature dans la relation où il y a dominants et dominés. Cela est du ressort des relations interpersonnelles en société, en général.

« L'intervention » n'est plus un état de nature, mais témoigne d'une organisation sociale. Au sein de l'organe de gouvernance, les individus qui se partagent l'autorité de l'État pour l'essentiel peuvent naturellement tendre à imposer une forme d'autorité aux autres représentants, sans même avoir besoin de l'exprimer. C'est la normativité de l'État qui transparaît au travers des comportements. Je pense avoir cité suffisamment de situations où cela apparaissait. Mais dans une perspective d'attente en matière d'auto-organisation, l'acceptabilité des autres acteurs peut atteindre une certaine limite au regard des contextes culturels locaux. C'est pourquoi veiller au

---

[1]Quéro, Y. C. (2017). *La gouvernance nodale du réseau de sécurité locale*, 1-264. L'Harmattan.

[2]Kooiman, Jan. *Governing as Governance*. Sage, 2003.

[3]Rhodes, R. A. W. (1996). The New Governance: Governing without Government. *Political Studies*, *44*(4), 652-667.

comportement des entités au sein du champ de force, c'est commencer à baliser les comportements interpersonnels au sein de l'organe de gouvernance.

Pour Kooiman, la gouvernance devient un état lorsque les échanges au sein de la structure de gouvernance atteignent « l'interaction ». Les rapports interentités et interpersonnels au sein du champ de force se neutralisent pour générer un équilibre permanent instable au sein duquel aucun acteur n'a d'emprise sur l'autre. Pour Kooiman, c'est la recherche de cet état qui doit permettre de contrer les effets de l'hyperdifférenciation et de l'hyperspécialisation des entités et de leurs représentants, si présents dans les observatoires. Cela fait aussi référence au moment où dans la gouvernance en réseau, les frontières entre entités deviennent plus diaphanes comme l'évoquent Bayley et Shearing (1996[1], 2001[2]). L'observatoire et son réseau deviennent alors une entité en soi. Malheureusement, je n'ai jamais vu d'observatoire parvenir à un tel point d'intégration, constatant le plus souvent des relations de pouvoir de type « intervention ».

En conclusion de ce chapitre sur la gouvernance des observatoires : j'ai pu observer avec l'observatoire somalien qu'il y a un avantage à devenir un exemple de bonnes pratiques non seulement en matière de scientificité des données, mais aussi en matière de gouvernance. Constater que ses travaux ont une influence positive sur les politiques publiques locales, être invité à intervenir lors de conférences internationales, partager ses productions avec la communauté scientifique régionale et mondiale, être identifié comme un centre d'expertise pour les médias locaux et internationaux constituent autant d'éléments de rétribution pour l'observatoire et son réseau. Cela permet également aux acteurs d'État impliqués dans les observatoires de transmettre un message d'engagement en matière de bonnes pratiques dans les politiques publiques en direction de la communauté internationale, comme en témoignait la présence régulière des observatoires colombiens dans les rencontres internationales. En espérant que le développement du capital social et symbolique de l'observatoire n'ait que des effets bénéfiques sur son capital politique et économique.

---

[1]Bayley, D. H., et Shearing, C. D. (1996). The Future of Policing. *Law and Society Review*, 585-606.

[2]Bayley, D. H. (2001). The New Structure of Policing: Description, Conceptualization, and Research Agenda.

<u>Conclusion : Quel avenir pour les observatoires ?</u>

Jabar et Matzopoulos (2017, p. 48[1]) ont raison sur le principe lorsqu'ils déclarent « Le modèle des observatoires est un outil internationalement reconnu qui peut fournir une compréhension ciblée d'un problème particulier ou d'un sous-thème de la violence » (traduction libre de l'auteur). Dans les faits, si les observatoires sont de bonnes idées, leur pérennité reste un enjeu, y compris dans les pays à fort IDHI. Dans cette conclusion, je souhaiterais m'interroger sur pourquoi les observatoires naissent, pourquoi ils meurent, mais aussi pourquoi ils ne naissent pas, ou pas en plus grand nombre.

1. Naissance, mort et non-conception des observatoires

Analyser les circonstances d'émergence, les conditions de vie et de disparition des observatoires pourrait faire l'objet de recherches intéressantes, les observatoires pouvant en eux-mêmes devenir des objets de recherche au regard de ce qui est présenté dans cet ouvrage. À ce jour, ce n'est pas un projet qui a retenu l'attention de quiconque outre le CIPC. Pour autant, cela permettrait sans doute d'identifier de bonnes pratiques susceptibles de faciliter la création et de pérenniser les observatoires, participant ainsi à l'amélioration de la condition des données relatives à la violence dans le monde. Ce qui suit ne constitue donc que des hypothèses, lesquelles mériteraient d'être corroborées.

1.1. <u>Pourquoi les observatoires naissent-ils ou ne naissent-ils pas ?</u>

Les observatoires naissent d'abord par la volonté de répondre au manque de données probantes — je renvoie là aux travaux des Nations unies sur le sujet, avec une pensée particulière pour le contexte africain — , que les données soient destinées à une connaissance générale des phénomènes de violence, qu'elles soient destinées à l'évaluation de programmes et de politiques publiques ou qu'elles soient destinées à l'opérationnel. Dans un contexte de gouvernance, les observatoires naissent aussi afin de créer un

[1]Jabar, A., et Matzopoulos, R. (2017). Violence and injury observatories: Reducing the burden of injury in high-risk communities. *South African Crime Quarterly*, *59*, 47-57. https://www.researchgate.net/publication/316062640_Violence_and_injury_observatories_Reducing_the_burden_of_injury_in_high-risk_communities (Consulté le 14 juillet 2023).

cadre de collaboration pour les différents détendeurs de données, pour ne pas dire selon les contextes, un cadre de contrainte obligeant les détenteurs de données à les partager et à les soumettre à l'analyse. Que cela soit des initiatives gouvernementales ou de services de police, d'ONG, d'universités ou d'organisations internationales, les observatoires naissent d'une vision politique forte. Il est tout de même à noter le rôle important que jouent les organisations internationales comme les Nations unies et l'Union européenne dans les pays à moyen ou faible IDHI, officiellement en soutien à la création d'observatoires.

1.2. Pourquoi les observatoires meurent-ils ?

J'ai collaboré entre 2005 et 2017 à huit observatoires (ou projets de dispositifs d'observation), que j'ai évoqués au fil de l'ouvrage. Au moment d'écrire ces dernières lignes, soit approximativement 10 ans plus tard, quatre d'entre eux sont encore, à ma connaissance, en fonctionnement (Burkina Faso, CARICOM, Népal et Tchad). D'autres ont disparu ou n'ont finalement pas vu le jour : Canada (OiPrev), France (ONPM), Haïti et Somalie. Selon mon expérience donc, 50 % des observatoires meurent sous 10 ans. Et si j'ajoute les observatoires dont j'ai une certaine connaissance sans y avoir collaboré (Burundi, Colombie, France-ONDRP, etc.), le taux de mortalité est probablement supérieur à 50 % sous 10 ans. C'est donc beaucoup d'efforts et d'argent qui partent en fumée à court terme si on se place d'un point de vue des politiques publiques. Si au regard du critère de pérennité les observatoires ne sont pas complètement un échec, on ne peut pas dire que cela soit un total succès non plus. D'autant que parmi les exemples cités, à l'exception de l'ONDRP en France, les observatoires disparus n'ont pas été remplacés, à ma connaissance, par des dispositifs permettant de prendre le relais quant à la collecte et l'analyse de données. Je m'essaie donc ici à quelques hypothèses, non exclusives les unes des autres.

1.2.1. Culture en matière de données

Le besoin de données probantes en sécurité publique est réel; pour autant, le fossé entre le besoin en données probantes et la culture en matière de données est large et profond, y compris — même si c'est à un degré moindre — dans les pays à fort IDHI.

La formation universitaire ou à tout le moins une sensibilisation appuyée aux questions de données probantes fait encore largement défaut en général dans les milieux professionnels. La santé publique d'ailleurs montre combien la sécurité publique est en retard. La collecte et l'analyse de données donnent trop souvent encore l'impression d'être perçues comme des fantaisies intellectuelles, réservées à quelques experts éloignés des vrais enjeux (avec parfois même une condescendance dans le propos). Et les données semblent être davantage considérées comme un besoin de nature organisationnel ou comme un outil de soutien que comme devant être à l'origine des politiques publiques ou de l'organisation de la réponse opérationnelle. Des nuances sont bien entendu à apporter, les pays à faible IDHI présentant des retards importants en matière de culture de données. Mais la situation des pays à fort IDHI ne semble pas homogène pour autant et semble dépendre du degré d'intégration d'universitaires qualifiés dans les rangs des services opérationnels.

1.2.2. Politique, argent et gouvernance

Dans le contexte des observatoires publics, les décisions politiques et budgétaires arrivent en tête des raisons de fermeture des observatoires, le contexte de création de l'observatoire ayant pu changer et l'observatoire, apporter une réponse politique à une question qui ne se pose plus ou plus de la même manière. C'est légitime, mais sans doute est-ce aussi le marqueur que l'observatoire a manqué de devenir indispensable auprès de ses partenaires, de par ses livrables. Peut-être au contraire a-t-on fini par juger qu'il prenait trop de place. Au-delà du commentaire qui consiste à dire qu'il s'agit d'un droit de gestion de la puissance publique de fermer un service qu'elle a créé, il reste pertinent de remettre cela dans le contexte de la sécurité publique. Un contexte où certains corps de police peuvent être frileux à perdre leur monopole sur les données de sécurité publique, un contexte où les questions de sécurité publique insécurisent les pouvoirs politiques, un contexte où l'indépendance des données reste un défi permanent, etc.

Une des chances de réussite de l'observatoire (comme entité multipartenaire) reste selon moi l'existence d'un organe de gouvernance qui équilibre les pouvoirs entre acteurs. Or nous en sommes aux débuts de la multilatéralisation de la sécurité publique et de la prise de conscience qu'il y a une légitimité à développer une gouvernance partagée en la matière. Si la question de la gouvernance de la sécurité publique en général et de la gouvernance en réseau de la sécurité en particulier fait encore l'objet de discussions universitaires où tout cela paraît cependant d'une certaine évidence, le débat ne fait que s'installer à dose homéopathique au sein des corps de police des pays à fort IDHI; la transparence qui fait partie intégrante de l'approche en gouvernance et d'une approche en *democratic policing* restant un défi pour de nombreux corps de police. Mais ne dit-on pas que le monde ne s'est pas fait en un jour ?

La transition financière entre les acteurs internationaux (ONU, Union européenne) qui soutiennent les projets d'observatoires et les institutions nationales qui sont censées en prendre le relais à long terme semble clairement être un défi. Il semble très difficile pour les autorités nationales d'assumer seules la transition du poids budgétaire d'un observatoire, surtout dans les pays à faible IDHI. L'observatoire se perd au milieu des autres priorités politiques et économiques, lesquelles sont toutes confrontées à un manque chronique de ressources, tel que des services publics de première ligne qui ne parviennent que pauvrement à répondre aux besoins fondamentaux de la population. Pourquoi collecter des données de sécurité publique quand en tout état de cause le pays n'est pas en capacité économique de recruter assez de policiers pour couvrir son territoire et finalement, répondre aux besoins identifiés par les données des observatoires, comme en Haïti, en Somalie, au Tchad, etc. ? C'est pourquoi organiser le départ des organisations internationales bailleresses de fonds en planifiant l'entrée (sous conditions) au sein de l'organe de gouvernance d'organisations publiques ou privées, locales ou internationales en mesure de participer au fonctionnement budgétaire de l'observatoire peut apparaître comme une alternative intéressante. La commercialisation de certains produits de l'observatoire peut aussi être envisagée en fonction des différentes catégories de clientèles.

Somme toute, les structures qui survivent peut-être le mieux restent des départements de statistiques policières qui n'intègrent pas de gouvernance, ne s'appuient que sur leurs propres données policières et leur propre budget administratif. Mais aucune que je connais n'est apparue capable de développer une capacité systémique d'analyse des enjeux de violence et de régulation sociale.

1.2.3. Aspects techniques

Une autre cause d'échec des observatoires tient sans doute au décalage qu'il peut y avoir entre les attentes des clients des observatoires et les produits délivrés par celui-ci. La légitimité d'un observatoire ne peut pas tenir qu'au pouvoir politico-administratif, ni qu'à la production de connaissances générales, ni encore se substituer aux activités de recherches des universités. L'observatoire doit fonder sa légitimité sur la satisfaction des besoins de ses partenaires pourvoyeurs de données en leur apportant ce qu'ils ne sont pas capables de produire de façon aussi pertinente ou à un coût aussi intéressant.

Une autre cause rencontrée peut-être la surdimension des projets au regard des capacités de mises en œuvre. Je reste très méfiant à l'égard des projets trop ambitieux lors de la création des observatoires. Si l'observatoire de Ouagadougou existe toujours, c'est selon moi en partie parce qu'il ne traite que des données d'accidentologie routière qui répondent à un besoin immédiat de sécurité routière. La recette est simple, efficace et durable. Je considère comme un risque pour la pérennité de l'observatoire de vouloir dès le départ intégrer trop de données, produire trop de livrables, voir trop grand, être trop cher quand la main-d'œuvre elle-même est compliquée à trouver, lente à former et difficile à conserver. Une fois encore, le monde ne s'est pas fait en un jour.

2. Quel avenir pour les observatoires ?

Le besoin en données de sécurité publique se fera de plus en plus sentir avec le temps, et la pression pour que les politiques publiques et l'opérationnel soient de plus en plus indexés sur des données probantes ne peut aller qu'en augmentant. Cependant, l'expression de ce besoin ne garantit pas que les observatoires de la violence et des acteurs de la régulation sociale soient considérés comme la réponse la plus appropriée dans l'avenir. Pour cela, et afin que les observatoires ne deviennent pas les fers de lance d'une sécurité publique néo-libéralisée, plusieurs éléments constitutifs ou environnementaux devront émerger ou se renforcer. 1) La conscientisation que la multilatéralisation de la sécurité publique est en marche de façon inéluctable, quels que soient les contextes, remettant profondément en question le monopole policier entre autres en matière de données sur la sécurité. 2) Le développement des pratiques de gouvernance en sécurité publique, et en particulier d'une gouvernance de réseau inclusive des partenaires de la société civile, semble émerger intellectuellement à défaut d'être encore largement opérationnalisé. Mais il reste qu'à tout le moins les sociétés des pays à fort IDHI sont rendues là. 3) Le développement de travaux de recherche ayant pour objet les observatoires de la violence et des acteurs de la régulation sociale et leur environnement devra émerger afin de continuer à définir ces observatoires et d'identifier les meilleures pratiques pouvant garantir leur adéquation au besoin de données. 4) Le développement de stratégies et de bonnes pratiques en matière de financement partagé devra permettre de rendre les observatoires sous gouvernance plus pérennes. 5) Le redéploiement et la formalisation d'une communauté internationale de pratique relative aux observatoires qui pourrait servir de plateforme d'accueil aux travaux de recherche, et dont les missions pourraient être entre autres la mutualisation des meilleures pratiques et une vigie quant aux enjeux émergeant de sécurité correspondent à un vrai besoin. 6) L'affirmation dans les standards de pratiques que la collecte et l'analyse de données qualitatives fait partie intégrante des méthodologies employées par les observatoires et que les instituts de la statistique dont le partenariat est indispensable ne peuvent pour autant pas se substituer aux observatoires de la violence et des acteurs de la régulation sociale devra être clarifiée. 7) L'intégration des standards d'éthique et de sécurité des données doit devenir un prérequis incontournable. 8) L'orientation complémentaire des missions et livrables des observatoires en matière non exclusivement d'opération, mais aussi d'évaluation des programmes et des politiques publiques ainsi qu'en matière de prévention des violences doit représenter une opportunité à exploiter. 9) Le développement d'une démarche de veille et l'ouverture des observatoires aux nouvelles tendances de la criminalité comme la cybercriminalité et la criminalité environnementale ou à des enjeux à très forte sensibilité comme le terrorisme, etc., constituent des perspectives favorables au développement des observatoires. 10) Le développement de la formation universitaire d'analystes en matière de criminologie quantitative et qualitative dans les pays à moyen et faible IDHI, mais aussi dans certains pays à fort IDHI en retard en la matière devrait constituer un objectif dans le cadre de l'agenda 2030 des Nations unies. 11) Le développement de l'accessibilité des logiciels et matériels informatiques, surtout dans les pays à moyen et faible IDHI, ainsi que la généralisation de l'accessibilité des moyens de communication numériques doit être une priorité du développement économique, mais aussi humain.

À la fin de cet ouvrage, la conclusion n'est-elle pas qu'au-delà d'une communauté de pratique regroupant les observatoires, il y aurait une utilité à développer un observatoire mondial des dispositifs d'observation de la violence et des acteurs de la régulation sociale ? Et pourquoi pas sous l'égide de UNICRI, lequel aurait dans son mandat d'animer la communauté de pratiques ?

Table des matières

Structures éditoriales du groupe L'Harmattan

L'Harmattan Italie
Via degli Artisti, 15
10124 Torino
harmattan.italia@gmail.com

L'Harmattan Hongrie
Kossuth l. u. 14-16.
1053 Budapest
harmattan@harmattan.hu

L'Harmattan Sénégal
10 VDN en face Mermoz
BP 45034 Dakar-Fann
senharmattan@gmail.com

L'Harmattan Cameroun
TSINGA/FECAFOOT
BP 11486 Yaoundé
inkoukam@gmail.com

L'Harmattan Burkina Faso
Achille Somé – tengnule@hotmail.fr

L'Harmattan Guinée
Almamya, rue KA 028 OKB Agency
BP 3470 Conakry
harmattanguinee@yahoo.fr

L'Harmattan RDC
185, avenue Nyangwe
Commune de Lingwala – Kinshasa
matangilamusadila@yahoo.fr

L'Harmattan Congo
219, avenue Nelson Mandela
BP 2874 Brazzaville
harmattan.congo@yahoo.fr

L'Harmattan Mali
ACI 2000 - Immeuble Mgr Jean Marie Cisse
Bureau 10
BP 145 Bamako-Mali
mali@harmattan.fr

L'Harmattan Togo
Djidjole – Lomé
Maison Amela
face EPP BATOME
ddamela@aol.com

L'Harmattan Côte d'Ivoire
Résidence Karl – Cité des Arts
Abidjan-Cocody
03 BP 1588 Abidjan
espace_harmattan.ci@hotmail.fr

Nos librairies en France

Librairie internationale
16, rue des Écoles
75005 Paris
librairie.internationale@harmattan.fr
01 40 46 79 11
www.librairieharmattan.com

Librairie des savoirs
21, rue des Écoles
75005 Paris
librairie.sh@harmattan.fr
01 46 34 13 71
www.librairieharmattansh.com

Librairie Le Lucernaire
53, rue Notre-Dame-des-Champs
75006 Paris
librairie@lucernaire.fr
01 42 22 67 13

www.ingramcontent.com/pod-product-compliance
Lightning Source LLC
LaVergne TN
LVHW011022061026
849535LV00006B/2009
* 9 7 8 2 3 3 6 4 9 9 6 6 6 *